山西省地方志优秀传统体育文化探骊

朱晓红◎著

九州出版社
JIUZHOUPRESS

图书在版编目（CIP）数据

山西省地方志优秀传统体育文化探骊／朱晓红著
. --北京：九州出版社，2023.8
ISBN 978-7-5225-2002-5

Ⅰ.①山… Ⅱ.①朱… Ⅲ.①民族形式体育—体育文
化—研究—山西 Ⅳ.①G852.9

中国国家版本馆 CIP 数据核字（2023）第 132022 号

山西省地方志优秀传统体育文化探骊

作　　者	朱晓红　著	
责任编辑	蒋运华	
出版发行	九州出版社	
地　　址	北京市西城区阜外大街甲 35 号（100037）	
发行电话	(010) 68992190/3/5/6	
网　　址	www.jiuzhoupress.com	
印　　刷	唐山才智印刷有限公司	
开　　本	710 毫米×1000 毫米　16 开	
印　　张	13	
字　　数	220 千字	
版　　次	2024 年 1 月第 1 版	
印　　次	2024 年 1 月第 1 次印刷	
书　　号	ISBN 978-7-5225-2002-5	
定　　价	68.00 元	

序

　　山西省位于黄河中下游地区、太行山以西，其行政区域包含 11 个地级市，其中汉族为主体民族，境内居住有回族、蒙古族、满族、朝鲜族等 45 个少数民族，以"大杂居，小聚居"的特点分布着，其中回族人口居多，其次是满族与蒙古族。山西省地形多为山地丘陵，全省有 80% 以上的面积为山区。东隔太行山与河北省相邻；西、南部与陕西省、河南省隔黄河而望；北跨长城与内蒙古自治区相邻。山西省是中华文明的发源地之一，自古就有"中华文明摇篮"的著称，也有"中华古代文化博物馆"之称，因外有山地、内多河流，曾被柳宗元称之为"表里山河"。经历几千年历史的洗礼，山西省的先辈们创造了丰富多样、独具一格的民族传统体育项目，受山西省独特的地理环境和深厚的历史文化影响，赋予了这些民族传统体育项目更多的文化精神和内涵。在不断地积累、演变、发展、创新中，逐步形成了丰富多彩、千姿百态、独具民族特色的具有竞技、表演、健身和娱乐特征的传统体育运动。据不完全统计，山西省传统体育项目多达 1368 种。另外，从地理位置的分布看，山西省北部与内蒙古自治区相邻，东、西部又与陕西省、河南省接壤。因此，山西省是少数民族和汉民族聚居区的一个过渡地带，其文化特性既包含了北方少数民族的文化特点，又含有中原汉民族的文化特点，从而形成了山西省独具特色的民族文化形式，这也是山西省民族传统体育文化特征形成的重要原因。文化是一个民族的灵魂和导向，在中国特色社会主义新时代的背景下，国家和政府倡导"文化自信，民族复兴"，传统民族体育项目文化成为我国文化的重要组成部分。山西省政府曾先后多次有计划、有组织地对此地域内的体育非物质文化遗产进行抢救、搜集、整理、翻译、研究和出版，并取得了史无前例的丰硕成果。其中，在山西省历代的方志著作中，传统体育作为一种基层文化现象，都曾受到一定程度的重视，它常作为地方"风俗"（风物）被加以记载。虽然内容比较简单，有的只是零星片段，或夹杂着文人的附会与不实之词，但还是体现了修志者的卓见，体现了民俗在地方志的编纂中的重要地位。在山西省民族文化大繁荣、大发展的黄金时代，为了进一步促进山西省非物质文化遗产的抢救和保护工程，促进山西省的经济和社会发展，促进山西省社会的和谐和各民族的经济文化交流合作，《山西省地方志优秀传统体育文化探骊》以翔实的史料、优美的文字，详尽展示了山西省丰富多彩、富有民族特色的传统体育文化，成为认识和研究山西省传统体育文化不可或缺的资料。在写作过程中，笔者主要参考了中华人民共和国成立以来山西省出版发行的地方志，在此表示衷心感谢，正是由于他们前期大量的研究，才使本书得以问世；同时，也要感谢我工作单位的领导和同事们对本书调研给予的大力支持。由于笔者水平有限，时间仓促，书中难免存在一些纰漏和谬误，欢迎广大读者不吝批评及予以指正。

目 录
CONTENTS

绪　论

山西省是我国中华文明的发源地之一，受地理位置和历史文化的双重影响，这片土地孕育出了丰富多样、别具一格的民间传统文化，其中大量流传的体育类非物质文化遗产资源，是山西省传统文化资源不可或缺的重要组成部分。中华优秀传统文化是中华民族的命脉，是中华民族在世界文化中站稳脚跟的根基。党的十八大以来，习近平总书记多次强调要传承、弘扬中华优秀传统文化。传统体育文化作为传统文化中的重要组成部分，在其文化的传承与保护中，我们要深入挖掘与不断探究。国务院在颁布的《体育强国建设纲要》中提出，要促进体育文化产业和当地经济高度融合，加强体育类非物质文化遗产蕴涵的体育精神和体育人的优秀品质的深入挖掘，加强对体育非物质文化资源的传承与创新，不断完善体育非物质文化遗产持续性开发的各方面体制。当今社会，中华传统文化的生存土壤受到了较大的冲击，体育非物质文化遗产正面临着资源濒临消失和继承人缺席的困境，体育非物质文化遗产保护和传承人的培养岌岌可危，故此，我们要坚持统筹兼顾、协调发展的方法，促使山西省体育非物质文化遗产资源得到合理的开发和持续发展，永远流传下去。2020 年 5 月，习近平总书记在山西考察时再次强调山西要在高质量转型发展上迈出更大的步伐，深入挖掘云冈石窟等历史文化遗产的内涵，争取早日走出一条转型发展的新路子。作为中国旅游大省之一的山西，除了有魅力无限的自然风光和独具当地特色的人情风貌外，还有很多极具山西风光的体育非物质文化遗产旅游资源，如背铁棍、万荣花鼓、跑鼓车、抬阁、划旱船、武术以及挠羊赛等，这些优秀的民俗体育文化项目是山西省体育非物质文化遗产发展的重要基础，也是山西省实现转型发展的优质旅游资源。本书立足于山西省地方志传统体育文化的文本研究，对其进行可视化分析，旨在通过对课题相关的研究文本作出较为清晰、精准的梳理，并结合文献梳理与实践调研，从而探索出适合山西省民族传统体育保护的原则和方法，对山西省民族传统体育文化资源保护和传承进行有效的整理与探骊。

第一章　太原市优秀传统体育文化文献探骊

太原市的民族传统体育活动历史悠久，通过文献梳理及历史导读了解到此地区的主要项目有太原锣鼓、太原秧歌、狮子龙灯、高跷旱船、跑场秧歌、鸣放鞭炮烟花、张灯猜谜、划旱船、踩街秧歌、高跷、跑旱船、铁棍背棍、担棍、划棍、武社火、火流星、旺火、荡秋千、放风筝、举（练）石墩、举（练）石锁、举（炼）石担、二人三足跑、跳绳、跳皮筋、跳丁格儿、爬竿、爬绳、摔跤、拔河、掰手腕、推掌、牵引、撞拐、拉杠、拍皮球、踢毽子、推铁环、掷印儿、打猪儿、抽陀螺、老鹰抓小鸡、抓石子、抓拐、打瓦儿、游水、打水漂、溜冰、滑冰车、舞狮、舞龙、五子棋、三子棋、扇舞、猜拳行令、登高（爬山）、皮条、翻花、吹篾篾、弹球（弹蛋蛋）、健身球、骑马战、挤油儿、耍逮的、跌核核、吹杏核、老虎吃绵羊、摆方、撑四角、扔接包、升"大官"、憋死牛等。五彩缤纷的社火小戏，情趣盎然的田间游戏，健康活泼的城乡竞技，喜庆热烈的民间工艺，形成了一幅斑斓迷人的风俗画卷。

社火，太原人俗称"闹红火"。此风俗在太原有着悠久的历史，是老百姓自娱自乐的一种民间活动。赶会唱戏"闹红火"一类的民俗活动广为流传。

太原锣鼓是山西鼓乐中著名的清锣鼓之一。只用墩鼓一面，钹和铙各两副。基本鼓乐点子为"嚓处处、嚓处处、嚓处嚓处、嚓处处"，钹奏"嚓"，铙奏"处"，钹、铙交错对奏，鼓和之，称"铙搅"。对奏一阵后，转为齐奏，齐奏时，钹、铙、鼓先将声音放开打，为"阳击"，发"呛"声，再将声音收住打，为"阴击"，发"起"声，奏出"呛起咚、咚呛呛、呛起咚"的点子。然后，又以铙、钹交错对奏，鼓仍和之，即"钹搅"，点子便成了"处嚓嚓、处处嚓嚓、处嚓处嚓、处嚓嚓"。这简朴单调的点子一直沿用到20世纪中期。新中国成立以后，太原锣鼓作为群众欢度佳节、举办盛大喜庆活动的娱乐表演项目，较之以前有了很大的发展。参奏人数逐步增多，钹和铙按二比二的比例成倍增加，鼓也加大增多，点子也随之有了更多变化。20世纪80年代以后，太原锣鼓又广采博收，有了新的飞跃。从内容上增加了不同节奏的鼓点、参与人群也在增多，敲击动作更加奔放豪迈，表演者在着装上也有改变，观赏性得到了提升。太原锣鼓最大的看点在于队伍之间对抗时雄厚的气势，让人震撼。逢年过节在太原的大街小巷经常会遇见两支锣鼓队对抗比拼，双方鼓气十足，用不同的曲目进行演奏对比，锣鼓的声响越来越激烈，恰似两军对垒，誓必一决胜负。太原锣鼓是太原社火习俗文化活动的灵魂，为太原人津津乐道。这些锣鼓的特点是能反映太原人粗犷剽悍的性格和不屈不挠的精神。新中国成立后，国家非常重视传统文化的保护与传承工作，从政策、文化、经费等方面都给予了有效支持。

舞狮俗称"耍狮子"，是民间传统体育娱乐活动，也是社火表演的形式之一，世代相传，历史悠久。《隋书·音乐志》称：隋时"鼓吹杂技，取晋宋之旧，微更附益，旧元会有黄龙变文鹿、师（狮）子之类"。民间制作多为头、身两段，也有连为一体的[①]。表演时狮子由两人扮演，两人前后站立，一人在前手举狮头，双腿作狮子前爪；后面的人在后俯身，双手扶前者腰，身披狮皮为狮身，双腿饰作狮子后腿。除此之外，场上还有一名参与者装扮成武士，手拿绣球引诱狮子追跑起舞。舞狮有上楼台、过天桥等技巧。在锣鼓的伴奏下，狮子摇头摆尾，模仿搔头、舔毛、挠耳、翻越、滚地、俯身回眸或跃上跳下等动作，随着发展，现在的舞狮动作逐渐丰富多彩，并开始向高难度方向发展，如：愣、爬、蹲、卧、站、窜、趴、蹦、闯、啃、导、吼、挠、蹈、滚等20多种，这就要求舞狮者拥有一定强健的体魄。

舞龙灯是很多地区民间社火的主要娱乐形式，一般在农历正月十五或重大节庆中表演。龙灯主要构成有："龙头、龙尾和龙身"。形状较大的龙头重约50斤、龙身长达40多米；每节均用木棍做成长约2尺、直径1尺的筒状骨架，下部用木柄支撑，外覆彩色的纸或布，并装饰龙角爪鳞，龙身各自独立，且节与节之间用布相连。舞龙者要根据龙头龙身的节书来定，一般在10-15人左右为常见，必须是体壮的武士，每人举一节。在鼓乐声的伴奏下，龙头带领龙身各节协同配合，活灵活现的跃动。表演形式多样，有翻腾跳跃、缠绕曲折、"二龙戏珠"等。

高跷俗称"拐子"，在结实的木棍上安装踏板，表演时脚踩踏板，用布带绑在小腿上，故也称"踩高跷"。高跷高度不一，小高跷四五尺（1.33～1.66

---

① 安捷. 太原市志[M]. 太原：山西古籍出版社，2005：250.

米），大高跷七八尺（2.33～2.66米）。高跷分为文武两种：文高跷以扭踩为主；武高跷以表演特技为一绝。踩高跷者穿戴所扮人物的衣帽，涂脂抹粉，化妆成传统戏曲人物形象，手执扇、棍、剑等道具，在音乐和锣鼓声中时而扭着欢快的秧歌，时而劈叉、跳跃、单跷独立①。高跷在全市城乡流行，表演具有地方特色，是节庆日民间主要娱乐形式之一。

旱船，是一种模拟水中行船的民间娱乐活动，据传起源于三国时期的"船祭"。赤壁之战后曹操为纪念阵亡将士，命人制作了许多船的模型在陆地上祭祀，然后将船推入江中任其漂流。后来，人们不再推船入水，而是把它作为一种表演道具，渐渐地发展为"旱船"这种形式，流传至今。旱船是用木条或竹竿做成船架，用绘有水纹的蓝色布或丝绸从外面围起，船上搭彩棚，四角系红花、彩灯，华丽美观。跑旱船者，一般是一位女子，两手抓住船沿将船提起跑动。表演时一"艄翁"持桨在前，划水引航，乘船女子走快速碎步，使船如在水上漂动，徐徐前行，并时而起伏，时而旋转，时而搁浅，逼真感人②。

背棍亦称"背阁"，铁棍亦称"抬阁"，是太原流行的独具风格的社火娱乐形式。晋中一带久有俗语"南庄的火，太谷的灯，徐沟的铁棍爱煞人"，可见太原背棍、铁棍深受群众喜爱。相传，背棍、铁棍开创于徐沟，距今已有400年的历史了。据《清徐县志》记载，明末清初，徐沟境内大旱，秧苗枯萎，人们抬着"龙王爷"塑像沿街祈祷，求神赐雨。为了抬神游行，当地人设计制作了"形似楼阁的神轿"，故称"抬阁"。同时，在神像两边伴有童男童女，由赤膊大汉扛在肩上随轿行进，谓之"走阁"。在形式上，逐渐从"抬阁"的平肩棍，发展成由上、中、下三层组成的三节棍，并有直顶、旁挂、活心等样式。表演中，艺人们用夸张的手法将铁棍上的娃娃化妆成传统戏曲和神话故事中的人物，背棍者和被背者，根据故事情节默契配合，构成立体的艺术造型，被誉为"无声的戏剧"或"空中的舞蹈"。"棍"的基本形式是将装扮成各种戏剧人物的儿童绑缚于铁架顶端，由他人背负、肩扛、车载，边行边舞。其底部为一硬木矮桌，高2尺、长6尺（2米）、宽5尺，桌子两侧各绑6米长的抬杆一根，桌中央以铁制的芯子穿桌面插下固定，上分置两股或三股插座，插座上有脚蹬及丁字形铁撑。表演者只有站得高，远处的观

---

① 安捷. 太原市志［M］. 太原：山西古籍出版社，2005：250.

② 安捷. 太原市志［M］. 太原：山西古籍出版社，2005：250—251.

众才能看得到。在铁棍上表演的演员，一般都会选择长相秀丽、胆大心细的小女孩，她们扮演古装传统戏剧中的巾帼英雄，比如"穆桂英""白娘子""何仙姑"等。以前，在铁棍上表演的也有一些小男孩，他们扮演"老寿星""孙悟空"等，动作幅度大、形象逼真，活泼幽默的滑稽动作给场下观众留下深刻的印象。铁棍的表演者能站在上面淡定自如地进行表演，主要功劳得益于在下面抬棍架和棍底的抬杆人。每架铁棍都是由 8 个人抬着前进，这 8 个人的选择一定都是棍艺高超的中青年民间艺术家。他们身着统一的特色服装，用大红色布裹住头或者用白羊肚手巾罩着头，在前额结成英雄结、马蜂翅等样式，腰间用传统长布系住腰带。表演者在 8 人抬杆上下浮沉晃动与左摇右摆中迈步前行。棍架上的演员们便随着抬杆的沉浮摇动，翩翩起舞。棍上棍下，配合默契，节奏一致，气势非凡。该项目民俗特色浓郁，具有一定的娱乐健身价值，是闹红火中群众喜爱的民间传统体育活动。

背棍和担棍，乃是两种类似的棍式表演。由一男子背一副特定的三角形铁架位于下面，铁架系于腰，并搁置于肩，上部放一铁插座，上面一灵巧的小女孩站在三角形铁架的插座脚蹬上进行各种动作的表演。道具插座、铁卡和脚蹬需要用戏装进行包装。在表演过程中，背棍的青年背弯站立，并用简单的舞步左右前进，上面的小女孩配合背棍者的舞步，扭动身躯、舞动两臂、手拿红绸绿缎进行各种舞姿的展示。担棍与背棍略有相同之处，但难度动作稍多。它是三人组合进行的表演项目，下面一人与背棍同，两人站在铁架上，左右肩各一人，故名"担棍"。背上的器材比背棍多绑扎一个三角形铁架，多一位参演者，其他和背棍基本相同。背棍和担棍一般组合在一起进行表演，每支队伍 10 人至 20 人不等。表演者按照既定的鼓点和步点，在锣鼓的伴奏下，或前或后，或左或右，穿插于人群中，奔走于乡间村舍，颇受当地人的欢迎。

划棍，乃是运用杠杆原理由四个后生作为支点，抬起一根约 6.67 米长的大抬杆，抬杆末端捆绑重物；抬杆顶端为一个扎制的仙鹤或龙、凤等吉祥物，装于三角形铁架上，用白布将一身着戏剧人物服装、胆子大的八九岁男孩坐缠于铁架上，整个抬杆依前端饰物进行装饰。待表演开始，划杆上下翻飞，左右划动，坐在前端的孩子手持拂尘，前后左右甩打，一会儿与众平行，一会儿高跃天际，让人惊心动魄，煞是好看。划棍往往被用作一支由多种表演形式组成的"闹红火"队伍的先导，吸引并疏导观众，为后面的演员开辟道路。早年的各种棍式表演，多用于祭神祈雨活动，为的是取悦龙王雨神，给人间降下喜雨甘霖。太原民间社火中的各种棍式表演，其装饰图案多为云纹和水波，正是古代祈雨风俗的反映。后来，随着经济和科技的发展，人们的习俗心理发生了变化，祈雨活动逐渐消亡，而源于祈雨敬神的这些社火活动却流传了下来，成为太原市人民喜闻乐见的娱乐活动。如今，逢年过节，尤其是正月十五的元宵节，各种棍式表演纷纷出动，成为太原人喜庆节日里不可缺少的民俗活动①。

"哑老背妻"，是太原人闹红火的一种，由一个人表演的独角戏。表演者上半身着女装，假下肢和金莲小脚装在身背后；下半身着男装，披黄袍；右手拄拐杖，左手握专制的一长颈哑老头，假头上戴着白毡帽；表演者脸部化妆成哑老之妻的面孔。整体扮相形同人们熟悉的"猪八戒背媳妇"。表演时，上半身妻不动，并时时低头看着哑老（假头）的面部，两只假手按在胸前，表示亲昵。而哑老（假头）则点头晃脑，憨态可掬，或大步前进，或小步扭捏，表演出寻路、过河、上山、下坡、观望以及关照老妻等一连串夸张的舞蹈动作②。这是一项独角戏的表演，也是太原民俗娱乐活动中广为流传的传统节目，很受民众的喜爱，该项目与哑老背妻、二鬼摔跤等项目类似，有一定的群众基础，在每年的节庆日或闲暇日都会这类项目的演出。

武社火，演员的选择一般由习武之人组织进行。这种活动内容的表演形式，既不似"哑老背妻""铁棍""背棍"等有表演艺术的夸张，也不似"太原锣鼓""跑场秧歌"那样洋溢着节日的氛围，它是一种传统的、地道的武术动作表演，有着奋勇拼搏、彪悍坚韧的精神风貌，是太原人对记忆中先辈们英勇抗敌、不畏欺凌、保家卫国、大义凛然传统精神的崇拜和向往。武社火在开打时节，太原的群众都会蜂拥而至、争相围观。其表演者，都是清一色的武装打扮，身着紧身的民族服装，或黑，或青，或蓝，也有白如皓月、红如炭火的，表演者头上有的戴传统英雄帽，有的以青、红、白、黑等色的布缎罩头，可谓英姿飒爽，非同一般。伴随着古朴雄浑的鼓点，手持刀、枪、剑、棍等十八般兵器，真刀真枪地操练。或个人献艺，或二人对打，或三打一，或"群狼扑虎"的若干人围打一人。刀来棍去，枪到戟往，绝不含糊，令人眼花缭乱，惊心动魄。武社火的红火形式，曾一度中断，近年来又复炽

---

① 安捷. 太原市志［M］. 太原：山西古籍出版社，2005：251—253.
② 安捷. 太原市志［M］. 太原：山西古籍出版社，2005：253.

于年节、喜庆日子，大有再振昔日雄风之势①。

火流星是太原社火形式之一，亦称"耍火炭""火蛋子舞"。流星技艺是由原始狩猎工具"流星索"演变而成的。表演者将一截绳子横放于颈后，两手攥着两侧绳的中部，绳头上各系一小碗状铁丝笼头，内装木炭或棉絮，蘸油后点燃，耍起来像两个火球在夜空中不停飞舞，故称"火流星"。它的基本动作有"五龙绞柱""举火托天""乌龙扫尾"等。多人表演时尤为精彩，无数火球在空中上下翻飞，纵横转舞，令人眼花缭乱，目不暇接。至新中国成立以后的 20 世纪 50 年代，太原海子边一带曾有杂耍艺人打地摊表演"火流星"。现在的"火流星"在社火队伍中既起烘托气氛的作用，亦可在前开路打场，维持秩序②。

元宵节庆活动中一般都会有"闹红火"活动的开展。节日当天在太原市的各县区，各乡村都会组织社火队伍到集镇或是市区集中表演。白天一般的集中在广场或者文艺社区进行，各队伍在欢乐的节庆活动中，轮番上场表演；晚上则是各队伍在大街小巷进行，遇见旺火就开始表演。不同区县的优秀社火队伍，还会被邀在正月十五到太原城里去汇报演出。市区闹红火的队伍主要以文化部门、学校、社团为主，其表演的内容主要以锣鼓、旱船、彩车最为主；五彩缤纷的灯展和焰火则是闹红火最有特色的景观。

历史上，人们在生产劳作之余都会创作出一些民间游戏和竞技活动作为闲暇时的调味剂。包括很多节令性游乐活动、竞技性的对抗活动，其规则不受时间、环境、条件等方面的限制，是一种可以肆意娱乐的活动，如登高（爬山）、皮条、翻花、跳绳、跳丁格儿、爬竿、吹篾篾、弹球、吹杏核、老虎吃绵羊、摆方、撑四角、扔接包、荡秋千、举（练）石墩、骑马战、挤油儿、耍逮的、跌核核、举石锁、举石担、二人三足跑、踢键子、打猪儿、老鹰抓小鸡、抓石子、抓拐、打瓦儿等。

登高，在过去被称为爬山活动，是山地居民较为流行的一种体育活动。首先，登山活动特点是"爬"，爬这个动作是可以增强人身体下肢力量及耐久力的动作；其次，爬山所攀附的活动特点是"攀"，这些肢体动作有利于增强人的肩、臂、腕、手指力量及上肢的灵活性；再次，爬山能登高远望，可以开阔视野，释放情绪；最后，爬山是一种游览，不仅能欣赏大自然的美景，更能陶

---

① 安捷. 太原市志［M］. 太原：山西古籍出版社，2005：253.

② 安捷. 太原市志［M］. 太原：山西古籍出版社，2005：253—254.

冶情操。通过登攀、爬山、登高、望远、游览等形式，不仅能强身健体，更能释放心灵。历来风俗农历九月初九登高望远，一直流传至今。

皮条，由秋千演变而来，为太原民间健身运动之一。将一束皮条（约三五根）一端系于木架或横梁上，另一端下垂，活动时，单手将皮条握于掌中或绕缠在手腕、手臂上，使身体悬空，做各种升降、倒转、支撑及水平动作。这是民间沿袭较久的活动方式，经过不断演进、发展，近年来皮条活动内容已与吊环相似，即将两根皮条的一端分别系于木架、树枝或梁柱上，另一端垂下，与肩同宽的距离，两手分别将皮条缠绕于手腕、手臂上，使身体垂悬，做各种动作①。除结束动作因手腕被缠，不及吊环精彩外，几乎所有吊环上的动作，都可以在皮条上完成。

翻花也叫挑线，是流行在太原城乡儿童之间的一种游戏。用一根约3尺（1米）长的线绳，两端连接成环状，一人将线绳在双手手指上结成花样，另一人用双手十指勾挑翻动，变幻出各种图案。这种游戏能够锻炼手指的灵活性，也有助于培养少年儿童的想象力。

骑马打仗，是模仿古代骑马时进行徒手搏斗的体育游戏，在太原中小学生之间流行。在平坦的场地上画两条平行线，称"赛马线"，其长度与距离视参赛人数的多少而定，一般长度为10米左右，相距5米以上。参赛者分为对等的两队，每队4人一组，分为若干组，每组由1人为"马头"，在"马头"两侧各1人，将一只手搭在"马头"肩上，另一只手与"马头"的手拉紧作"镫"，1人作"骑手"，骑在"马"上，摆出准备作战的样子。比赛前，双方"马队"各自站在"赛马线"上，选择要进攻的对手；比赛开始，"骑手"催"马"向"赛马线"中间进攻，双方进行交战，各队"骑手"要维持自己在空中的平衡，同时攻击对方使其失去平衡，"骑手"保护自己的方法包括闪、挡、压等；比赛中，若"骑手"从"马"上跌下来，即为失败，退出到场外②。

挤油儿，也称挤圪扭、挤暖和，是少年儿童冬季里喜爱的游戏，在太原城乡盛行③。一般是几人或十几人，选一墙角通过人挤人产生热量，被挤出者拥入尾后再次参与，直到挤得大家全身发热兴尽为止。

---

① 安捷. 太原市志[M]. 太原：山西古籍出版社，2005：261.
② 安捷. 太原市志[M]. 太原：山西古籍出版社，2005：260.
③ 安捷. 太原市志[M]. 太原：山西古籍出版社，2005：261.

耍逮的为儿童游戏。玩时，分两拨人，猜拳胜者先逮，被逮的一拨人伺机跑动、躲闪，逮者紧追，拍住对方身体并高喊"死"，被拍者便算被逮住，须原地站立不得跑动，倘能被同伴趁机过来拍一下喊"活"，便得以解放。被逮的一拨人全部被拍"死"，双方便交换角色重新开始游戏。

跌核核游戏是在四方半头砖上放杏核，游戏者轮流用自己的"油子"（也叫"老子儿"，掏空仁灌了铅的大杏核）举至眼前瞄准后撒手，依靠"油子"自由下落的重力击打砖上的杏核，打落多少即赢多少。但如果"油子"落下后留在了砖上，那么打落多少就要赔出多少来一起放在砖上由下一个人击打。可以两人或三五人玩。玩时每人拿若干杏核在手中，大家同时伸出手并手心向上张开，以出杏核的多少定游戏顺序，并将所有人出的杏核全放在方砖上做底①。

扔接包是儿童常见的一种游戏活动，普遍盛行于太原城乡。沙包用方块布缝制成六面体，内装豆子或细沙。单人玩法带有表演性质，有体前扔接、转体扔接，还有背箭式、举腿式、穿裆式、翻身式、腋下式、换身式、背后换手势等多种花样。多人游戏时，游戏者分作两方，一方分立场地两侧，持包来回击打场内的另一方，被击中者退出到场外，若接住沙包，则增加一次被击中而不退场的机会。待场内一方全部被击中退出后，双方换位打接②。

荡秋千是在太原城乡民间流传很广的一种健身游戏，尤其是在中小学校，比比皆是。逢年过节，四乡的农民往往要在村中开阔处搭起秋千，无论是大人还是孩子都喜欢荡一荡。秋千用两根高高的木柱竖立在地上，两侧以斜木支撑，上架一圆木横梁，系两条绳索垂下，绳端拴一块木板③。荡秋千有站板或坐板两种荡秋千的方法，进行比赛时，主要比赛荡秋千的高度，或者是荡秋千过程中的一些技巧动作。

放风筝活动在太原非常流行。用细竹扎成骨架，糊薄纸或绢做成，讲究扎、糊、绘、放技巧。制作风筝分"硬膀""软膀"两大类，造型有禽、兽、虫、鸟及人物等，千姿百态。利用风力牵动使之升上高空，以飞得高、造型美观为佳。20世纪五六十年代，放风筝主要是孩子们的游戏，且具有季节性，多在风和日丽的春天进行④。随着风筝制作水平的不断提高，以及人们生活娱

---

① 安捷. 太原市志[M]. 太原：山西古籍出版社，2005：262.
② 安捷. 太原市志[M]. 太原：山西古籍出版社，2005：263.
③ 安捷. 太原市志[M]. 太原：山西古籍出版社，2005：264.
④ 安捷. 太原市志[M]. 太原：山西古籍出版社，2005：264.

乐的需要，放风筝成为各季节老少皆宜的全民健身活动。

举（练）石墩、石锁、石担，是太原城乡民众经常演练的一项健身活动。石墩，为高圆形石，中央凿有两个扣手，以双手抱起落下，练力量。石锁，中间有手握处，形似古铜锁，重量大小不等，举法有抓举和摆举，还有用正掷、反掷、跨掷、背掷等掷法和手接、指接、肘接、肩接、头接等接法组成的花式练法，可一人练，也可双人对抛练习。石担，将两块重量相等的石制圆盘中间穿孔，固定在一根木桩两端，状如今之杠铃，举法有单手或双手抓举、推举、挺举、双足蹬等①。

跳丁格儿，也称跳房子，"丁"是单脚蹦跳之意，是女孩子特别喜爱的游戏。玩时，先用粉笔在地面上画好格子图形，以瓦片、圆盒做岗儿。依猜拳定次序，轮流单腿或双脚跳岗儿（过格），踩线或出岗压线为犯规，换另一人跳，先完成一组规定动作者为胜②。

爬竿，又称拔高，是一种身体附着长竿向上攀岩的民间体育活动，在太原城乡广泛开展，中小学校还把它列入了体育教学内容。爬竿运动可锻炼人的臂力，使身体轻巧，腰腿灵活，从而增强体力。爬竿的方法为：手握垂直立竿，伸屈肢体而上，两腿夹竿或两脚掌蹬竿，手脚协调配合，掌握一定技巧者可两脚悬空，只用双手攀岩。爬竿亦可进行比赛，可比耐力，比攀爬的高度和次数，也可比速度，有的地方比赛时在竿子顶端拴一只铃铛，谁先将铃铛敲响谁就获胜。

摔跤在太原城乡颇为盛行。我国传统的摔跤不受性别、年龄、身体（强弱）的限制，有一对一、一对二、一对多等数种。摔跤方法分自由式（俗称"抢着摔"）和固定式（抱住摔）两种。自由式为双方身体不接触，各自伺机采取各种技法摔；固定式为双方前后抱住摔。无论自由式还是固定式，都以摔倒对手为胜。它是"力"与"巧"有机结合的技艺展示③。近年来，太原市历史悠久的传统"挠羊"摔跤比赛，颇受群众喜爱，民众或是协会也会不定期地组织一定规模的赛事，得到了群众的积极拥护与参与。

拔河在太原城乡有着悠久的历史，是以人数相等的双方对拉一根粗绳，以比较力量的对抗性民间传统体育活动。拔河运动起源于春秋战国时期水乡

---

① 安捷. 太原市志［M］. 太原：山西古籍出版社，2005：265.
② 安捷. 太原市志［M］. 太原：山西古籍出版社，2005：266.
③ 安捷. 太原市志［M］. 太原：山西古籍出版社，2005：266.

拉纤和水军操练的"牵钩"之戏。唐代改称为"拔河"。《封氏闻见录》中记载："唐人拔河，用大绳四五十丈，两头系小索数百系挂于前，分二朋，两项齐挽，在中绳当中地面，立大旗为界，并有人震鼓叫噪。"唐玄宗时曾举行过千人拔河比赛。唐宋之后，拔河盛行于民间，经久不衰。现今的拔河在地上画两条平行直线为河界，由人数相等的两队在河界两侧各执长绳的一端。绳中央扎一红带为标志，垂直于"河"中央。听到发令后双方齐心协力拉大绳，以把标志拉过己方河界为胜①。随着拔河项目的不断开展，该项目成为全民健身活动中开展最普遍的一项传统体育项目。

掰手腕是太原城乡广为盛行的较力活动。比赛时两人各伸出一臂，肘部放在桌面上，臂肘弯曲，握紧对方手，上身前倾，凝聚全力向内扳对方的手，扳倒者为胜，被扳倒者为输。现今正式比赛有裁判裁决②。

撞拐（俗称碰拐拐），是男孩子的游戏，在太原城乡普遍流行。一腿站立，另一腿屈起用手抱住，两人用膝盖互相冲撞，以双脚落地或跌倒为负。

拉杠是农村普遍流行的一种体育活动。两人席地而坐，两臂向前平伸，两腿伸直，两脚对蹬，同时双手握杠（杠为木杠或其他杠杆）。公证人发令，两人用力拉，以使对方臀部离地为胜③。此项活动的比赛形式有对抗赛也有擂台赛，比赛对场地要求不高，随即方可进行，比赛过程比较激烈且有趣。

踢毽子（亦称踢毛儿），太原城乡广泛流行的民间游戏，也是冬季青少年喜爱的体育活动之一。1945年，当时的太原民众教育馆就举行过踢毽会（比赛）。毽子的种类有鸡毛毽、皮毛毽、纸条毽、绒线毽等。踢毽子的动作较多：敲、绕、打、跪、站、揽、砍、独立、帮飞等脚法；套数有踢、把、丁、拐、鼓、站、端、骗、叼、栏子（拖枪）、二板、漏窟、顶灯、点灯、翻浪、开弓等④。踢毽子是一项锻炼人灵活性的娱乐活动，又是一项竞技体育项目，有的比赛是比踢毽子的个数，有的比赛是比踢毽子的花样和难度动作。踢的形式有单踢、对踢、集体传踢。踢毽子是一项锻炼人的灵敏与协调能力的健身运动，在该地区被群众喜爱且经常开展。

推铁环者手执一前端弯成钩状的铁棍儿，推动铁环前进。铁环直径1尺半（50厘米）左右，用粗铁丝或细钢筋制成。两人以上可进行推铁环赛跑，

---

① 安捷. 太原市志[M]. 太原：山西古籍出版社，2005：267.
② 安捷. 太原市志[M]. 太原：山西古籍出版社，2005：267.
③ 安捷. 太原市志[M]. 太原：山西古籍出版社，2005：268.
④ 安捷. 太原市志[M]. 太原：山西古籍出版社，2005：268.

还可以比赛绕圈和盘花。有学校将推铁环作为体育课的内容，并组织比赛活动①。

在太原农村掷印儿广泛流传在民间。基本的玩法：在一块硬地或者是砖面上画一道印记，距"印记"5 米左右画一条界面线，掷印者站在线外向"印儿"处掷硬币，谁掷得准或距线最近，谁就成为最终的赢家。

打猪儿，即用枣木刻成长约 10 厘米、中间粗两头尖的"猪儿"，把它放在地上，打的人用木棒先敲"猪头"使猪儿飞起，立即用棒打击，谁打得远谁赢。这项活动，在太原地区乡村流行。

陀螺，太原俗称"动牛""冰猴"。抽陀螺，即用鞭子连续抽打一圆锥状体，使之在冰面或平滑地面上旋转。也是儿童喜爱的冬季游戏之一，每年寒冬，迎泽公园、海子边儿童公园的冰面上，都会聚集众多抽打陀螺的少年儿童。1962 年，在山西夏县西阴村仰韶文化遗址中发掘出陶制小陀螺，表明早在 4000 多年前，山西就已经有了这种体育娱乐活动。陀螺有木制、石制、陶制的。现代的木制陀螺在锥尖底部镶一个钢珠，陀螺面上涂染彩色，旋转起来特别好看，还创新出鸣声陀螺。抽陀螺也可进行比赛，有比旋转时间长短的，也有双人以陀螺相碰撞的，以先倒或停转者为输②。

老鹰抓小鸡，是儿童喜爱的集体游戏，流行于太原城乡。"老鹰"一人进攻，"母鸡"率领一队人牵着前人衣服的"小鸡"防守。"老鹰"疾速前后左右跑动，捕捉"小鸡"，"母鸡"伸展两翅（双臂）保护"小鸡"。"老鹰"逮住 1 只"小鸡"，即得 1 分③。这项活动具有较强的娱乐性，在老鹰和母鸡不停地追逐跑动下，儿童不仅锻炼了身体，又培养了团队协作的能力。

抓石子是女孩子喜欢的游戏。石子数目不限。游戏时，用拇指和食指捏住"母子"，手心握多子，先向上抛母子，后撒小石子，再抛母子捡一子，再接空中母子，落子为输。从一个一个地抓起开始，再两个两个，三个三个，再二个、四个抓起，最后全部抓起，先完成一轮者为胜④。

打瓦儿的玩法是每人拿一块瓦片，在长约 10 米的场地两端各画一条横线，猜拳赢者先攻，被攻方把瓦片立在线的一端，进攻者在另一端用自己的瓦片击打，能打倒对方就算赢一次。第二次可先将瓦片扔出一段距离，自线

① 安捷. 太原市志[M]. 太原：山西古籍出版社，2005：268.
② 安捷. 太原市志[M]. 太原：山西古籍出版社，2005：269.
③ 安捷. 太原市志[M]. 太原：山西古籍出版社，2005：269.
④ 安捷. 太原市志[M]. 太原：山西古籍出版社，2005：269.

端单脚跳一下踩住瓦片，然后保持单脚立姿，捡起自己的瓦片击打对方的瓦片。如打中了，第三次还可以先将瓦片扔出远一些的距离，自线端单脚跳两下踩住瓦片，捡起击打对方。第三次也打中了，可先将瓦片扔出自端线单脚跳3下能踩住的地方。如再打中，则最后一次必须将手中的瓦片越过线端扔至对方立着的瓦片背后，然后自线端单脚跳4下踩住瓦片，并保持单脚立姿，用着地脚踢瓦片击打对方。如击倒，就算赢了一局，3局2胜。可一对一单打，也可分成两家二对二双打。双打时，必须两人都击倒对方才能升级；但如果只有一人赢，则可以帮队友重打。若胜了，可以"救活"队友，两人一起升级，若败了，则轮对方上场玩①。

溜冰，又称"滑冰"②。每年冬季太原城乡冰冻后，在公园湖面或于开阔的平坦处进行泼水造冰场，这里的群众都会积极参与冰面的各类滑冰娱乐活动或者比赛活动。目前在该境内流行的娱乐项目主要有速度滑、花样滑、技巧滑等传统体育项目。

一、杏花岭区

北城的民间体育源远流长，成为群众自发形成的以强身健体为主旨的体育活动。清朝末年，区境内武术盛行，流行形意拳、太极拳、长拳、少林拳。新中国成立后，民间体育较为普及，主要有初级拳、形意拳、太极拳、器械武术等，也有毽球、跳绳、摔跤等。傅山编创的傅拳与太极拳十分相似，为太极拳的发展作出了贡献。除各类养生气功、武术等传统体育项目之外又新添了秧歌、扇舞、筷子舞、碟子舞之类的带有文艺娱乐性的健身项目③。1949年4月太原解放时，人民群众扭着秧歌，敲锣打鼓走上街头，欢庆胜利。1950年，五一国际劳动节，驻区各厂矿和市民参加省城举行的大游行，人们手舞霸王鞭，载歌载舞，成为太原市有史以来最大的一次街头文化庆祝活动。之后，以传统的背棍、耍狮子、跑驴、旱船、高跷、龙灯为主要内容的民间

---

① 安捷. 太原市志[M]. 太原：山西古籍出版社，2005：270.
② 安捷. 太原市志[M]. 太原：山西古籍出版社，2005：270.
③ 太原市杏花岭区地方志编纂委员会. 太原市北城区志[M]. 北京：中华书局，2002：701.

娱乐形式逢年过节就会走上街头，成为太原街头一道靓丽的文化景观。民间艺术表演队，每年重大节日都会表演舞狮子、龙灯、旱船、海蚌、老虎、踩高跷、跑驴、竹马、大头娃娃、挑花篮、扑蝴蝶、腰鼓、霸王鞭、扭秧歌、抬花轿、八音会、二鬼摔跤、刘三推车等，尤其是每年春节、元宵节，各种民间娱乐都要走上街头①。

二、小店区

小店区民族传统体育丰富多彩，主要体育活动有锣鼓、铁棍、背棍、龙灯、狮子舞、节节高、高跷、大头娃娃等，集中在春节、元宵节时表演。

三、迎泽区

区内流传的民族传统体育项目主要有社火、高跷、竹马、旱船、龙灯、扭秧歌、毽子、放风筝、爬竿、跳绳、跳皮筋、老鹰抓小鸡、耍逮、扔接包、滑冰车、抓石子、弹球、撞拐、打弹弓、中国象棋、气功、钓鱼、南城武术、中华木兰拳、中华木兰拳剑、中华木兰拳扇、太极拳、长拳、形意拳、重拳、鞭杆、日月气功、养生益智功、天源太极功、智能功、自然康寿功、大藏功、鹤翔庄气功、导引养生功、香功、站桩功等，历史悠久，深受当地民众欢迎②。

四、尖草坪区

尖草坪区内流传的民族传统体育项目历史悠久，主要有放风筝、游滑冰、滑雪、推筒箍（滚铁环）、荡秋千、捉迷藏、撞拐、拔河、打马（瞄打立

---

① 太原市杏花岭区地方志编纂委员会. 太原市北城区志［M］. 北京：中华书局，2002：613.

② 王若愚. 南城区志［M］. 北京：红旗出版社，2000：719.

砖)、挠羊、舞龙灯、舞狮子、划旱船、红绸舞、秧歌舞、腰鼓舞、跳格格、跳皮筋、跳丁格儿、吊骨骨、踢毽子、跳绳、溜坡、弹蛋蛋、打枣核、扔接包、比手劲、老鹰抓小鸡、打瓦儿、推掌、牵引、中华养身益智功、华夏智能功、鹤翔庄气功、香功、高跷、狮子舞、背棍、竹马、晃杆、二鬼摔跤、锣鼓、九曲阵、大头娃娃、下方棋、老虎吃绵羊棋、五子棋、太极拳、少林拳、形意拳、刀、枪、剑、三节棍、棒、鞭、举（练）石锁等活动。在古代，人们就在元宵节时上架拔花花，春三月放风筝，夏季游泳，冬季滑冰、滑雪，平时有推筒箍、荡秋千、捉迷藏、撞拐、拔河、打马（瞄打立砖）、挠羊等。清代至民国，区域内大村多有群众自办社火等民间活动，在正月十五以及各自的庙会期间演出。届时舞龙灯、舞狮子、划旱船悉数上街，热闹非凡。这种起源于春祈秋报祭祀活动的民间艺术演出，新中国成立以前多由公推的纠首组织领导，购置服装、乐器、道具。活动经费按户、地亩摊派或由群众自愿捐助。腊月排练，正月演出，自娱自乐，是当时群众的主要体育文化活动。新中国成立初，红绸舞、秧歌舞、腰鼓舞等传统舞蹈传入区域内，深受群众喜爱。20世纪80年代，游艺活动有了新的突破，增添了老年人的游艺项目，如竹环套瓶子，往水盆里扔乒乓球，篮球滚击塑料壶，手镖击靶环；少年中新增了套环摇体等①。

五、万柏林区

区内流传的民族传统体育项目丰富多彩，每年春节、元宵节等喜庆节日是民族传统体育集中展现的时间，其中在元宵节的时候规模最大、参与人数最多，每年从正月十三到正月十五元宵节，辖区内都要组织秧歌、旱船、高跷、腰鼓、龙灯舞、狮子舞、锣鼓等丰富多彩的民族传统体育活动②。

---

① 太原市尖草坪区委史志馆. 太原市北郊区志[M]. 北京：中华书局，1999：783.
② 太原市万柏林区地方志编纂委员会. 太原市河西区志[M]. 北京：中华书局，2005：404.

六、晋源区

区内流传的民族传统体育活动项目丰富多彩，主要有武术、跳高、跳远、赛跑、秋千、跷板、浪板、爬绳、软梯、陕北秧歌舞、腰鼓舞、乌克兰舞、哈萨克舞、龙灯舞、铁棍、背棍、划棍、龙灯、狮子舞、高跷、杂耍、旱船、刘三推车、二鬼摔跤、哑老背妻、社火、流星球、九曲黄河阵、太原锣鼓、节节高、秧歌、舞龙、霸王鞭、耍鬼等，其中陕北秧歌舞、腰鼓舞、乌克兰舞、哈萨克舞等是新中国成立后才传入区内的①。

七、古交市

境内流传的民族传统体育活动项目历史悠久，种类繁多，主要有铁棍、旱船、竹马、张三推车、放风筝、踢毽子、老虎吃羊、鹰抓小鸡、跳绳、摔跤、打陀螺、结牛槽（挑花线）、叼羊骨、捉迷藏、花鼓、打霸王、高跷、大头娃、牛斗虎、二鬼摔跤、舞龙灯、舞狮子、秧歌、锣鼓、打瓦儿、捉汉奸、秧歌踩街等多种娱乐形式。清末民初，民间有古交镇的铁棍、旱船、竹马、张三推车；有草庄头、营立村的花鼓；有李家社、自岸、曲坪村的秧歌踩街。20世纪40年代，屯兰的关头等地由晋北传入扭秧歌、打霸王鞭。20世纪60年代，古交镇等村开始由外地传入高跷、大头娃、牛斗虎、二鬼摔跤、舞龙灯、舞狮子等。表演时均有锣鼓、钹等打击乐和唢呐、笙、笛等吹奏乐伴奏②。古交市在每年的节日庆典中，政府部门联合群众自发组织等方式，都将开展各种传统体育文化活动，民众积极参与场面大都热闹非凡。

---

① 太原市南郊区志编纂委员会. 太原市南郊区志[M]. 北京：生活·读书·新知三联书店，1994：686.

② 古交市地方志办公室. 古交志[M]. 太原：山西人民出版社，1996：548—551.

八、阳曲县（黄寨镇）

阳曲县的民族传统体育活动项目丰富多彩，源远流长。汾河穿越县境，杨兴河环绕县域东西，两岸居民由于生产和生活的需要，经常横渡汾河、杨兴河，故擅长游泳者甚多，常见的姿势有狗不爪、搭扒、立踩、坐浪、仰面漂等；摔跤或小型的挠羊赛在毗邻忻州的部分村庄，如高村、岔上、北小店一带较为流行；狩猎在山区村庄比较普遍，一到冬季，猎手爬山越岭四处打猎，在锻炼身体的同时，也获得了一定的经济收入。此外，拔河、毽子、信鸽、放风筝、荡秋千、钓鱼、爬山、木改（冰猴）、下土棋、掰手腕、滚铁环、霸王鞭、跳皮筋、扔接包、打岗儿、举石锁等民俗体育活动以及击鼓拉花、旱船、高跷、背棍、狮子舞、龙灯等文娱体育活动在全县广为开展①。

九、清徐县（清源镇）

境内流传的民族传统体育活动项目历史悠久，项目主要有武术、摔跤、荡秋千、放风筝、爬树、举石锁、掰手腕、象棋、游泳、跳绳、摔跤、钓鱼、信鸽、滚铁环、踢毽子、拔河、拍皮球、打瓦儿、打猪儿（打锥儿、打轴儿）、抽陀螺（打不改）、转地不牛、跳格格、砸元宝、骑竹马、举石锁、翻膀子、推掌、跷跷板、弹琉璃蛋、顶拐子、莲花、戳天炮、游九曲、高跷、风车、风葫芦、绕流星、扔接包、扔土坷垃（扔砖块、扔石块）、甩石子、舞龙灯、跳皮筋、挤墙墙、捉迷藏（旮钻钻）、盲人逮拐子、耍逮的、老鹰抓小鸡、打弹弓、打水漂、打出溜、滑冰车、攻城、丢沙包、打倒体、下软腰、丢手绢、发弹儿、坎窝儿（趺钵儿）、二鬼推磨、地嗯啪（地嗯悠）、割韭菜、搓拉儿、踢牛足、过星星、耍骨骨、耍水（游泳）、背背、接竹篱、鲤鱼跳龙门、老虎吃绵羊、八子打枪、憋茅只、憋牛角、递方、砸杏核、砸荬谷拉、命墙头、拆勾儿、老鼠抽捻捻、九连环、翻架架、鸡毛信等，在民间代代相传。逢年过节、赶会，民族传统体育活动便成了自发组织闹红火的活动，

---

① 阳曲县志编纂委员会. 阳曲县志[M]. 太原：山西古籍出版社，1999：609.

有"红火""走八字""踩高跷"以及秧歌剧等一些载歌载舞的场面①。据了解，陕北的"扭秧歌""打花鼓"等项目是在新中国成立后传入境内。

十、娄烦县（娄烦镇）

娄烦境内流传的民族传统体育活动项目源远流长，丰富多彩。大都是徒手进行，若用器材，也是一些简便易得的，主要项目有响炮、解槽槽、盲人逮老拐子、猫逮老鼠、藏迷迷、丢手绢、迷藏、骑毛驴、叫大门、订方、打老虎、担人、喝水、冒远远、陷蹲陷、舁人、荡忽悠、荡秋千、打岗、把功、扳手、勒勾勾、跳高、跳远、赛跑、爬山、沿瞒路、碰拐拐与弹拐拐、打手背、推拉、游泳、溜冰车、溜冰、威风锣鼓、高跷、九曲灯、花灯、龙灯、旱船、霸王鞭、登台秧歌、踩街秧歌、秧歌、晋阳三三叉、晋祠风火流星、武术等。一般也不设置专门场地。

---

① 清徐县地方志编纂委员会. 清徐县志[M]. 太原：山西古籍出版社，1999：680.

第二章　大同市优秀传统体育文化文献探骊

境内民族传统体育活动项目形式繁多，主要有踩高跷、龙灯、旱船、赶赵万牛、挠阁、洋烟鬼、拉骆驼、东洋刀、二混堂、耍钱会、扭秧歌、小车灯、打霸王鞭、跳大绳、武术、拉毛儿、踢毛儿（毽子）、打台、滚雪球、堆雪人、射箭、投石、狩猎、放翔儿（风筝）、跳丁格儿、跳绳、翻鞋婆、打岗儿、打滑擦（滑冰）、抽动牛儿（打冰猴）、顶拐拐、按跤、荡秋千、举（练）石墩、举（练）石锁、举（练）石担、二人三足跑、跳皮筋、爬竿、爬绳、摔跤、拔河、掰手腕、推掌、牵引、撞拐、拉杠、拍皮球、推铁环、掷印儿、打猪儿、抽陀螺、老鹰抓小鸡、抓石子弩、抓拐、打瓦儿、游水、打水漂、溜冰、滑冰车、猜拳行令、登高（爬山）、皮条、翻花、吹篾篾、弹球（弹蛋蛋）、健身球、骑马战、挤油儿、耍逮的、跌核核、吹杏核、憋死牛、扔接包、太极拳、形意拳、罗汉拳、梅花拳、通背拳、龙形拳、大成拳、达摩五虎益筋拳、鹦鹉连环拳、棋类、老虎吃绵羊、摆方、撑四角、五子棋、三子棋、升大官等活动项目。这些项目具有地方色彩，与本地的生活环境、生产方式渊源很深。如打"台"，类似砍柴之暇的乐趣；射箭、投石乃狩猎之遗风；滚雪球、堆雪人当为清扫积雪时的雅兴；挤岃儿系御寒取暖之欢娱；等等。踢毛儿（毽子）有跷、打、跪、站、揽、独立、帮飞、砍等多种脚法，两人以上即可比赛，以踢够约定数量决胜负，高潮是决胜负之后的"拉毛儿"。这种玩法一直延续到 20 世纪 60 年代中期。20 世纪 70 年代后期，踢毛儿成为广大中小学校秋季体育课和课外活动的一项基本内容，然而精彩的"拉毛儿"尾声已不多见。

自古以来，大同地区由于土地贫瘠、干旱少雨，即使农民终日劳作，也难得温饱，故没有余暇，也没有精力参加体育活动。唯在正月闹红火时，搞一些娱乐性文体活动，如打霸王鞭、跳大绳等。平时，只有少数人为强身健体，或受传统文化影响，参加一些武术活动。1914 年，各村曾先后建立乡村保卫团，专门聘请武术教师来教拳，延续 10 余年，在历史上堪称农民体育活动项目之鼎盛时期。但乡村保卫团是由各区、村政权组织的一种具有政治色彩的武装组织，多数练武者并非自愿参加，随着乡村保卫团的衰落，只有红墙、水泉、隆盛庄、水泊寺、东关、瓦窑等少数村庄成了传统的武术之乡。

大同自古以来就是边塞军事重镇，民风尚武。清朝时期，大同有 150 多人中过武举，34 人中过武进士。民国初年，各村为维护治安，成立了乡村保卫团，各团争相聘用武术高手教授武技，进一步推动了武术的发展和普及。当时开展武术活动较好的有黍地沟、马家小村、水泊寺、石家寨、东关等村。1934 年 12 月，市内拳师马洪、赵必清、郭风、张林泉、邓维盛等为倡导民众习拳练武、健体防身，破门户之见，成立大同县同善国术会。该会聚集著名拳师 30 人，相互切磋技艺，分别设场授徒。日军侵占大同后，武术活动一度受到抑制。1951 年 11 月，人民政府对私人拳社进行整顿，把拳师组织起来，先后成立民族形式的体育活动小组 17 个，指导青少年学习武术，从学者达千余人。之后有组织的武术活动被迫停止，但私人聚徒习武者仍不乏其人。1983 年以后，为振兴武术，发挥其健身作用，市体委组织新老拳师在城区、矿区开办 40 个业余武术、气功辅导站，参加培训的群众达 2500 人①。据大同市志 1984 年的统计中记载，该市传统拳种有近 30 种，武术徒手套路有 110 套，器械、对练套路有近百套。

清末太极拳在大同的传人主要有皇甫亮、荣永修等人。皇甫亮是城东石家寨人，民国时期号称"赛蒋平"的古文忠得其真传。1929 年古文忠在绥远打擂，曾以太极功夫力克群雄，夺得魁首。随后古文忠又将太极功法传于水泊寺村何爱、苗宇忠、狄兰及其子古佃永、古佃强等。荣永修祖籍山东，得杨式太极拳真传，清末移居大同，在大同、绥远一带授徒传艺，大同拳师何爱、陈述堂等曾从其习武。当代太极拳在大同的传人主要有著名老拳师张绍、武世俊等。张绍少年时曾拜北京形意、太极、八卦名家张森泉为师，得其真传，尤精太极散手。20 世纪 80 年代，他将已濒于失传的太极散手撰书传世。武世俊在传练陈式太极拳中悟出"百家拳太极王"的道理，继承陈式正统大架第一、二套拳法及散打、推手、擒拿等技艺，颇有造诣。新中国成立后太极拳各派拳法在大同广为流传。至 1985 年年底中老年群体中坚持练习太极拳

---

① 大同市地方志编纂委员会. 大同市志[M]. 北京：中华书局，2000：1747.

者约 2 万人①。

清末形意拳在大同地区的主要传人是怀仁县周家窑人周吉普。民国初年，周吉普在大同擂台上，以形意拳击败山东高手铁猴子，名声大震。周吉普的形意拳子孙相传，至 1985 年年底周氏形意拳第四代传人周喜顺②。八卦掌在清末由皇甫亮、高德亮等人传入大同，大同人古文忠、邓维盛受其指导，又加以创新，并在大同城内开设拳社授徒，使八卦掌成为大同流传拳种之一③。

清末在大同的少林拳主要高手有东关杨振基（杨疙瘩）、飞刀马德胜等，杨振基在东关设场授徒多年，门人遍及大同城乡，高徒有古文忠、姬振州、蒋文元等。马德胜原系南方镖师，有飞刀绝技，清末曾任大同镇台衙门护院，其高徒李德懋，1907 年曾加入同盟会，并在大同建立同盟会支部，组织发动以大同武林界人士为主体的大同辛亥革命起义，20 世纪 30 年代曾任阎锡山的副官长。李德懋在少林拳的基础上，编制了技击性、实战性强的八法拳、八法枪，在旧军队中传练，影响颇大。李德懋在大同传授弟子甚多，以黑虎拳见长的李天赞便是其嫡传弟子之一，新中国成立后曾出席山西省首届（1957年）体育积极分子代表会议④。

罗汉拳在清末由张占鳌、高德亮等人传入大同。张占鳌原为北京忠义镖局镖师，民国初年隐居大同，先后在毛家皂和城郊瓦窑村开设拳馆，授徒传艺，时称大同武林十虎的郭锦云、邓维盛、姬振州等全面继承了罗汉拳的功法套路，并又拜高德亮为师，吸取各家之长，形成大同地区独特的罗汉拳法。邓维盛从 1912—1963 年开设拳社 40 余年，传授大批门徒，其中有名气者有马成、库元顺（库哑子）、昝永发、陈述堂、息源、武元梅、庞尔国、施惠义等。武元梅、施惠义等人在全国比赛中，曾获金牌。武元梅 1960 年曾随周恩来总理出访缅甸，随李达将军出访捷克斯洛伐克，进行武术表演，庞尔国曾入选山西省体工队⑤。

梅花拳在光绪九年（1883 年）由南方镖师石盘亮传入大同。石盘亮曾充任大同镇衙门护院，共授徒 4 人，即武祥、宋世杰、四和尚、董占魁（号"草上飞"）。武祥是石盘亮的主要传人，曾在大西街四吉店门前摆铁匠摊，

① 大同市地方志编纂委员会. 大同市志[M]. 北京：中华书局，2000：1747.
② 大同市地方志编纂委员会. 大同市志[M]. 北京：中华书局，2000：1747.
③ 大同市地方志编纂委员会. 大同市志[M]. 北京：中华书局，2000：1747.
④ 大同市地方志编纂委员会. 大同市志[M]. 北京：中华书局，2000：1747.
⑤ 大同市地方志编纂委员会. 大同市志[M]. 北京：中华书局，2000：1748.

以打鞋钉为生。闲暇之时，在武庙街庙内座房授徒。曾以"挑手"绝技折服杨振基（杨疙瘩）。丰镇著名拳师卓德才和李德懋等人都曾拜他为师但并未过门，他的嫡传弟子有尹荣（尹三）、尹贵（尹二）、尹五、贾虎臣等人，这些嫡传弟子后来都成为当地著名的拳师。贾虎臣曾拜丁武祥、张占整、杨振祥等各类武坛名家，练习各派拳法，对融南北之长的梅花拳潜心研究，曾经有一段时间在大同市的大西街46号传授梅花拳。他弟子众多其中杰出代表有康万又、张永红、武世俊等人。尹荣有弟兄5人，其中有3人是拳坛名流，尹荣有内蒙古"赛子龙"的美称。21岁便授徒，曾在镇川、石家寨、大河南、丰镇等地座房。尹荣授徒众多，至1985年健在者有刁林、刘致义、谢章元等人。宋世杰，大同城内人，15岁时尽得石盘亮真传，曾在西史宅开设拳场授徒20余人。1910年加入同盟会，1911年参与组织大同地区辛亥革命起义，以功授予"虎贲将军"称号，后被阎锡山忌恨，于1914年被害，门徒也多受牵连①。

通背拳于1916年传入大同，本地拳师贾虎臣向来同的武林高手学得此拳，得其精妙，传徒李治、息源②。后来，徒弟息源以通背拳为主进行传教，让通背拳成为大同地区流传较为广泛的拳种之一。

龙形拳在民国初年由赵珠传入大同。赵珠为河北唐县人，因打死本地地头蛇，避祸于灵丘县觉山寺，后被大同杏儿沟矿窑主刘桂文请来大同，教授刘桂文之子，3年不成，被许殿林等人昔留，在南寺、西花园设拳馆，传授龙形拳，许殿林、孙秀山、雷栋等10余人从学。后由许殿林传徐志远、张富、刘纪元、赵珍、祁国祥等人，1932年赵珠曾受省立第三师范之聘，在三师学校进行龙形拳术的传承③。

大成拳于1957年夏传入大同市，本市拳师郭贵志先就学于大成拳创始人王芗斋之徒于永年，后又赴北京就教于王芗斋，掌握了大成拳七妙法门的站桩、试力、发力、试声、推手、摩擦等功法。郭贵志曾于1980、1981年两次获得全国武术观摩大会金牌。1984年发起组织全市第一个群众性武术科研训练组织——大成拳研究会，吸收武术爱好者200余人，并编写《大成拳简介》一书，供学者传练研习④。

①　大同市地方志编纂委员会. 大同市志[M]. 北京：中华书局，2000：1748.
②　大同市地方志编纂委员会. 大同市志[M]. 北京：中华书局，2000：1748.
③　大同市地方志编纂委员会. 大同市志[M]. 北京：中华书局，2000：1748.
④　大同市地方志编纂委员会. 大同市志[M]. 北京：中华书局，2000：1748.

达摩五虎益筋拳是少林拳中稀有的珍贵拳种，不轻易传人。20 世纪 50 年代时，仅传于大同拳师陈振声。陈振声秘而不传，直到 1984 年，本市进行抢救性的武术挖掘整理工作时，陈振声打破门户之见，将该拳公之于世。此拳参加全国和全省武术挖掘整理成果展览会时，得到武林界的重视①。

鹦鹉连环拳亦属少林拳，系稀有拳种，清朝中期传人大同。清末武祥演练此拳，后传其弟子尹荣，尹荣又传于今人张子明、么宏志等。除上述拳种外，本市流传较广的拳种还有二郎拳、武当拳、大小混拳、南拳、翻子拳、燕青拳、鞭杆、八翻手、子母拳、子午拳、六合拳、绵拳、查拳、华拳、花潭拳、螳螂拳、炮锤、八极拳、花拳、短拳、阳拳、地趟拳、戳脚、弓力拳、行者拳、一门拳、一门枪等②。

大同文艺表演历史悠久，风格独特，颇引人注目，始凿于北魏时期的云冈石窟中，许多石雕都是身体艺术造型，菩萨、力士等舞蹈形象生动逼真，尤其是成群的"伎乐飞天"身姿似水，美如蝉翼，"同自然之妙有，非力运之能成"，是大同人民在长期劳动和生活过程中的智慧结晶，也是中外艺体文化交流的历史见证。大同北靠长城，南望雁门，山环水抱，是南北交通之要冲，它位于南北民族汇集的地方，是历史上各民族政治、经济、文化活动中心之一。③ 大同文体表演在不断的演变中始终保持着本民族独特的文化特点，如：动作的别称、形式各异的跑场秧歌和跑圈秧歌、风格独特的小车灯、形式独特的赶赵万牛、挠阁以及洋烟鬼、拉骆驼、东洋刀、二混堂、耍钱会等，另外还有与各地具有相同性的高跷、龙灯、旱船等文体项目。

跑场秧歌流行于大同市南郊、新荣两区，每逢正月的时候，当地群众就纷纷组织起秧歌来，进行喜庆娱乐活动，并且还有挨门挨户给乡亲拜年的风俗。一个秧歌队少则十六七人，多则三四十人，领头的称"抖公子"，是秧歌队里的指挥，一般多由有经验的老社火充任，他手持象征风调雨顺的雕翎扇，头戴武生巾，身穿黑色道袍、黄绸彩裤。其后是一个手举货郎鼓的货郎和丑角装扮的捞毛人，货郎戴灰色毡帽，着黑布长道袍、黄彩裤；捞毛人头戴凉帽，身背串铃，内穿剑袖衣，外披黄马褂，着红彩裤，扎靠腿。货郎和捞毛人都戴有髯口。其他人装扮成男女老少和丑角等各种人物，有打棒人、拉花

---

① 大同市地方志编纂委员会. 大同市志[M]. 北京：中华书局，2000：1748.

② 大同市地方志编纂委员会. 大同市志[M]. 北京：中华书局，2000：1748.

③ 大同市地方志编纂委员会. 大同市志[M]. 北京：中华书局，2000：1752—1753.

人、踢鼓子的和大脚婆等各种角色。这类表演配以锣鼓伴奏，一般没有情节化的演出，也不存在固定的表演模式，但场记和动作的名堂有很多，如"四门斗子""五呼噜子"和摆字等，这些动作基本都是从武术的拳术中提炼而来的，舞蹈基本动作有"台步""扭步""十字步"等步伐。另外，女的专门性动作有"卧鱼"，男的专门性动作有"二起脚""劈叉"等。"大鼓、大锣、大钹"是跑场秧歌最重要的伴奏乐器，其锣鼓密敲是秧歌开场最典型的伴奏，表演者在锣鼓声中开始演出，舞蹈者在锣鼓的伴奏下翩翩起舞，表演者在领舞人的指挥下，摆出各种多样的队形，创编者在每段舞中设计各种字样的队形，锣鼓伴随领舞者的指挥进行有节奏的即停即敲击，舞蹈者在表演过程中有规律地结合唱跳激情演绎。跑场秧歌的动作特点是扭动起来步伐稳健，两臂甩动较大，挺胸昂头，给人以健壮朴实之感①。

　　龙灯普遍流传于大同地区，是一种为人民群众所喜闻乐见的民间舞蹈形式。远古时代科学不发达，生产技术落后，人们通过舞龙渴望过上五谷丰登、人畜两旺的幸福生活，所以舞龙具有除害、祈福、迎接吉祥的意思。龙灯是一种群众性、娱乐性很强的舞蹈形式，因而它的表演具有很大的变通性。一般龙灯习惯在正月十四至正月十六表演，场地不定，而且多在行进中舞动。正月十四天不亮时，舞龙的人便到龙王庙请龙（即把龙从庙里抬出来），然后举龙拜水，随后开始表演，鞭炮齐鸣，以示欢迎龙的到来（人称龙抬头），这一系列仪式表现了人们对龙的崇拜。旧社会时期，龙的嘴里、眼里、身节中都点燃"圣蜡"，"圣蜡"是用蜡烛或麻油灯充当的，而现代已被灯泡所取代，舞龙者的服装也具有现代特征。龙灯的主要道具有龙头、龙身、龙尾、龙爪和绣球、云朵，伴奏使用的乐器有大鼓、大锣、小钹各一副，大钹、中钹各两副②。在大同地区为舞龙者伴奏的乐器是大鼓、大锣、小钹，击打速度的变化比较自由，由敲击大鼓者掌握。

　　小车灯又称车灯、小车会，是大同人民群众喜闻乐见的一种民间舞蹈。小车灯也是我国北方较常见的民间舞蹈形式之一。大同的小车灯兴起以浑源等县区为最早，流传进大同市区已有 200 多年的历史。小车的雏形源于木制的独轮车，独轮车在崎岖不平的山道上行进时由于重心不好掌握，拉车人步态趔趄，后人据此将拉车人的舞蹈步态发展成为扭步，并多在正月里闹红火时

---

① 大同市地方志编纂委员会. 大同市志[M]. 北京：中华书局，2000：1532.
② 大同市地方志编纂委员会. 大同市志[M]. 北京：中华书局，2000：1532.

表演，成为一种灯类表演形式。形成小车灯的传说不一，大致有三种：一为逃荒，旧时家贫人家走西口，一家人逃荒的情景，姑娘坐车，老太太拉车，老头儿推车。起初是 3 人，后来逐渐演变成 5 人。二是娶亲，旧日穷人娶亲用小车，新郎拉车，新娘坐车。小叔子、媒婆帮车，老头儿推车。三是赶庙会，老太太拉车，老头子推车，姑娘坐车，两个男青年帮车（一个俊扮小生，一个丑角装扮），舞蹈行进中不时有插科打诨的对话。大同的小车灯一般由 5 人组成（拉车、坐车、推车和两个帮车人），主要在农历正月十五灯节前后活动。大同的小车灯步态舞姿简单，一般以十字步、行进步最为常见，无更多的舞姿变化。唯大同市南郊区口泉乡的小车灯拉车人的步态颇具特点。舞蹈动作为坐车人手抓车栏，走八字步；推车人手握车把，由右至左上下转圈，翻动车花，走行进步；帮车人手持红绸走大十字步；拉车人手持大红绸，做拉车状。其舞步的调度以"三滴水"步为主要步伐，即以中线为轴心，向左、右两个方向斜线行进，节奏与形式是三步一停的丁字步①。表演者的风格是通过拉车人梗着脖子，用肩、腰、胯、腿、脚身体各部位在同步节奏中轻快自如的地上下颤动，整个动作在一瞬间完成，其协调一直画面和谐。其滑行车上灯饰上的伴奏有瓦盆鼓、大锣、小锣、大钹、小钹等民族乐器。

　　旱船这种民间舞蹈形式普遍流传于大同地区。春节期间，各县区都能见到表演旱船的队伍。据老艺人讲，旱船是从南方传过来的，当年屈原含愤投汨罗江后，当地人民为了打捞他的尸体，纷纷驾舟江上。后来，为纪念屈原，人们每年端午都驾船行驶于江面，向水中投粽子，以悼念屈原的亡灵，逐渐产生了竞龙舟的活动。竞龙舟这种活动形式发展到陆地上就产生了"旱船"。至于这种活动何时传到大同，对此说法不一。大同地区旱船一般在正月十四至正月十六表演。表演场地可在街头，也可在操场、空地。表演时两人组，一人扮渔翁，一人扮渔妇。渔翁走圆场步，双手握桨做划水动作，渔妇双手扶船沿，以平稳而快速的台步紧随其后，随渔翁走出各种队形。由于这种舞蹈形式是从外地传过来的，加上大同地区气候干燥、河流稀少，人们对渔民的劳作生活缺乏切身体验，所以在表演中缺少富有情趣的表演，舞蹈动作也较为单调。不过，在船的装饰上还是极尽华丽和考究的。随着时间的推移，船上的装饰物不断更新变换，尽可能与时代同步。旱船音乐主要以打击乐为主，演员在锣鼓点的伴奏下进入舞蹈，伴奏乐器有大鼓、大锣、小锣、大钹

---

① 大同市地方志编纂委员会. 大同市志[M]. 北京：中华书局，2000：1532—1533.

和小钹①。

在大同的方言中,"挠"字的意思是用肩膀扛东西;"阁"特指女子的卧房。顾名思义,"挠阁"就是把女子的卧房扛起来。原来挠阁是旧社会有钱人家女孩子出嫁时进行炫耀的一种形式,随着时间的推移和社会的发展,逐渐演变为一种民间舞蹈形式。挠阁在大同东关一带最为盛行,表演时间为每年的正月十四至正月十六,很早以前的挠阁与现在不同,下边挠的人站在一个模型中,模型有房子、山、云等,挠的人将模型绑在身上,小孩站在模型的架子上。观看的人能看见小孩好似站在山、云、房子上轻飘飘地浮动,而看不见下边挠的人。后来由于模型限制下面人的活动,加上模型、架子及上边孩子的分量过重,模型逐渐被取消,变成了只有架子挠起小孩。下面挠的人身穿黄绸坎肩,下穿绿彩裤,头扎白毛巾,两手放在身体两侧或抱在胸前或背在身后,踩着音乐往前行进,走右脚时身体向左前方扭动,走左脚时身体向右前方扭动,如此交替往复。上面的孩子上身穿大红软缎中式棉袄,袖口缝上红、黄、绿、粉、蓝五彩长绸,下身穿比较随便的长裙,披上绣一龙一凤的粉绸披风,随下面人的动作自由摆动身体②。由于挠阁的架子及上面的小孩加起来很重,所以它的动作特点是步伐沉重、紧张,上身摆动松弛、随意,并在摆动中整个身体往上颠颤。挠阁的伴奏音乐根据下面起舞者步伐的快与慢来调节,伴奏乐器有大鼓、大锣、中钹和小钹。大同民间舞蹈中尚有洋烟鬼、东洋刀、拉骆驼、顶花灯等形式,或因舞蹈性不强,保留价值不大,或因内容不健康等均被淘汰。新中国成立以前,大同市的舞蹈活动没有形成一定的规模,基本上没有任何团体。新中国成立以后,大同的舞蹈事业才获得较快的发展。

一、城区(平城区)

大同城自古为汉族和北方少数民族相互争夺的中心,也是汉族和北方少数民族融合地,人们的生活内容丰富多彩,沿传着许多风格迥异、简练粗犷、生活气息浓厚的民族体育活动。在云冈石窟的雕塑中,就生动记述了1000多

---

① 大同市地方志编纂委员会. 大同市志[M]. 北京:中华书局,2000:1533.
② 大同市地方志编纂委员会. 大同市志[M]. 北京:中华书局,2000:1533—1534.

年前大同地区民风尚武，盛行角抵、投石、骑射等活动。民间体育活动更是充满了生活气息。元宵节时，白天则是大帝社火，有高跷扮演、戏文故事，有抬阁、有背棍，还有耍二鬼闹判、扭秧歌、打腰鼓等，各村之间串演，或到城镇间去会演。《大同县志》曾有记载："乡下多扮灯官唱插秧歌来城内相征逐仿摊记，城中大南街设棚献戏三日……此后店铺择一吉日，也献戏三日发市，发市之日各相拜贺。"庙会期间有卖艺的、练武术的、变戏法的、耍马戏的，清代《大同府志》记载："然颇格于外寺献剧，献牲、酬神、许愿所在皆有……辄令女巫，乐户，歌舞，有享愚民奔走若狂，岁以为常。"① 可见当时民间传统体育项目也是庙会上的一大热闹景象了。

大同城区流传的民族传统活动不仅沿传颇久、形式繁多，而且多为富有情趣与地方色彩的健身性娱乐活动。这些活动简练、活泼，与当地群众生活环境、生活方式渊源颇深。如打台为打柴之暇的乐趣；射箭、投石乃狩猎之遗风；滚雪球、堆雪人为扫积雪的雅兴；挤旮旯系御寒取暖之欢娱。此外，还有丁拐拐、按跤、耍逮的、九连环，女孩挖籽儿等。这些民间体育活动以男孩进行游戏为多，女孩受封建礼教之约束和缠足之苦，直到民国初，倡导女子放足，女孩子才能抛头露面，参加一些活动②。新中国成立前，由于家庭经济环境的限制，不少儿童少年从小失学进行劳作贴补，在劳动之余或是冬闲时节，他们都会组织聚会，进行各种娱乐活动，这些活动具有自发性、季节性、娱乐性、广泛性等特点。这些传统体育活动具地方特色，不仅锻炼了青少年的身体，又获得了心灵的快乐。

二、矿区（云冈区）

大同矿区民族传统体育活动开展较早，主要有踢毽子、滚制钱、打砣、掰手腕、摔跤、跳棋、弈棋、滑冰、社火、旱船、高跷、小车灯、扭秧歌、骑毛驴、竹马、莲花落、抬搁、狮子舞、挠搁、舞龙灯、威风锣鼓、彩车、花灯、瓦盆鼓、杂耍、挠阁、大头人、彩车、老虎吃羊、少林拳、八卦掌、罗汉拳、梅花拳、大成拳等体育活动。一向是群众自发地进行，多以娱乐为

---

① 赵佃玺. 大同城区志[M]. 长春：吉林文史出版社，2006：749—750.
② 大同市地方志编纂委员会. 大同市志[M]. 北京：中华书局，2000：1751.

主。一般是劳动休息时间，青年人掰手腕、摔跤；成年人划地为盘，玩"老虎吃羊"①。冬闲时节，儿童少年习惯于聚集在一起进行踢毽子、滚制钱、打砘等传统体育项目的游玩，没有规则限制。

三、南郊区（云州区）

区内流传的民族传统体育项目主要有武术、高跷、龙灯、狮子舞、瓦盆鼓、扭秧歌、跳绳、荡秋千、摔跤等，以自娱自乐的形式流传民间②。大同在历史上是边塞重镇，民间习武练武已成习俗。清末民初，该区有50%的村庄设有拳房，且多集中在山区，较著名的有杨家窑、榆林、上窝寨、鸦儿崖、黑流水、高山、口泉、回去村、峰子涧、南羊路等村。武术师傅多来自河南、河北、山东。武术门类有清末文安县人董海川所创的八卦掌；少林拳中的罗汉拳、梅花拳、大成拳、武当拳等；明代山西永济人姬际可所创的形意拳等③。新中国成立后，群众性的习武活动已由原来的防身术成为强身健体的练习工具。

四、新荣区

区内流传的民族传统体育项目主要有健身气功、象棋④、秧歌⑤、高跷、龙灯舞、狮子舞、跑旱船、跳绳、凫水、踢毛儿（踢毽子）、滑冰车、推桶圈（亦称推圈子）、丁格儿（亦称跳圈）、打动牛儿（打冰猴）、耍逮儿、摔跤（俗称按跤）、掰手腕、弹杏核、挤旮旯儿、打"元宝""打狗腿"、摸瞎箍、弹蛋（儿）、跳圈、丢手绢、传统武术、围棋、拔河⑥。高跷流行于全区，起源无考。跷子用木制绑在腿上，演员登跷表演，高人一节，每队20多人。表演

---

① 孟祖夷. 大同市矿区志［M］. 太原：山西古籍出版社，2005：535—536.
② 大同市南郊区志编纂委员会. 大同市南郊区志［M］. 北京：中华书局，2001：635—706.
③ 大同市南郊区志编纂委员会. 大同市南郊区志［M］. 北京：中华书局，2001：705.
④ 大同市新荣区志编纂委员会. 大同市新荣区志［M］. 北京：中华书局，2015：649.
⑤ 大同市新荣区志编纂委员会. 大同市新荣区志［M］. 北京：中华书局，2015：651.
⑥ 大同市新荣区志编纂委员会. 大同市新荣区志［M］. 北京：中华书局，2015：712.

者多扮成如《唐僧取经》《白蛇传》《红灯记》《白毛女》等中的戏剧人物，过去多有打扮成媒婆、二小子、懒大嫂等讽刺人物的。演员踩着锣点、鼓点按所扮人物进行表演，其中表演最难但最精彩的要数"扑蝶"，演员登跷要做蹲、单腿跳的高难度动作。二十世纪六七十年代，新荣区内高跷最为兴盛，其中镇川堡、青杨岭、花园屯的高跷队最为精彩①。明清年间，在新荣境内每年农历二月初二，有龙王庙的村保，农民舞龙取水，祈求龙王保佑风调雨顺，五谷丰登。民国初年，改为正月元宵节参加社火活动的节目。每龙 12 节，每节代表 1 个月，由 12 人支撑，每班 2 龙 1 珠，共 25 人。建区以后，尤其是改革开放后，表演的节目有"二龙戏珠""双龙出海""倒海翻江"等，其中以新荣水泥厂表演的龙灯舞最为精彩②。过去新荣境内曾流行着一种跳大绳活动，那时的跳绳不同于现在小姑娘的"跳皮筋"，跳绳者全为成年壮汉。大绳用粗麻绳编成，有好几十米长，绳上拴许多彩色布结，甩起来煞是好看。跳时，两个壮汉甩绳，中间 5～10 人跳绳。跳的人腰扎红腰带，按跳的节奏喊号子，颇为壮观，技艺高超者，还可在空中翻跟头③。这种活动作为一种跳跃性锻炼在军队里比较盛行。随着时间的推移，后生们逐渐把跳绳的主角让给了姑娘，又粗又长的麻绳也变得又细又短。跳的方法有单个跳、带人跳、原地跳、跑步跳、花样跳（二人悠摆绳，一个人或多人在中间跳）等。由于此项活动健身性强、简便易学，深受广大青少年喜爱，到现在还被中小学校作为辅助体育课的基本活动。

五、大同县（西坪镇）

大同县的民间体育活动流传颇久，形式繁多，多为富有情趣的健身娱乐活动，分布在 16 个乡镇。盛夏时节，凫水颇为流行；秋季庄稼上场，农家子弟爱在场面上"按跤"（即摔跤）；气候寒冷、冰雪覆盖的冬闲时节，孩子们利用大自然赐予的条件进行打滑擦儿（滑冰）、滚雪球、堆雪人、打雪仗、抽动牛（陀螺）、打元宝、挤旮旯儿、踢毛（踢毽子）。此外还有跳绳、踢毛儿

---

① 大同市新荣区志编纂委员会. 大同市新荣区志[M]. 北京：中华书局，2015：653.
② 大同市新荣区志编纂委员会. 大同市新荣区志[M]. 北京：中华书局，2015：654.
③ 大同市新荣区志编纂委员会. 大同市新荣区志[M]. 北京：中华书局，2015：704—705.

（踢毽子）、打缸儿、滚铁环（亦称推圈子）、挤旮旯、丁格儿、抽动牛儿（陀螺）、耍逮儿、弹杏核、打花棍、踢鼓秧歌、挠阁、抬阁、抱跤人、灯官、独角戏、威风锣鼓等活动。每逢新春佳节，秧歌、高跷等民间舞蹈队，全部出动，锣鼓喧天，笙管齐鸣。舞者身着艳丽服饰，手舞各种道具，走遍街衢广场，纵情表演，招引男女老少跟随围观，场面十分热闹。值得一提的是蔚洲町、东村、西村的"对子马""拉骆驼""耍钱会"等活动形式，可惜已近乎失传。

六、天镇县（玉泉镇）

县内流传的民族传统体育项目主要有武术、大头人、抬阁、狮子舞、跑驴、旱船、高跷、龙灯、黄河九曲灯、社火、判官笔、三节棍、九节鞭等，常汇合到一起交错相伴进行，场面盛大，气氛极为热烈。本县地处边塞，明清时属军事要冲，战事频繁。民间习武强身历史较长。据清光绪《天镇县志》记载，明嘉靖到光绪年间县内先后中武进士8人、武举65人。清末，柴家窑村艺名"灰鼠"者王氏，外出学拳，回村后设场教武，至今传继五代。其拳械套路有长拳、洪拳、猴拳、鞭杆、六合枪、回马枪、五虎枪、双刀、单刀、哨子棍、老八棍、五花棍、七节鞭，以及双拐破镰、脚扑破鞭、三节棍破镰等。民国初年，盗匪兵患四起，民间习武盛行①。将军庙拳师刘恒山擅双刀破镰、对打、八卦掌等，常外出到季冯窑等村收徒授艺。1919年，县内各地均设武术教练员2名，谷大屯、将军庙一带，多设土台，摆赛场，习武练拳。拳路有二路花拳、弹腿等；器械有鞭杆、五虎枪、剑、棍等。此后，谷前堡、卅里铺一带，民间流传有鞭杆拳、判官笔、三节棍、九节鞭等。1965年北京体育学院毕业学生来天镇中学实习时，向学生传授武术技能。1976年县少年业余体育学校建武术队，开设武术训练。项目有刀、枪、剑、棍的对练，有集体以及个人套路。在地区、省、全国武术赛中，多次获得名次。

① 山西省天镇县县志办公室. 天镇县志[M]. 太原：山西教育出版社，1997：807—808.

七、灵丘县（武灵镇）

县内流传的民族传统体育丰富多彩，主要项目有武术、踢毽子、跳绳、滑冰、云彩灯、故事、跑驴、跌跤人、九曲黄河灯、武术、洞宾戏牡丹、小车、龙舞、跑旱船、扭秧歌、打霸王鞭、放风筝、打秋千、拔河、游泳、象棋、滑冰等，深受群众喜爱，至今广为流传。灵丘自古以来战事频繁，人们为抗暴御辱和强身健体纷纷习武，相沿成风，故出过不少武功超群的名家高手。如五代十国名将李存孝，清代李广金、刘钰等。古代灵丘的武林人物所习拳种的详情，已无从考查。近代的武术高手当推清代来自沧州的镖师郭凤鸣。清光绪二十年（1895 年）郭师因打抱不平误伤人命，逃至灵丘县为县官陆某护院，后设场授徒，从学者甚众，现灵丘流传的各种拳艺多为他所授。他尤其擅长子母绵掌拳，子母绵掌拳源于武当派形意门之子母绵掌。1934 年，据本县李生梅、范子英自述："余习此拳 40 年。"郭凤鸣留在灵丘近 20 年，得意门生有孙长庆、刘生太、刘生龙、丁峰、刘锦秀、范子英、李生梅、李少显、宋常青、李生桂、李梅等，皆武艺高强。抗日战争中，孙长庆在广灵曾空手击毙日寇 4 人，终被日寇枪杀，其英雄壮举可歌可泣。郭师门徒中才兼文武，首推李生梅。李起雨一生以传授武术为乐事，但择徒较严，40 多年来仅收徒 300 余人。另外赵北村拳师孙秀清、王成庄拳师范品等亦课徒授艺，所传为长拳、形意拳。东河南一带还有人习练螳螂拳，该拳为蔡峪村李彬文、李瑛（均已故）师徒所传。觉山寺自北魏建寺以后，出于护寺和健身的目的，历代僧人都有习武风尚。据传清末觉山寺方丈龙诚和尚武功颇深，其徒技艺高超。云游武僧及民间拳师亦经常到寺交流，切磋武技，觉山寺成为会武场所，对本县武术的发展起了重要作用。其后佛门寂寥，香火冷落，宝贵的武术遗产大都失传①。踢毽子在灵丘是一项传统的冬季民间体育活动，年代久远，至今不衰。踢毽子套数多达 20 多种，计有扡（里外廉）、踢、把、丁、拐、鼓（过海）、拦子（拖枪）、站、跑、端、骗、的、二板、漏窟、顶灯、翻终、开弓、平、盘等。此外还有其他难度较大的花样，如金鸡转弯、将军大上马等。每到冬秋来临，到处可以看到结伴成群的青少年，在校园、街头

---

① 灵丘县志编纂委员会. 灵丘县志[M]. 太原：山西古籍出版社，2000：657—658.

巷尾、场院踢毽子，他们赛花样、比技巧，韵味无穷①。跳绳是灵丘民间传统体育活动，历史悠久。跳绳有短绳和长绳之分。短绳可单人跳或双人跳，长绳则为集体跳。跳法有前甩、后甩、前交叉、后交叉、多人跳双绳、双摇飞、多摇飞、计时跳绳、集体八字形编花等。在本县经常看到青少年跳绳，特别是学校内的学生经常自由组织跳绳比赛②。每年数九天，三五成群的青少年在结冰的河、池或泼水成冰的场地上滑冰。他们用木板或木条钉成一个长方形木架，人坐在木架上，两手各持一截带尖的铁棍用来拨动冰面，木架就滑行起来了，还有的不用木架，双腿打滑擦，或蹲着滑③。

八、阳高县（龙泉镇）

县内民族传统体育的开展，历史上一向是自发的，多以娱乐为主，也是"穷开心"。劳动休息时间，青年人掰手腕、摔跤；成年人划地为盘，玩"成三"、玩"老虎吃兵"。冬闲时节，聚于街巷踢毽子、滚制钱、逮老小、打阎王，怎么方便、怎么痛快怎么玩④。此外，还有高跷、龙灯、狮子逗寿星、穿心官、小车、旱船、抬阁、背杆、竹马、腰鼓、秧歌、霸王鞭、二鬼跌跤、公公背媳妇等形式及九曲黄河阵、彩灯等数十种活动，故事情节、表演技艺、活动时日等与各地大同小异。高跷遍及城乡，历史久远，传说起源于秧歌和杂技的"登杆"。表演人数多寡不拘，以前多扮戏曲和神话人物，新中国成立后工农商学兵各种形象皆扮。春节、元宵节时沿街表演，转旺火，唱吉庆小调祝贺春回大地。有过桥、跳障、跌叉等高难动作。20世纪50年代初开始有妇女参加演出⑤。龙灯，清代由河北和晋中移民传入，是县内较多的一种民间广场艺术，大白登镇一带的龙灯别具一格。龙形分头、身、尾三段，由20人擎举舞动，前边由1人掌灯指挥，在激昂的鼓乐声中舞出龙的跃、捷、盘、站等各种雄姿。大白登镇民间艺人袁继业与其子袁孝对龙进行了革新，龙头加大，配挂响铃，增长龙身，需30人通力合作表演，由2名轮换舞龙头

①　灵丘县志编纂委员会. 灵丘县志[M]. 太原：山西古籍出版社，2000：659.
②　灵丘县志编纂委员会. 灵丘县志[M]. 太原：山西古籍出版社，2000：659.
③　灵丘县志编纂委员会. 灵丘县志[M]. 太原：山西古籍出版社，2000：659.
④　郭海. 阳高县志[M]. 北京：中国工人出版社，1993：493—494.
⑤　郭海. 阳高县志[M]. 北京：中国工人出版社，1993：461.

者代替指挥的掌灯人，翻滚自如，似在云中飘腾，形象更显逼真，倍受群众喜爱①。

九、左云县（云兴镇）

县内流传的民族传统体育项目主要有踢毽子、打毛蛋、把公道、打腿、溜冰、摔跤、学武术、下象棋、滚铁环、跳绳、扔皮球、哑铃、霸王鞭、游戏等②。此外，平安灯、九曲黄河灯、高跷、龙灯舞、狮子舞、挠阁、旱船、车灯、跑驴、秧歌、大头人等项目，是春节等重大节日中以社火的形式集中演绎出来，深受当地村民的喜爱与追捧。

十、广灵县（壶泉镇）

县内民族传统体育源远流长，形式多样，流传的项目主要有花马、搏斗人、二鬼摔跤、旱船、背阁、骑毛驴、推车舞、独杆轿、狮子舞、龙灯舞、高跷、秧歌舞、鳖蚌舞、武术、棋类、坐花轿、扇子舞、花篮舞等③。此外，以前还有人练石锁，锁重数十斤，有捉拿、推举、抛接等多种练法。还有个别人小腿绑上铁砂练跑步等。花马各村均有，由一人表演，将马型系于腰部，下身以黑裙遮掩，扮村妇或公子，一手执鞭，一手抓辔头，或奔、或颠、或踢、或咬，窜舞于车船之间④。搏斗人，民间叫"摔跤人"，又称"二鬼摔跤"，由一人表演，将板凳反绑在背上，双手执假脚触地，以青布围遮板凳和表演者在凳子腿上套两个破旧水斗（打水的柳器），画人头像，着普通村民装，扮二人厮打状⑤。表演者以手控假足，因有围布遮挡，酷似二人较劲。表演有较力、推蹉、抱摔、扭打、倒地等形式。元宵节期间蕉山乡、王洼乡村民曾来县城表演过此技。

---

①　郭海. 阳高县志[M]. 北京：中国工人出版社，1993：461.
②　左云县志编纂委员会. 左云县志[M]. 北京：中华书局，1999：792.
③　姜成晋. 广灵县志[M]. 太原：三晋出版社，2011：602.
④　姜成晋. 广灵县志[M]. 太原：三晋出版社，2011：605.
⑤　姜成晋. 广灵县志[M]. 太原：三晋出版社，2011：605.

十一、浑源县（永安镇）

县内流传的民族传统体育项目主要有踩高跷、旱船、故事、狮子舞、龙灯、扭秧歌、舞龙灯、耍狮舞、秧歌、杂耍、挠阁、腰鼓队、霸王鞭、抢花轿、八仙过海、天女散花、彩车、节节高、推车灯、腰鼓、浑源扇鼓、花灯、九曲黄河灯、火把官、五鬼闹判、弈棋、拔河、摔跤、滑冰、气功、猪八戒背媳妇、骑毛驴、社火、八卦掌拳、鞭杆拳、三节棍、九节鞭、绳鞭、鞭杆等。社火是县内民族传统体育形式之一。浑源县社火俗称"耍玩意"，是流传上千年、年年正月大闹元宵节的民间广场娱乐活动形式。其源流大体上可分为四个方面，一是继承下来的，如高跷、旱船、故事、狮子舞、龙灯等；二是从原型发展而来的，如高跷秧歌、秧歌杂耍、木偶挠阁等；三是从外地引进而来的，如腰鼓队、霸王鞭等，是在 20 世纪 40 年代末从延安来的文艺工作者带入的；四是创新的，如抢花轿、八仙过海、天女散花、彩车等。从分类上来看，大致有九类三十余种：高跷类（包括高跷、节节高、高跷秧歌等）、秧歌类（包括故事、推车灯、秧歌队等）、道具类（包括旱船、龙灯、狮子舞等）、技艺类（包括挠阁、霸王鞭等）、鼓类（包括腰鼓、扇鼓等）、说唱类（包括清唱、演奏等）、彩车类（包括各种类型的彩车）、灯火类（包括各种花灯、九曲黄河灯、焰火等）、其他类（包括火把官、五鬼闹判等）①。"故事"和"旱船"是本县最具特色的两种传统文体表演。"故事"是其他县所没有的独具特色的表演项目，浑源县"旱船"的表演形式、器材的装扮等与其他各地有些区别，尤其是唢呐曲谱都该地独具特色的风格。

---

① 熊存福. 山西省浑源县志［M］. 北京：方志出版社，1999：592.

第三章 阳泉市优秀传统体育文化文献探骊

境内流传的民族传统体育活动历史悠久，种类丰富。项目主要有花迓鼓（文迓鼓）、武迓鼓、丑迓鼓、龙灯、牛斗虎、独龙杆、老绵鱼、高跷、踩跷、狮舞、耍老虎、旱船、太平车、灯宫、海马、背阁、抬阁、铺阵阁、渔鼓简板、推车舞、大头和尚戏柳翠、二鬼抱跌、社火、滚钗、骑驴拜寿、五鬼闹判、折子队、马折、俊幡、马尾猴、斗活龙、跑驴、伞舞、唐王游月宫、腰鼓、霸王鞭、竹马、老寿星拜寿、天女散花、忽悠悠、盂县秧歌、祭神、麻劈、看兵书、盲人观灯、五女兴唐传、九曲黄河阵、蛤蟆阵、灯官、九曲黄河阵、龙灯等。其中，太平车、老绵鱼、独龙杆、铺阵阁流行于平定县，推车舞、灯官流行于盂县，大头和尚戏柳翠、五鬼闹判、渔鼓简板流行于郊区和盂县各地，九曲黄河阵、蛤蟆阵流行于郊区，狮舞、社火、抬阁、背阁、旱船、龙舞等则广泛流行①。新中国成立后，二人台、左权小花戏、祁太秧歌，以及采茶扑蝶等传统文体项目传入境内。

迓鼓据传原为北宋时的军中歌舞。《续墨客挥犀》卷七曾有这样的记载："王子醇初平熙河，边陲宁静，讲武之暇，因教军士为迓鼓戏，数年间遂盛行于世。"据史料记载，熙州之役的参战将士多河东籍兵士，今山西省大部分属于当时河东路，依此推断山西是迓鼓传人较早的地区之一。阳泉一带的迓鼓有武迓鼓和文迓鼓两种。武迓鼓为成套锣鼓乐伴奏下走阵的舞蹈，有"上三路""下三路"之分；原与庙会、迎神仪仗队及民间祭祀密切相关。鼓队编列21人，分别持鼓、钹、云锣、小镲等乐器，边舞边奏，鼓点雄浑，舞姿古朴，阵法图案变化巧妙，主要流行于平定县东南部。平定县井芝峪村的武迓鼓于1990年5月被拍摄成电视剧，参加了全国城市电视台交流中心举办的"金牛奖全国电视台联播"。清初，由武迓鼓派生出的一个支流为丑迓鼓，曾流行于

---

① 孟宏儒. 阳泉市志[M]. 北京：当代中国出版社，1998：1175—1176.

平定县城关一带，民国时候尚有演出，今已失传。文迓鼓作为说唱歌舞型舞蹈，早期的表演中有花旦、丑角，吸收了花鼓戏及秧歌中的说白与歌唱，一目一曲，以舞、说、唱为序反复使用，近似锣鼓说唱又有别于锣鼓说唱，流行于本市郊区、城区和平定县城关、盂县南乡一带①。

牛斗虎是一种模仿牛虎相斗的一种民间娱乐活动。牛头、虎头都用纸张裱糊，并着色描绘，并用布、麻等做牛皮、虎皮，连缀而成②。由2人扮演牛和虎，表演时通过牛与虎扑打、抵斗的各种形象动作，在民间深受人民的喜爱，主要流行于盂县一带，其中白水村的各种表演最为出色。

武术，作为本境的传统体育项目，具体起始时间虽已无从考证，但它与农民体育息息相关，是本境农民体育之源，这是毫无疑义的。明代以后，特别是明万历七年（1579年）设武科以来，境内农民习武者众多。习练项目除一些传统武术套路外，还有骑马、射箭、举石等。民国时候今郊区的义井村、义东沟村、平定县的后沟村、大峪村、小峪村、东沟村、连庄村、水峪村、梁家垴村、张庄村、坡底村、上董寨村，盂县的西小坪村皆因武术种类或套路各有千秋而闻名遐迩③。

一、城区

境内流传的民族传统体育项目主要有二鬼抱跌、大头和尚戏柳翠、围棋、象棋、跳绳等。二鬼抱跌是喜闻乐见的民间传统节目，光绪年间传入井陉天长镇翟水滋村，距今约120余年。在天长镇一带，都知道"河东社火，粮台马，二鬼抱跌水滋家"的顺口溜。每年县城的春节花会、雪花山庙会、苍岩山庙会，二鬼抱跌都成为保留节目，2007年5月入选井陉县级非物质遗产项目。光绪年间，有一对山东父子，父亲叫曾友会，儿子叫曾小三，他们家乡遭受灾荒，背井离乡沿途卖艺，来到井陉翟水滋村的大庙安身，饥寒交迫冻饿难忍，被村民救助。为了感谢村民救命之恩，曾家父子愿将二鬼抱跌的全部技艺传给此村。村民翟国成和翟国喜看到此节目用人少，稀罕逗乐，就购

①　孟宏儒. 阳泉市志［M］. 北京：当代中国出版社，1998：1176.

②　孟宏儒. 阳泉市志［M］. 北京：当代中国出版社，1998：1176.

③　孟宏儒. 阳泉市志［M］. 北京：当代中国出版社，1998：1265.

置锣鼓，赶制道具服装，各户轮流管饭，细心请曾家父子教授二鬼抱跌的技艺。节目排练好了，光绪十三年（1887年）农历正月在天长（当时的县城）庙会演出，由村民翟国成、刘德明主演，知县在台上看罢，连连击掌叫好，大笑不止，赏给演员两包点心。二鬼抱跌演出后，深得村民欢迎。二鬼抱跌表演者身背两个假人，双手双脚着地，臂与腿分别为两个假人形的腿脚，头与臀分别为两个假人的臀。造成二人抱跌的错觉和特殊的艺术效果。表演时前、后、左、右的移动，基本动作有"打滚""横叉""竖叉""抢人""晃身"和舞者双手双脚的相互"踢""绊"等。用鼓、锣、铙等打击乐器伴奏，表演时演员按自己的节奏舞动，只在一组动作完成后，或某一动作亮相时，才与乐队合拍。乐队紧密配合，起到烘托作用，使抱跌打斗更加精彩。表演二鬼抱跌非常耗费体力。"走一步晃三晃，围裙缝里来定向，前俯后仰使猛劲，注意弯腰不露相。""走一步晃三晃"是在摔跤动作之前，双手双脚着地，原地顺拐动三次，使胯和肩晃动起来。"围裙缝里来定向"是说演员藏在围裙内，围裙要留条视见缝，表演时要透过视缝来确定行动路线，否则便会晕头转向，使动作盲目而杂乱。"前俯后仰使猛劲"是说在达到表演高潮时，无论是腿绊住臂，还是臂绊住腿，一定要使猛劲来产生前俯的动态，进而表现出两人同时摔倒的情形。"注意弯腰不露相"是说一人表演两鬼摔跤，要求观众看不出破绽①。二鬼抱跌的表演者身上需负重30斤木架，重量大体力消耗大，技巧性强，对表演者身体素质的要求较高。

二、矿区

境内流传的民族传统体育历史悠久，主要项目有打迓鼓、舞龙灯、霸王鞭、威风锣、鼓秧歌、腰鼓、踩高跷、二鬼抱跌、旱船、跑驴等。20世纪50年代初，秧歌舞、腰鼓舞、霸王鞭常在街头献演②。随着社会的不断发展变化，越来越多的外籍职工涌入矿区，于是新疆舞、蒙古舞、苗族舞等项目也被带入矿区进行流传。

---

① 阳泉市城区地方志编纂委员会. 阳泉市城区志［M］. 太原：山西古籍出版社，1997：404.

② 阳泉市矿区地方志编纂委员会. 阳泉市矿区志［M］. 北京：中华书局，1999：519—612.

三、郊区

境内流传的民族传统体育项目主要有西南舁村背阁、锣鼓、腰鼓、秧歌舞、霸王鞭、社火、戏装马会、大头和尚戏柳翠、渔鼓长简、独龙杆、跑马弁、迎花灯、舞阁、耍狮子、走高跷、跑旱船、舞龙灯、燕青架、燕青拳、十二路弹腿、头连手、综合燕青拳、小武架、二连手、小洪拳、大洪拳、八宝景拳、燕青刀、六合刀、梅花双刀、六合枪、五虎断门枪、行者棍、春秋大刀、霸王锤、七节鞭、八仙剑、太极拳、少林拳、形意拳等①。在文献中关于传入的年份大多无考，但从文字记载可以追溯源于古代祭祀或为宗教文化，部分传统体育则由外地传入。这些项目大多是民间自发组织，以前多在重大节假日或部分庙会进行，现已成为境内地方独具特色的文化现象。

四、平定县（冠山镇）

境内流传的民族传统体育项目主要有武术、舞龙灯、平定武迓鼓、广场锣鼓、腰鼓、杂技、会鼓、扇鼓、阁类、高跷、狮子舞、耍老虎、独龙杆、太平车、旱船、九曲黄河阵、龙灯等，历史悠久，深受当地民众的喜爱。本县武术源远流长。清光绪刊《平定州志》有宋代习武办团练的记载。明、清两代，本县中武进士有 14 人、武举人 142 人。民间多有练拳习武之风，历代相沿，发扬光大。1985 年，县武术挖掘整顿领导组分赴全县 19 个乡镇，对全县农村武术的历史、发展和现状做了一次比较全面的调查，发现尚有 80 余个拳种套路在全县 245 个村（镇）流传。同年 9 月，在山西省武术挖掘展览会上，本县有下列内容参展：大峪老拳师张立本（1897—1985 年）练少林拳；水峪村李休练眉镰燕子；维社李秋生练大洪拳；张庄拳师郭忠孝练日月风火圈；还有清代武进士、乾隆帝御前侍卫窦埃和清代武进士、道光帝御前侍卫杨集义的有关图片。1990 年，县境流传的主要武术拳种套路有徒手套路、器

① 阳泉市郊区地方志编纂委员会. 阳泉市矿区志[M]. 北京：中华书局，1999：611—612.

械套路和对练套路。徒手套路包括太极拳、少林拳、形意拳、义和拳和燕青拳等。太极拳以杨氏太极拳流传最盛，其传入渠道有两种：一是1953年杨氏太极拳的嫡传人杨振铎从河北邯郸市永年区来阳泉工作，举办训练班；二是由本籍人在外地学习带回。此外，还有陈氏太极、88式太极、综合太极、简化太极等。少林拳广泛分布于城关、锁簧、张庄、柏井、槐树铺、娘子关、巨城、岔口等乡镇，流行套路有罗汉十八手、小洪拳、大洪拳、梅花炮拳、太祖拳、功夫拳等。1976年至1978年间，山西大学武术讲师杜振远在晋中体委工作期间，先后在乱流、张庄、桃叶坡训练和办班，传授各类长拳器械套路。形意拳在本县属起步较晚但发展较快的拳种，1983年，由著名拳师赵永昌传入，流行套路有五行拳、十二形拳、形意合一、五行连环拳等。义和拳据传由义和团所属的头领之一张义所传，张义曾到本县张庄一带组织义和团。拳种主要代表人物张庄的郭忠孝，其曾祖父是张义之高徒。清咸丰年间，本县义井（今属阳泉郊区）人吕占鳌到河北沧州拜燕青拳嫡系传人陈善为师，光绪十二年（1886年）返回原籍传授此拳，燕青拳在本县大峪村、小峪村、端岭村流传甚广。器械套路包括刀术、枪棍术和杂软器械。刀术套路广泛分布于大峪、小峪、河头、后沟、柏井、柏木井、张庄、白岸、维社、水峪、牌岭等村，有六合刀、燕青刀、断门刀、春秋刀、盘龙刀、双刀、单刀、双喜四门六合大刀等。枪棍术套路有连环子母枪、伏虎枪、六合大枪、锁喉枪、齐眉花棍、劈风棍、猴棍、紫卫棍、六合棍等，其中梁家堖梁启和的猴棍套路入选《山西武术拳械录》。杂软器械套路有虎头钩、鞭杆、铁筷、鸳鸯笔、判官笔、七节鞭、双匕首、日月风火圈等，其中张庄村郭忠孝的稀有兵器日月风火圈多次参加省和全国的武术挖掘比赛并获奖。对练套路包括白手破刀、空手夺枪、眉镰燕子对双枪、单刀对长枪、棍对枪等，其中水峪村拳师李休的眉镰燕子对双枪套路入选《山西武术拳械录》①。

五、盂县（秀水镇）

境内流传的民族传统体育活动有着悠久的历史，主要项目有武术、社火、彩车、高跷、背搁、龙灯、牛斗虎、倒立、摔跤、丢跌、掰手腕、弹拐拐、

---

① 平定县志编纂委员会. 平定县志［M］. 北京：社会科学文献出版社，1992：510.

爬山、滑冰、游泳、荡秋千、叠罗汉、跳高、拔河、跳绳、踢毽子、霸王鞭、狮子舞、秧歌舞、托搁、脑搁等①。早在明末清初，民间武术活动就在境内盛行。农民李化龙在中社设教场，并且组织义军练习枪棒，反抗清朝的统治。咸丰年间，后川农民习武打击清军。西小坪、苌池等村群众，农闲时学练武术，利用节日、庙会进行表演②。盂县的传统体育除去前面介绍的体育活动外，当地群众每逢过年过节会自发组织彩车、划龙舟、背搁、龙灯、牛斗虎等传统体育活动，群众自发组织积极参与，自娱自乐，一直到现在各种节庆日中都会有此类传统体育项目的开展。

---

① 盂县史志编纂委员会. 盂县志[M]. 北京：方志出版社，1995：1297—1298.
② 盂县史志编纂委员会. 盂县志[M]. 北京：方志出版社，1995：1221—1227.

第四章　长治市优秀传统体育文化文献探骊

境内流传的民族传统体育活动历史悠久，一般多为民间活动，主要项目有武术、扛妆、抬杠、抬阁、二鬼扳跌、跑旱船、走竹马、跑驴、踩高跷、狮子舞、龙灯舞、牛斗虎、社火、八面威风、扭秧歌、打花棍、腰鼓队、花束队、杂技、小椅子舞、三斩牛魔王、海蚌舞、大头秧歌、小车秧歌舞、旱船、气功、打秋千、踢毽子、下象棋、闹社火等。长治人民勤劳勇敢，淳厚朴实，自古以来就在这块土地上繁衍生息，保家卫国。由于境内地理辽阔，群山环绕，河流纵横，地势险要，历来是兵家必争之地，其习文演武之风由来已久，名人轶事甚多。据传，隋唐绿林好汉单雄信曾住在市西郊二贤庄，与卧病二贤庄的好汉秦琼结为好友，至今传为佳话。北宋时期，宋将陆登镇守潞州，抗击金兵。明朝正德年间，平顺县石斧头村陈卿父子不满当时黑暗统治，率领数万农民在青羊山起义，坚持武装斗争数年。清朝后期义和团运动波及太行山，乡村多成立有保卫团，各团争相聘用武术高手教授武技。抗日战争时期，广大习武者纷纷参加民兵或游击队，配合八路军抗暴御外，武乡县魏名扬游击队威震太行。驰名中外的"上党战役"就在上党古城激战，习武之人纷纷参战，为解放长治、解放全国作出了贡献。上党武术，内容丰富，拳种流派甚多，是中华民族文化遗产的重要组成部分。据史书记载，早在隋唐时期就有名人趣事广为流传。武术兴盛于清末民国初，为了保家护寨，村树立拳房，闹灶火，习武之风遍及城乡。据查，清末民国初，全市主要拳种有大小洪拳、少林、形意、八卦、太极、梅花、六合、猴拳、通背、二郎、螳螂、翻子八极、意拳、地趟、鞭杆、大成拳等30余种，各种套路367个，徒手套路70个、器械158个、对练39个，其中洪拳流传280多年，分布13个县区①。目前稀有拳种有：少林内功、白猿通背、八节太极、庄式太极等。

---

① 长治市体育志编纂委员会. 长治市体育志[M]. 北京：海潮出版社，1999：86.

　　社火，俗称"闹红火""耍故事"，内容丰富，形式多样，内容主要有扛妆、抬杠、抬阁、二鬼扳跌、跑旱船、走竹马、跑驴、踩高跷、狮子舞、龙灯舞、牛斗虎、八面威风、大头和尚戏柳翠、猪八戒背媳妇等。新中国成立后，又传进了扭秧歌、打花棍、腰鼓队、花束队等活动，20世纪80年代，民间社火内容、形式更加丰富多彩，如骑真马表演杨门女将等①。另外，在表演的装备上还采用了电子装备或借用乘汽车彩装后进行表演，在每年当地的节庆日中，在城乡的街头、广场等地方都有闹红火的各种表演。

　　清乾隆四年（1739年），天旱苗枯，民不聊生。百姓为求生存，便敲锣打鼓地去祈祷泰山娘娘保佑度过荒年。开始产生于电留县史村一带，后流行于市郊区富村乡。因为要八面铜锣、八对铙镲并配大鼓同时敲打，所以又称"八面威风"，即威风锣鼓②。新中国成立后，每到庆元宵、集会游行的时候都会有锣鼓表演，现已经成为一种民间娱乐活动。

　　扛妆流行于郊区，始于明代。由扮装者和扛妆者组成。扮装者为俊美的小女孩，身着古装，手摇彩岛，衣裙遮盖全身，下面另做假脚（三寸金莲），悬于杆上。地面扛妆者为强壮男子，肩扛背卡，将杆和女孩扛起来在吹打乐伴奏中扭舞，前三后四，左右相转。一行少则十扛，多则几十扛，有的扛妆还随身带一把桶形彩伞，持伞者随扛妆者在八音会吹奏中翩翩起舞，鼓乐齐鸣，五彩缤纷。

　　抬杠由杠箱和杠杆组成。以杠箱为基础，箱上竖一根高4.15米的杆子，并装各式彩绸、纸花和福、禄、寿、喜等字及面镜等。从下到上排列并装饰成锥形艺术体，顶端插一把特制的大鸡毛掸子。表演时，两个男青年前后抬杠，一起一伏，缓缓行进。两侧各有两名打扮得漂漂亮亮的女子各扯一根拉绳，随节奏起舞，喜笑颜开。后来，有的"抬杠"改成抬人（叫"二人抬"），有的抬七品芝麻官，有的抬美猴王，有的将亭台楼阁的模型用杠抬起来扭舞，远看似空中楼阁忽隐忽现③。

　　二鬼扳跌为单人表演项目，将一个小鬼模型捆绑在扮演者身上，通过上下、左右滚动在地做出各种身体的舞动表演，表现二鬼扳跌的各种形象动作。

　　高跷起源于战国时期，当时叫"长跷"。传至清代，名字改称为"高

---

① 长治市地方志编纂委员会. 长治市志［M］. 北京：海潮出版社，1995：587.
② 长治市地方志编纂委员会. 长治市志［M］. 北京：海潮出版社，1995：587.
③ 长治市地方志编纂委员会. 长治市志［M］. 北京：海潮出版社，1995：587.

跷"。表演形式多样，可以表现生活中的各种题材。郊区张庄的高跷，可表演跳板凳、翻筋斗、劈叉等。

旱船一般由 2 人分乘 1 个假舟化妆表演，1 少女坐船，1 船翁划船。行走间载歌载舞，跑动时左右穿插，饶有风趣。春节、元宵节期间多有此项活动。

狮子舞由两人共披 1 张人造狮子皮。表演时，狮前有 1 人手持绣球引逗、戏舞，称"狮子滚绣球"①。

龙灯舞用纸或布、绸做成龙样长灯（平年 12 节，闰年 13 节），每节里安 1 盏灯（过去是烛灯，现在是手电灯）。有 1 人持灯笼或绣球戏龙，数十人用木棍分别挑着龙头、龙身、龙尾。龙身、龙尾随着龙头来回转动，舞姿优美，富有艺术性。

一、城区

境内流传的民族传统体育项目历史悠久，种类丰富，主要体育项目有秧歌、扛妆、抬杠、跑旱船、打花棍、走竹马、踩高跷、狮子舞、二鬼板跌、抬阁等。这些体育活动大多在元宵节和庙会举办，具有独特的乡土气息。

二、郊区（潞州区）

域内常见的民族传统体育项目主要有杠妆、抬杠、二人抬、秧歌舞、大头和尚戏柳翠、老背少、小车舞、踩高跷、腰鼓舞、霸王鞭、狮子舞、龙灯舞、跑竹马、海蚌舞、斩牛魔王、跑旱船、小椅子、八面威风、抬阁、车阁、二鬼扳跌、骑马、踢毽子、掷沙包、打碗、跳绳、滚环、摔跤、举重、游泳、长拳、形意拳、八卦拳、少林拳、猴拳、醉拳、梅花拳、太极拳、刀、大刀、青龙刀、小烧（棍的一种）、双流星、走线铜锤、长枪、单剑、棍、叉、鞭、软器、暗器、爬山、象棋、跑旱船、踩高跷、耍龙灯、大头娃娃、二鬼摔跤等②。其中，流行的武术套路之一的拳术有长拳、形意拳、八卦拳、少林拳、

---

① 长治市地方志编纂委员会. 长治市志[M]. 北京：海潮出版社，1995：588.
② 长治郊区志编纂委员会. 长治郊区志[M]. 北京：中华书局，2002：303.

猴拳、醉拳、梅花拳、太极拳等；器械有刀、大刀、青龙刀、小烧（棍的一种）、双流星、走线铜锤、长枪、单剑、棍、叉、鞭、软器、暗器等。门派以少林派为代表①。元宵，旧称上元节，正月十四到正月十六，是春节延续，这是农村盛大的娱乐活动时期，传统的娱乐活动有花灯会、灯谜会、焰火会。一般正月十三的时候家家户户都挂起了花灯，晚间街头巷尾，花灯闪烁。还有一队队闹红火队伍，逢场作戏，狮子舞、跑旱船、踩高跷、耍龙灯、大头娃娃、二鬼摔跤……还有些地方放焰火，打铁礼花，游黄河灯会②。正月十四到十六这三天，域内将会是鞭炮齐鸣、灯火辉煌的热闹的景象。

三、潞城区

境内流行的民族传统体育项目丰富多彩，主要有武术、摔跤、耍拳、鸡斗、跳绳、踢毽、打秋千、扛装、簧杠、踩高跷、跑旱船、秧歌舞、耍狮子、打瓦、抓子儿、递皮条、滚铁环、捉迷藏、跳皮筋、斗草、跳筐、下各种土棋等体育活动项目。有些游艺活动是季节性的，比如田间地头、饭前饭后赶休闲的；有的是孩子们平时玩的。每年的元宵节，各村社都要闹红火，扛装、簧杠、高跷、旱船等各样红火汇集在街头，热闹非凡。每逢庙会，便四处邀请各样红火助兴。春节的时候，许多农村都要在村里选块宽敞的地方搭秋千，有摆秋、车链秋、八卦秋、旋瓜秋、小猴秋等，是春节期间人们娱乐活动的好去处。其中递皮条、双夹双担、四顶、跳茅坑等是人们在田间地头休闲玩乐最来劲的活动。打瓦、鸡斗、打陀螺男孩子最喜欢玩，抓子儿、迸杏核、踢毽子、滚绣球等都是女孩子玩的传统体育运动。其中，夏季一般开展抓子儿、迸杏核较多，踢毽子则多在冬季开展。

四、长治县（韩店镇）

境内流传的民族传统体育项目主要有社火，而且流传至今。长治县境内

---

① 长治郊区志编纂委员会. 长治郊区志[M]. 北京：中华书局，2002：303.

② 长治郊区志编纂委员会. 长治郊区志[M]. 北京：中华书局，2002：321.

社火历史悠久，种类较多。现流行于民间的主要有扛装、抬杠、跑旱船、踩高跷、龙灯舞、狮子舞、二鬼扳跌、小椅子、鼓楼子、八卦秋等20余种。抗日战争期间，陕北秧歌传入县境，沿袭至今。近年来，又从外地传进打腰鼓、打花棍、威风锣鼓等社火形式，亦受群众欢迎。社火活动多在乡村庙会时表演，较有名的有西申家庄村、看寺村、司马村、王董村等；威风锣鼓表演较出色的为经坊煤矿威风锣鼓队。

五、长子县（丹朱镇）

境内流传的民族传统体育项目主要有社火、龙灯、扛桩、抬杠、狮子舞、踩高跷、跑旱船、二鬼扳跌、扭秧歌、打腰鼓、挂花灯、八面锣鼓、爬山虎、独龙驹、打花棍、跑驴、武术、彩车等，旧时多在庙会、春节、元宵节单独或联袂表演，或自娱自乐。

六、平顺县（青羊镇）

本县流传的民族传统体育运动主要有踢毽子、跳绳、秋千、拔河、摔跤、武术、赛跑、爬山、投掷、棋类、踩高跷、扑地蜂、跑旱船、狮子舞、龙灯舞等①。其中，高跷、扑地蜂、跑旱船、狮子舞、龙灯舞以及扛桩、故事、上刀山、四景车等游艺活动主要在庙会、节日、庆贺等集会活动中亮相。

七、襄垣县（古韩镇）

境内流传的民族传统体育项目丰富多彩，主要有拔河、摔跤、大头娃娃、扭秧歌、打花棍、腰鼓、小花戏、龙灯舞、襄垣挑高秧歌、老汉送闺女、二鬼扳跌、跑驴、狮子舞、扛箱、竹马、旱船、高跷、武术等体育活动项目，深受群众喜爱，流传至今。明、清时期本县农村只有武术、拳、械等一般活

---

① 山西省平顺县志编纂委员会. 平顺县志[M]. 北京：海潮出版社，1997：341.

动，专为从戎征战护身击敌。清末到民国初年，主要为健身护身，加之省州倡导，国术（武术）发展比较普遍，较大一点的村庄都有练武场、练武房。冬闲时请拳师传艺者不在少数。据调查，民国初期冬闲延师者达百十余村，共计有拳种10多个，徒手套路、器械套路等对练套路130多个，其中较有影响的有史北镇的义和拳，代表人物王全忠；岸底的梅花拳，代表人物郝福贵；邕子、安沟的红拳，代表人物王培贤、土桥村房玉城、曲里的李双年等；黄楼北的猴拳，代表人物连芒苟、郝义胜；北马喊的长拳及1933年，由河北镖师彭金彪传入史北一带的杨氏太极拳，代表人物王木生；大池西庄通背拳，代表人物张亮云等①。唐朝末年东王桥农民创造的一种舞蹈，一人爬下用双手双脚当作两人的四只脚，背上装扮两个互相抱着的假人，表演时，前倾后边的假人占上风，后仰前边的假人占上风②。据村民介绍解放期间，北底村村民扮蒋介石和汪精卫扳跌，城关村民扮蒋介石和艾森豪威尔扳跌，这些表演深受群众的喜爱，也由此形象地反映了老百姓对国民党政治的憎恨。

八、沁源县（沁河镇）

境内流传的民族传统体育项目主要有武术、打花鼓、棋类、采茶扑蝶舞、蒙古舞、藏族舞、新疆舞、苗族舞、扭秧歌、串院子、踩高跷、办社火、旱船、狮子、龙灯、游黄河、点坡灯、挂灯山、二鬼摔跤、卖皮钱、沁源花鼓、观灯舞等。中国参加象棋活动的人十分普遍，人们在茶余饭后、农闲季节、阴雨天气，聚在一起，进行象棋比赛，无论老幼，皆可走上几着③。旱船、狮子、龙灯是农村传统文化中常见的三种体育活动形式。其中旱船由年轻漂亮的妇女装饰表演，旱船被装饰得花团锦簇，船头、船尾有两盏彩灯光亮熠熠，年轻美女端坐在船中，船的周围用绿、蓝、黄色的彩绸围装，在武生打扮的艄公的划引下，飘飘若仙，十分美观。舞狮子主要用于营造欢天喜地的节庆气氛。狮子是由两名青年身披黄绿色彩的狮具共同表演，舞动全身，摇头摆尾，或跑或卧，或蹦或跳，翻滚自如，技艺高超的人表演起来可以蹦高桌、

① 山西省襄垣县志编纂委员会. 襄垣县志[M]. 北京：海潮出版社，1998：600.
② 山西省襄垣县志编纂委员会. 襄垣县志[M]. 北京：海潮出版社，1998：578.
③ 山西省沁源县志编纂委员会. 沁源县志[M]. 北京：海潮出版社，1996：416.

踩圆球、上高架。逗狮子的人手拿彩球，指引扮演者表演，同时也表演各种武功动作。斗龙灯在农村传统的文化活动中除了作为一种彩灯表演，寓意龙腾虎跃、生龙活虎等意义外，有时还另有一种神秘的含义和特殊的色彩。龙灯分黄绿两种，表示水龙、火龙这两种，一般是水龙、火龙齐舞，不可单舞一种，以此求得不旱不涝、风调雨顺。龙在传说中能行云布雨，是主管水旱风雨的神灵。古代农村人们的生活一年能否丰收，关键在于气候是否风调雨顺。因此有龙王庙的地方，当地村民常常把舞龙灯也作为祭神和娱神活动。一般按传统讲究的月日时辰，先祭祀上供，然后开始舞龙，舞毕安神入库①。这些舞龙灯表演都内涵有一定的神秘意蕴，它与节庆日中的舞龙灯所表达的意韵有所不同，但都归属于宗教祭祀的一种文体活动。

九、屯留县（麒绛镇）

境内流传的民族传统体育项目主要有武术、瞪眼家伙、白鹤钻云、高跷、跑旱船、扛桩、扒山虎等，地方特色浓厚，流传至今。在旧社会，武术受歧视，门派极严，多不外传。据《山西武术拳械录》载，本县流传的拳种主要是战功拳。战功拳是一种古老的多项拳，山东省东昌县东旺村的拳师李长青，于1924年来屯留路村设场教拳，当时学拳者有30多人，后成为拳师的有房有根等人。房有根也曾设拳房，传拳教艺。本县流行的武术拳种主要有长拳、猴拳、红拳、形竞拳、太极拳等。本县武术活动除打拳外，还练器械。使用的兵器有长、短、软三种。长兵器有长矛、大刀、棍；短兵器有刀、剑、勾、叉；软兵器有三节鞭、七节鞭、绳鞭、流星锤等。据调查，本县素有武术传统的村庄有尧泽头、水泉、东河北、辛村、西庄、西魏村、丰宜、李高、五里庄、羊寨、吴儿、王村、路村等②。在文献调研中了解到，东河北村的宋铁牛舞中的春秋刀会有30公斤重，因此对参与该项目的人群有一定身体素质的要求，不然无法完成最基本的动作展演。

---

① 杨栋编.长江学人文集：沁园文化志[M].北京：中国文史出版社，2007：44—45.
② 屯留县志编纂委员会.屯留县志[M].西安：陕西人民出版社，1995：407—408.

十、黎城县（黎侯镇）

境内的民族传统体育项目开展得较好，主要项目有旱船、狮子舞、高跷、腰鼓、扭秧歌、扛桩、棋类、武术、跳皮筋、跳绳、踢毽子、游泳、打瓦儿、秋千等。高跷也叫"小唱"，多由姑娘们表演，人数不限。唱时踩高跷分成两行，两行面对面，唱的一般是各种民间小调，内容很是丰富。走场时转圆圈并用乐器伴奏。本镇的东黄须村、秋树坦等村的高跷较有名。此外还有以表演为主的高跷，人数不限，扮相多为民间熟悉的戏曲人物，脚跷棍行进街头，浩浩荡荡气势雄浑，伴奏若加大锣、大鼓更显得热闹①。旱船自古流行，每年正月进行活动，元宵节是高潮。船体用木条、竹皮结构，彩绸、绣球装饰。表演时，老渔翁于船前舞桨撑、划，村姑于船内操船运行②。旱船一般是4只船为一组，排列队形没有特殊要求，音乐伴奏多用笙、管、唢呐等，表演时酷似人在水中游荡，在演出时会获得众多观众的阵阵喝彩。

十一、武乡县（丰州镇）

境内流传的民族传统体育项目丰富多彩，主要有武术、棋类、捉王八、捣山汉、打砖头、弹杏核、弹玻璃球、攉官、扛桩、高抬、二鬼扳跌、狮子舞、龙灯、竹马、走乱团、圪圈秧歌、旱船、高跷、文社火、顶灯等。武乡形意拳是传统的、原汁原味的形意内家拳，它经过几辈人的传承，除保留原有的五行拳（劈、崩、钻、炮、横）和十二形拳（龙、虎、猴、马、鸡、鹞、燕、蛇、鼍、骀、鹰、熊）外，同时又把通背拳、八卦掌、太极拳的一些主要技法融入了进来，因而自成体系，是中华武术宝库中的一朵奇葩。最早把形意拳传入武乡的，是一个名叫倪水海的人。此人祖籍河北，是一名形意拳高手，也是当时反清复明"红枪会"的头目。来到武乡定居后，和宋家庄村著名洪拳拳师董林书成为好朋友。倪水海经常到董林书家中，两人一起研究

---

① 黎城县志编纂委员会. 黎城县志[M]. 北京：中华书局，1994：543.

② 黎城县志编纂委员会. 黎城县志[M]. 北京：中华书局，1994：542.

形意拳，经常几个月不出门。本来就武功高强的董林书经过多年的潜心研习，得了真传，掌握了形意拳的精髓。董林书师父后来又传下王彩林、董文斌、胡会保、赵福中、董清书、刘森林等徒弟。这几个徒弟各有绝活，个个都是武林高手，在当地影响很大。其中一个徒弟刘森林，小名"门二"，还专门去形意拳发源地山西太谷走访高师，在那里既学拳又教拳。门二在太谷跟的师父是大名鼎鼎的李洛能之子李太和的徒弟，名叫王友祥。现在在太谷王友祥的弟子们有保存这方面的详细资料。后来，门二回到武乡把师父董林书也请到太谷，看家护院。同时结交了当地的名师高手，提高自身的技艺。门二回到武乡后，传下的徒弟有李翼成、刘锁真、曹富堂、高保锁等人。刘锁真是榆社县人，现仍健在。刘锁真传下的徒弟有刘凤林、姜亚文等人。王应忠师父从小就跟随村里的老师父们学习洪拳和形意拳，以形意拳为主。由于特别爱好，常年苦练不懈，功夫扎实过人。王应忠师父为了进一步提高技艺，又拜门二的徒弟李翼成为师，继续学习形意拳。李翼成师父当时在供销社上班，条件比较好，又有文化，特别擅长讲解形意拳的理论。这样，王应忠师父在拳理上也得到了提高。王应忠师父在授徒过程中，也特别注重理论讲解，而且讲得特别到位，很透彻。在当时，由于师父们受封建思想影响，在传授徒弟的时候都要有所"保留"，徒弟们学的东西不够全面，这样就影响了形意拳的系统发展。王应忠师父为了完整地掌握和传承好形意拳这一武术瑰宝，下了很大的功夫，基本掌握了村里老师父们的技艺，使其集武乡形意拳的技艺于一身，发展成了一个较完整的体系，为系统的传承打下了难得的基础。现在在武乡出名的形意拳师父还有一个，就是贾豁郝德角村人，名叫赵留俊。人们都叫他小留。小留就是董林书的徒弟赵福中之子。他也得到了形意拳的真传，功夫相当了得。他和王应忠师父是好朋友，两人也经常一块儿切磋技艺。王应忠师父为了武乡形意拳的传承和发展，几十年如一日，倾尽了全部的心血，不图名利、不求报答。在"一切向钱看"的当今社会，让人很敬佩。注重武德和不保守是他收徒的原则，只要是碰到真正喜欢形意拳、品行端正、能吃苦、有毅力、有恒心，并且诚心想学的人，会毫不保留地传授。

十二、沁县（定昌镇）

境内流传的民族传统体育活动项目丰富多彩。主要有狮舞、棋牌、气功、斤秤锣鼓、龙舞、竹马、踩高跷、扭秧歌、霸王鞭、游千、打毛弹、打陀螺、跳绳、滚铁环、踢毽、打瓦瓦、顶拐子、摔跤、跳皮筋、跳方格、长拳、形意拳、通背拳、盘龙棍、双板斧、猿猴通背拳、杨式太极拳、元极功、空静功、沈昌特功、香功、太极功、智能功、中华健身气功、中国气功等。狮舞、霸王鞭、扭秧歌、踩高跷、跑旱船、竹马、龙舞等活动项目，主要在庙会、节日、庆贺集会活动中出现。打毛弹、打陀螺、跳绳、滚铁环、踢毽、打瓦瓦、顶拐子、摔跤等体育活动，多流行于20世纪60年代以前。20世纪80年代后，有跳绳、踢毽等活动，玩者多为中小学生，跳皮筋、跳方格在学生中尤为盛行。游千又名"铁流星"，要求场地宽阔，并且10米内无障碍物。将一根高10米左右的木杆埋在中央，顶端安置可转动的铁车轮，离地高1.5米杆部绑一根约四五米长的横木，在铁车轮上拴2根或4根秋千绳供游戏人用。地面推动老杆，顶端铁车轮就开始转动，打游千人随绳即荡向空中，在离心力作用下逐渐荡高。这种体育活动在明清以前盛行，每年腊月立杆，次年农历二月二拆掉。近年，体育活动项目增多，"铁流星"因不甚安全，渐至淘汰①。高跷沿传已久，在郭村、元王较有名气。一般跷高1.5米，人数15人左右，后渐多。表演者多以戏剧"白蛇传""西游记""三国"中的人物扮相。还有一种约30厘米高的叫寸跷，踩寸跷的多为儿童②。在表演中融入了民族乐器，其表演风格独特。竹马流行于新店镇的蒲沟村、漫水乡的温庄村，新中国成立前有该项目的开展，1966年后停演，1982年后才得以恢复。

十三、壶关县（龙泉镇）

境内流传的民族传统体育项目主要有武术、拔河、弈棋、腰鼓、威风锣鼓、走兽高跷、龙舟、背铁棍、龙灯、竹马、狮子舞、扛妆、高跷、小跷、跑旱船、秧歌舞、壶关迓鼓等。其中，腰鼓、威风锣鼓、走兽高跷、龙舟和背铁棍等从外地传入③。龙灯一般用布或纸做成，平年用十二节，闰年用十三节，体内装有电灯（古为特制蜡烛）。表演时，先用铳放三声大炮，紧接着鞭

---

① 山西省沁县志编纂委员会. 沁县志[M]. 北京：中华书局，1999：593.

② 山西省沁县志编纂委员会. 沁县志[M]. 北京：中华书局，1999：552—553.

③ 山西省壶关县志编纂委员会. 壶关县志[M]. 北京：海潮出版社，1999：643.

炮齐鸣，一位穿短打衣装的追龙者，翻跟斗、持红蜘蛛上场。这时，一股浓烟（用狼粪特制的烟料）弥漫在演出场地，十几个身穿统一服装的小伙子用木棍分别举着龙头、龙身、龙尾缓缓上场。随即，一条游龙在云雾中上下滚翻，时隐时现，并伴随着铿锵的鼓乐声，做出各种舞姿造型，威武雄壮、气势恢宏、令人振奋。全县最有名的龙灯是树掌龙灯（纸做），此外还有城关镇沟西坡、北河的龙灯（用布做）和实验小学的二龙戏珠龙灯①。扛妆始于明代，在本县只有两家，一是辛村乡天池村的古式扛妆，一是城关镇西街的新式扛妆。扛妆由扮装者和扛妆者组成。扮装者为3~5岁的俊美女孩，身着古装，手摇彩扇，衣裙遮盖全身，下面另做假脚（三寸金莲），整个身体悬于杆上。地面扛妆者为强壮男子，将杆卡在肩上，随着吹打乐舞蹈，前五后四，左右相转。一行少则十扛，多则十几扛②。扮妆者还需要手拿一把桶形状的彩色伞，随着扛妆者在各种民族乐器的吹奏中翩翩起舞，表现形式为鼓乐齐鸣，五彩缤纷，热闹非凡。

---

① 山西省壶关县志编纂委员会. 壶关县志[M]. 北京：海潮出版社，1999：586.
② 山西省壶关县志编纂委员会. 壶关县志[M]. 北京：海潮出版社，1999：587.

第五章　晋城市优秀传统体育文化文献探骊

晋城市历史悠久，民族传统体育项目丰富多彩，主要有拔河、蹦老虎、踩高跷、踩莲灯、打花棍、打腰鼓、大头舞、担内藏刀、荡秋千、刀、独龙驹、二鬼扳跌、高低跷、圪栏棒、滚铁环、旱冰、旱船、洪拳、猴拳、虎功、花灯舞、花鼓、九莲灯、扛桩、裤马舞、拦车、李家山竹马、流星锤、龙灯、马桩、牛拉桩、扭秧歌、拍毛弹、跑船、跑驴、炮拳、奇枪、枪、跷、沁水花鼓、青龙圪栏棒、上刀山、狮子、十不闲、耍龙灯、摔跤、四八长拳、抬阁、抬花轿、抬桩、踢毽子、挑轿、跳方、跳绳、土沃老花鼓、五鬼盘叉、五鬼戏判、武安扛桩、下棋、乡老送闺女、象棋、小车、秧歌舞、阳拳、驿丞官、游泳、月明和尚戏翠柳、泽州对鼓、竹马、抓子、走方等体育活动。

一、城区

境内流传的民族传统体育项目主要有耍龙灯、扛桩、踩高跷、跑竹马、跑驴、跑旱船等。在进入 20 世纪八九十年代后，这些体育活动逐步退出历史舞台。各类军乐队、锣鼓队、现代秧歌舞、彩车、方阵文艺队等街头文艺代之而起[1]。传统的街头文体活动一般在每年的元宵佳节由村委会和民众自发组织进行，到 21 世纪后，以往传统的体育活动逐步淡化，新时代民众参与的广场文艺活动开始兴起。

---

① 晋城市城区地方志编纂委员会. 晋城市城区志［M］. 北京：中华书局，2005：630.

二、高平市

境内流传的民族传统体育项目主要有社火、武术、九莲灯、龙灯、狮子、竹马、踩高跷、武故事、扛桩、旱船、小车、独龙驹、二鬼扳跌、花灯、九莲灯、腰鼓、秧歌舞、象棋、拔河、游泳、摔跤、旱冰等，其中旱冰活动尤为青少年所喜爱。象棋在老年人中开展普遍①。社火俗称"耍乐"，种类有龙灯、狮子、竹马、踩高跷、武故事、扛桩、旱船、小车、独龙驹、二鬼扳跌、花灯、九莲灯、腰鼓、秧歌舞等。"耍乐"多采用戏曲中的故事扮演各种人物，如《闯幽州》中的七狼八虎，《白蛇传》中的白娘子、许仙、法海等人物。武故事则为集体练武活动，数九寒冬，练武者赤裸上身，操练各种兵器，场面十分壮观。村村皆有"耍乐"，独具传统的有望云的龙灯，贾村的竹马，凤和、店上的九莲灯，段庄、新庄的武故事，王报的彩椅，王河、康营的高跷，北朱庄、南王庄的旱船、小车，团池的高跷、抬轿等。"耍乐"一般在庙会和元宵节期间演出。大的庙会通常集中五六十伙"耍乐"。元宵节期间，县内每天有耍乐百余伙，均为夜间表演②。九莲灯是由一则民间传说的故事"八洞神仙为王母娘娘拜寿"演变而来的，扮演八仙的演员各持一对花灯，这些花灯可以是莲花、荷花、牡丹花等。背景设计有水帘洞花果山 3D 的模型灯，俗称山灯。九莲灯在服饰、灯具、动作内容及各舞蹈姿态等方面有一定的要求。表演由 4 大段组成，分为 48 个场次，每大段舞蹈后都需要摆出"天下太平" 4 个字样的造型，并唱《四季花开》，一直到 1949 年以后，九莲灯在内容和表演形式、规模上逐渐有创新③。本县民间武术一直盛行不衰，明清间，县有演武厅 1 座，每年组织 1 次民间比武活动。清代，本县中武举者 31 人。城区阎疙瘩武术世代相传，精于虎功，擅长拳、刀、枪、流星锤等④。该县境内新庄村、段庄村、郭家庄、兴洞村等地都有群众练武传统，每逢庙会，特别是在元宵佳节，武术爱好者相聚练武，表演助兴，俗称"武故事"，至今这种活动在高平市各地都在广泛流传。

---

① 晋城市城区地方志编纂委员会. 晋城市城区志[M]. 北京：中华书局，2005：327.

② 高平县志编委会. 高平县志[M]. 北京：中国地图出版社，1992：340.

③ 高平县志编委会. 高平县志[M]. 北京：中国地图出版社，1992：340—341.

④ 高平县志编委会. 高平县志[M]. 北京：中国地图出版社，1992：325.

三、泽州县（南村镇）

境内流传的民族传统体育项目丰富多彩，主要有走方、蹦老虎、跳绳、跳方、滚铁环、摔跤、游泳、荡秋千、下棋、牛拉桩、抓子、竹马、跑船、拦车、高低跷、扭秧、打花棍、打腰鼓、泽州对鼓等①。

四、陵川县（崇文镇）

境内的民族传统体育活动项目内容丰富，形式多样。流传在境内能歌且舞的有打花棍、扭秧歌、小车、旱船、竹马等。只扮不唱的有踩跷、抬阁、抬桩、马桩、扛桩、腰鼓、龙灯、狮舞、大头舞、抬花轿、武故事、二鬼扳跌、五鬼盘叉等体育活动。小车、抬花轿、旱船、大头舞多扮演的是戏曲故事中各种人物。尤其是竹马扮演的《闯幽州》中的七郎八虎，场面十分壮观。独具特色且享有盛誉的有曹庄、营里、北关的旱船，东沟、下必、浙水的叉，南关、郭家川、竹马、北马的马桩，平川的抬花轿，平城的小车、打花棍、二鬼扳跌，赵豁池的五鬼盘叉，东关的龙灯，狮古桥的武故事。五鬼盘叉于1987年由山西省文化厅、晋城市艺术馆录像存档。而挑轿、踩莲灯、上刀山、驿丞官、乡老送闺女、月明和尚戏翠柳、花鼓、五鬼戏判等已失传②。踢毽子、跳绳、滚铁环等活动至今在陵川县境内少年儿童中广为流传。

境内民间武术历代相传。明清时期，一些村庄的人每到农闲就有不少武术爱好者到村上设立的拳房里舞刀弄枪、习武学艺。在境内流行的武术基本上都属于外家拳，主要有阳拳、洪拳、炮拳、长拳、猴拳等拳种。蒲水、平城等地精于对拳、奇枪、四八长拳等。内家拳在本县流行很少，只有部分村庄有少数太极拳爱好者。陵川解放至新中国成立初期，全县多次组织规模较大的民间武术比赛，这项活动在不少地区开展得非常活跃。特别是在各处庙会及春节期间，"武故事"已成为最受群众欢迎的活动。这段时期，曾出现了

---

① 李保太. 拦车村志[M]. 太原：山西古籍出版社，2007：160.

② 陵川县志编纂委员会. 陵川县志[M]. 北京：人民日报出版社，1999：479.

不少武术活动先进村，如沙泊池、大义井、洪河头、蒲水等村都曾在全县比赛中名列前茅①。1984 年以来，各地区每年都会组织乡镇演出队进城表演。

五、阳城县（凤城镇）

境内流传的民族传统体育项目主要有武术、游泳、摔跤、秋千、象棋、踢毽子、跳绳、拍毛弹、拔河、摔跤等。中华人民共和国成立前，境内有竹马、扛装故事、花灯舞、花棍舞、龙灯舞、狮子舞、裤马舞等。新中国成立后，民间又出现了秧歌舞、红绸舞等②。民国初，碑岭（今属驾岭乡）为武术之乡。民国时候，洪上村的范玉江武艺超群，闻名遐迩③。扛装故事有单人装、双人装、三人装和抬装等多种形式。扛装故事在苏庄、坪头、次营、南关、东樊和润城一带盛行，西冶的抬装在全县较有名。扛装故事多是扮演戏剧中的人物，比如"牛郎织女""梁山伯与祝英台""草船借箭""岳飞枪挑小梁王""村姑牧童""小二黑结婚"等。后来，有人扮演李玉和、郭建光和杨子荣等"样板戏"中的人物。1979 年后，除恢复了古装戏剧人物外，又出现了"五谷丰登""六畜兴旺""劳动致富"等新内容④。

六、沁水县（龙港镇）

境内流传的民族传统体育项目主要有圪栏棒、扛桩、狮子、旱船、武术、龙灯、竹马、花鼓等活动，极具民族特色。其中，沁水花鼓是农村流传较广的传统体育项目。城关、土沃、王寨、郑庄、王必等乡的村村花鼓戏，是每年春节期间的一种主要的娱乐形式。据县城某老艺人回忆，他祖辈喜爱花鼓。清顺治三年（1646 年），县衙晓示百姓，添办社火、放灯五天。各村故事，进城闹元宵，哪家花鼓最好，知县赏给几石小米。"沁水花鼓"分为"文花鼓"和"武花鼓"，文雅扮相的是文花鼓，跑场变化极为优美，配有音乐与细

① 陵川县志编纂委员会. 陵川县志［M］. 北京：人民日报出版社，1999：509—510.
② 山西省阳城县志编纂委员会. 阳城县志［M］. 北京：海潮出版社，1994：369—370.
③ 山西省阳城县志编纂委员会. 阳城县志［M］. 北京：海潮出版社，1994：369.
④ 山西省阳城县志编纂委员会. 阳城县志［M］. 北京：海潮出版社，1994：338.

唱伴奏；扮相帅的是武花鼓，头扎英雄结，动作豪爽，在场内边打、边舞、边唱。有花、有灯、有腰鼓或口衔鼓，场内场外浑然一体，短小精悍，顷刻一场。游行百余步，更换场地重新再来一场，此去彼来满城欢乐，好不快活。新中国成立后，花鼓戏更有所提高，吸取了新式的舞蹈步法，在演唱内容上不断更新，成为宣传新人新事和宣传政策的群众文化活动①。高庄村人每年元宵节跑竹马，挨家挨户玩耍，象征着"去凶降福"。竹马入院谓之"抓凶"，各家都及时拿出少量的小米、蒸馍或"押岁钱"谓之去凶。这是群众厌恶灾难、向往太平幸福的一种文娱活动。扮演各种故事，如《岳飞抢挑小梁王》《回荆州》等，场次变化有蛇蜕皮、一窝蜂、四门斗等，音乐吹奏有老开门、将军令等。高庄竹马表演的特点是将马头提起，由慢到快，驰骋跳跃，只见马头不见人影，真如万马奔腾，使人有置身沙场之感②。清嘉庆时期③，霍家山人在汉口经商，习耍龙灯，传习乡里，相传至今，其动作记载主要有：巨龙摇头甩尾，翻腾漫游，气势雄伟，表演情到浓郁时配以烟火助兴，让整个表演场景颇有腾云驾雾之势。

---

① 沁水县志编纂办公室. 沁水县志［M］. 太原：山西人民出版社，1987：402.
② 沁水县志编纂办公室. 沁水县志［M］. 太原：山西人民出版社，1987：402—403.
③ 沁水县志编纂办公室. 沁水县志［M］. 太原：山西人民出版社，1987：403.

第六章　朔州市优秀传统体育文化探骊

朔州位于山西省北部，位于雁门关与外长城之间。它在悠久的历史长河中积淀了深厚的文化底蕴。该境域传着拔河、车车灯、大头人、独龙杠、高跷、旱冰、花鼓、滑冰、龙灯、弈棋、气功、狮子舞、摔跤、朔州踢鼓秧歌、抬阁、踢鼓秧歌、武术、喜乐、象棋、哑老背妻、转灯等民族传统体育形式。

一、朔城区（朔县）

在朔县一带，流传着踢鼓秧歌、踩高跷、舞狮子、耍龙灯、跑旱船、渔翁戏海蚌、抬阁、哑老、大头人、二鬼跌跤、竹马、扭秧歌、打花鼓、霸王鞭、游泳、摔跤、象棋、跳绳、踢毽子、滚铁环、武术等民族传统体育项目。每逢元宵节，从城镇到大的乡村，都大搞社火，在街头表演一些体育活动项目，如踩高跷、舞狮子、耍龙灯、跑旱船、渔翁戏海蚌、抬阁、哑老、大头人、二鬼跌跤、竹马等。从正月初一至正月十六，每一种民间舞蹈队伍都形成浩浩荡荡的文艺大军，游街串巷表演，人流似海，城内群众有谚语："南街高跷东关龙，西街狮子随后跟。抬阁竹马一长串，二鬼跌跤笑煞人。"还有扭秧歌、打花鼓、霸王鞭等丰富多彩的文艺活动①。朔县地处边塞，自古就有开馆传弟之习，而武术种类多是豫、鲁两省少林拳。明、清两代就有武举人、武进士36名。清末民初，本县西小寨等20余村都设有拳房，利用农闲季节，请武术高手为武术爱好者传授技艺。每逢元宵节及传统庙会，各村代表队到会表演，为群众助兴并交流拳艺。1956年，在县城举办的大型武术表演中，各村武术爱好者都到会。西小寨村的刘汉山武艺超群，名声在外，曾多次代

---

① 朔县志编纂委员会. 朔县志[M]. 太原：山西古籍出版社，1999：348.

表县参加省、地举办的武术比赛①。另外，踢鼓秧歌行当更为齐全，形式多样，阵式严整，舞姿豪放。传说是由梁山英雄故事衍变而来的，男角扮相有杨雄、宋江、石秀、武松、李逵、林冲、时迁、李俊、阮家三兄弟等。动作有"顶门""打角"（攀城楼）、"征场""交手""戴宗三亮式"等，阵式有"备马出征""杀四门""安营扎寨""点将兵""战汴梁"等。每逢元宵节，这些传统的民间艺人会自发组织演出，在街头、广场、院落等地随处可见这些项目的表演，故又称土滩秧歌。在夜间表演时，彩灯是表演者最为特色的道具，黑色里手舞彩灯犹如长龙，又似百花盛开，光彩夺丽。演出分为标会（比赛）和串会（闯台）两种形式，围观群众随时都有可能被拉入场内，稍做装扮，就被邀一起进行表演。"标会"表演完毕，两摊或三摊的踢鼓秧歌班子会进行大场子表演，形成夜间表演的高潮部分，能让参与者感受到节日的热闹气氛。男角以踢腿为主要动作，整个动作要随着鼓点，故男角称"踢鼓"。女角随踢鼓的动作而表演，称"拉花"。"踢鼓"一踢腿，"拉花"即蹲转，随之转大圈；"踢鼓"亮相迈"八字步"，"拉花"随之扭"拔陷泥"步。"拉花"一手持扇，一手持彩巾，舞姿滑稽有趣，变化多端，有时还和观众逗趣，十分有趣。

二、平鲁区

区内民族传统体育项目主要有大秧歌、霸王鞭、太极拳、太极扇、踢毽子、舞龙灯、踩高脚、威风锣鼓、扇子舞、舞狮、武术、踢毛毽、摔跤、拔河、打毛蛋、打岗、点弹、滚铁环等。过去，民间尚武，城乡多有人延请师傅教习武术。临边村庄青壮年习武练拳，屡见不鲜。县城平鲁设有拳房，专门有师傅招收徒弟练功学习。拳术分长拳、散打、棍术、刀术四类。明清武科举考试，有 34 人分别中武进士和武举人②。

元宵节文化活动历时悠久，旧时由当地商会组织，中华人民共和国成立后由政府文化和旅游部门组织。传统节目有踢鼓子秧歌、舞龙灯、踩高跷、

---

① 朔县志编纂委员会. 朔县志［M］. 太原：山西古籍出版社，1999：379.
② 朔州市平鲁区志编纂委员会. 朔州市平鲁区志［M］. 太原：三晋出版社，2017：963.

抬阁等。20 世纪 80 年代后，增添了大型彩车、威风锣鼓、街头演唱会、八音会等①。

街头文艺是元宵节期间的一道风景线。元宵节文艺领导组、文化主管部门协调组织各单位和乡镇直接实施沿街文艺舞台表演和文艺队伍活动。从 2006 年以来，每年元宵文艺表演队 20 支左右②。这里乡镇组成的文艺表演队形式多样，表演的项目主要包括：安塞腰鼓、金龙飞舞、跳秧歌、锣鼓、扇子舞、舞龙舞狮等。

平时广场戏曲演唱有晋剧、大秧歌、道情、北路梆子等，偶尔也唱京剧。舞蹈有交谊舞、广场舞、街舞，还有传统舞蹈踢鼓子秧歌、霸王鞭等③。"八音会"是道教音乐的一种演奏方式，他为地方传统音乐提供了发展平台。

踢鼓秧歌是流传在山西朔州地区的民间舞蹈，尤以朔城区、平鲁区最为盛行，流传甚广。它以粗犷、刚劲、稳健、幽默、风趣的舞蹈动作博得群众的喜爱。据踢鼓老艺人相传：宋朝梁山伯英雄中，有一人被官府抓获，后被梁山兄弟乔装进城，劫狱救出。后来为纪念梁山兄弟，每逢元宵节，这里的群众便扮成梁山兄弟，用敲锣打鼓、载歌载舞的形式纪念梁山英雄好汉，后来逐渐形成了踢鼓秧歌舞蹈。踢鼓秧歌男角扮相是杨雄、宋江、石秀、武松、林冲、阮家三兄弟等梁山英雄人物。每逢元宵佳节，民间艺人都会自发组织演出。大小场子主要以表演的人数和节目形式而定。大场子一般在山区较为流行，参加人数最少不得低于 16 人，多可达到 64 人或更多。表演时，常以两踢鼓（多扮老生）引路，每一踢鼓后，跟一拉花。队形有时成"一"字长蛇阵，或二纵队相并而行，或四纵队对阵而行，或以各种阵式穿插进行。小场子的前场叫山子，后场叫摊子，结尾叫落毛。

喜乐是流行于朔州一带的汉族民间歌舞形式。朔州喜乐最早是土著居民对付恶狼野兽的一种做法，后来逐渐演变为一种百姓对抗各种自然灾害的祭祀活动，唐宋时期成为禳神驱鬼还愿的祭祀活动，最终形成于清末并流传下来。这些文体活动寄予了旧时劳动人民祛邪、除病、避灾、祈福的美好的心里愿景。

---

① 朔州市平鲁区志编纂委员会. 朔州市平鲁区志[M]. 太原：三晋出版社，2017：846.
② 朔州市平鲁区志编纂委员会. 朔州市平鲁区志[M]. 太原：三晋出版社，2017：846.
③ 朔州市平鲁区志编纂委员会. 朔州市平鲁区志[M]. 太原：三晋出版社，2017：845.

三、山阴县（岱岳镇）

境内流传的民族传统体育项目主要有少林拳、长拳、洪拳、踢鼓拉花、花鼓、抽掇、挑灯舞、秧歌舞、踩高跷、龙灯、跑旱船、锣鼓、打狮子等。据了解从民国时期，山阴县群众文化游艺活动一般集中在每年元宵佳节，从正月十四到十六，以村或家族为单位，由村长或当地有威望的长者组织当地村民，到各家或邻村等，通过武术、挑灯舞、秧歌舞、龙灯、跑旱船、锣鼓等表演来拜年，配以欢快锣鼓民间乐曲，引来众多村名观看，场面热闹寓意来年大丰收。

过去，县内的庙坊较多，每年的元宵、唐会、祭祀庆典时都会邀请唱大戏、游园等文化活动，每次持续时间 3~7 天等。县域内的表演项目所经之处，政府或是商人也有村民用放鞭炮的形式以表示迎接，整个场面热闹非凡，晚上则燃放焰火、猜谜语、讲故事等群众文化娱乐活动，举城同欢动。

本县的打狮子最初源于应县花红村。本县岱岳镇梁山巷在 20 世纪二三十年代就有一个武术队（以魏茂元为首）。每年正月十五闹红火时，背刀扛矛上街表演武术。1934 年元宵节的时候，魏茂元等人花 30 块白洋专程请来应县花红的武师们来岱岳镇表演和传授"打狮子"。1944 年，魏茂元等人请花红村画师杨善兴制作了狮子头，组织起山阴第一家"梁山巷"打狮队，同年元宵节上街表演。此后"打狮子"便在本县流传开来，多数由青壮年参与。表演一般用 3 人，即 2 人舞狮子，1 人打狮子，通常表演的有徒手打狮、三节棍打狮、枪（矛）打狮、单刀打狮、双刀打狮、三环棍打狮几种形式。其武术套路为"仁贵拳""陆合枪""天罡刀"等①。该项目的表演既有一定的武术特点，同时又有一定艺术表演的魅力，深受当地群众们的欢迎。

踢鼓拉花在明末流传于山阴城内，表演生动、活泼，艺术性强。该舞蹈分小场、大场。一般小场有一股一花、一股二花、一股四花及二股二花；大场最多有八对股子，每对股子后随两花。表演分跑圈子、摆阵，角色分"踢鼓""拉花"。

---

① 山阴县志编纂委员会. 山阴县志[M]. 北京：方志出版社，2019：316.

四、右玉县（新城镇）

境内流传的民族传统体育项目主要有拳术、社火、腰鼓、老夫背妻、"二鬼"打架、抬阁、握阁、挠阁、踩高跷、六畜、跑驴、狮子舞、龙灯、旱板车、车车灯、船灯、踢鼓秧歌、扭秧歌等。扭秧歌在右玉俗称"地滚子"，是一种容易普及的民间广场舞蹈，化妆灵活，服装随便，动作简单，只有一种步伐。队形变化有"双出水""走8字""插行""走圆场""卷白菜"等形式。近年来，扭秧歌的花样形式逐渐增多，如"大头人""扇子舞""花篮舞""金钱棒""迪斯科"等。队形步伐大体如旧，但服装较为统一。"迪斯科"表演者把迪斯科舞蹈动作同民间秧歌步伐结合起来，颇有新意①。踢鼓秧歌由邻县山阴、平鲁传入，右玉南部高家堡乡、元堡子乡流行，是一种比较严谨的舞蹈。踢鼓秧歌主要角色有"踢鼓"和"拉花"两种。以前，均由男性扮演。新中国建立后，"拉花"改由女性扮演。此外，还有公子、先生、老汉、丑婆、烙毛小子等多种角色。一队踢鼓秧歌一般由十六人组成，调度严谨，一人不到位或走错位就会影响全局。每个角色都要随着身份、年龄、性别、性格的不同，表演出不同的动作，各类角色密切配合、相辅相成、错落有序。鼓子扮成戏剧花脸，威武、粗犷，在舞蹈中主要走拔泥步，摇头摔背，刚健有力。同时也要踢飞脚，做"金刚扫地""龙蛇出水""凤凰展翅""猛狮抖身""仙人指路""一字四品步""步马式"等动作。"拉花"的扮作戏剧小旦，主要动作有走场、蹉转、耍扇、闪巾、小武花、交叉扇、翻扇等。其他角色的活动服从于"鼓子"与"拉花"的，在不影响整个场上调度的情况下，可以自由搞一些小动作。踢鼓秧歌队形变化频繁，套数丰富。行进中表演有"倒卷帘""编蒜辫""天地"等；围场表演有"满天星""梅花阵""刁海眼""花篮阵""蝴蝶阵""蛇盘蛋""劈四门""八卦阵""香炉腿""小唐王乱点兵"等。踢鼓秧歌由锣鼓伴奏，节奏有急有缓，气势雄宏②。

船灯流行在本县北部城关、杀虎口、李达窑和破虎堡等地。船灯分单人和双人两种模式。船灯装饰成一条彩船，各色纸花和花灯挂满船篷，船头周

---

① 右玉县志编纂委员会. 右玉县志[M]. 北京：中华书局，1999：636.
② 右玉县志编纂委员会. 右玉县志[M]. 北京：中华书局，1999：636.

围用布围住。布上绘有水纹，由驾船的一人或两人和划船的一人表演。有的船灯还配有鱼、鳖虾、蟹、海蚌在周围帮舞。整个表演过程模拟水中行船动作，用舞蹈动作表现船夫们在行驶中遇到的湍急水流、弯曲河道、水打漩涡、船被搁浅等情况，表现船工不畏艰险、勇于前进的精神。双人船灯船身较长，表演难度也大，需要两人配合默契，方能做到动作协调一致。驾船人扮作少女，走戏剧台步，前进、后退、旋转起来都像船漂泊在江河湖泊之上。划桨人扮作古代艄公，头顶草帽，脸带髯口，手执船桨，做戏剧划船动作，指引彩船起步、直行、急转、绕 8 字等。表现船搁浅时，驾船人半蹲于地上，划桨人急急忙忙转前跑后做扛船、背船动作，同时还像戏剧老生那样髯口，走搓步，这时的船灯表演进入高潮。船灯上场少则一只，多则两只、四只直至六只。表演时有唢呐、锣鼓伴奏。唢呐吹奏特定的曲牌《船歌》①。

车车灯流行于全县。车车灯大体像手推车。装饰为房屋形，上部有车棚下部有布围，顶部和四周挂满各色的纸花和花灯，花团锦簇，五彩缤纷。车车灯由驾车人、拉车人、推车人组成。驾车者扮成少女或媳妇，并做有假腿盘在身前，身形就像端坐车上，拉车的有单有双，多数扮成少女。推车人一般扮作老汉或小丑。舞起来走戏剧台步，或走圆场，或绕 8 字形。而且走得越快，就越稳越好看。表演内容多是送姑娘出嫁或者送媳妇回娘家在路上所遇到的一些情景，如上坡、下坡、急走、缓行、过河、车陷泥坑等等②。整个舞动过程都伴随有唢呐、锣鼓节奏，表演形式有一定的规则和套路。

狮子舞过去只有杀虎口一家表演。狮皮用染成绿色的皮麻制作，狮头用纸浆制作，狮面扁平，色彩斑斓，铜铃般的眼睛，血盆似的大口，威武而凶猛。狮舞由两人表演，一舞狮头，一舞狮尾，二人全身裹入狮皮内，两人的腿就是狮的前后腿。另外有一耍狮人，具有一定的武功，手执绣球，引逗狮子起舞，左跳右转、上下跳跃、打滚、搔痒、拌毛、扬蹄，表现出狮子受惊、愤怒、愉快亲昵等各种表情③。狮子舞与武术、杂技等动作相融合，难度较大有"过边跳""蹬高桌"等动作。现在许多事业单位如：粮食局、交通局等，购置金黄色狮皮且道具和服装造型优美，在锣鼓的伴奏下进行表演。

本县的"社火"是指元宵节期间街头表演的武术活动，也叫"打社火"。

---

① 右玉县志编纂委员会. 右玉县志[M]. 北京：中华书局，1999：637.

② 右玉县志编纂委员会. 右玉县志[M]. 北京：中华书局，1999：637.

③ 右玉县志编纂委员会. 右玉县志[M]. 北京：中华书局，1999：638.

这种形式流传在右玉城和杀虎口，表演者身着戏剧武生的短打扮，表演刀、枪、剑、戟、棍、三节棍、七节鞭、拳术等。有单人表演，两人、三人对打，或多人对打表演，锣鼓伴奏①。

五、应县（金城镇）

应县的民间传统体育项目多为元宵节期间活动于街头、广场的舞蹈表演。体育项目种类有秧歌、竹马站高跷、船灯、车车灯、龙灯、狮子、脑阁（通称背棍）、二混堂、跑鬼、打熊等20余种。其中，秧歌、高跷、船灯、车车灯遍及全县各村②。应县地处塞外，历史上多遭战乱，且受少数民族统治的时期较久，所以，民间舞蹈形成时，受武术文化和少数民族文化的影响也较深。如打熊、打狮子、跑鬼、斗兽等题材的武打舞蹈，完全是艺术化了的武术③。龙灯、船灯等民间传统体育与武术文化也有紧密的联系。

灯官由5人表演，4人饰衙役，1人饰灯官。表演时，四衙役抬着灯官（灯官坐在独木棍的椅子上）跟随在其他表演队伍的后边活动，表演无固定场地。灯官源于何时无文献可考证。旧社会，在元宵三日之内，灯官至高无上，可置人于监狱，所以，男女老幼均怕灯官。这一舞蹈形式，除了借以讽刺那些贪官污吏外，还可以起到维护活动场所秩序的作用④。新中国成立后，灯官逐渐演变为抬轿，旧时习俗亦被根除。

大头人旧称二混堂。由10人以上表演，锣鼓伴奏、鼓点与秧歌相同。面具用纸筋做成，服装随面具而定，多扮演《西游记》、和尚侍女等人物故事⑤。其表演内涵丰富且风趣，表象形式具有一定的特色。

船灯是本县流布甚广的一种民间广场表演艺术。一般由6人表演，4人驾船、2人划船，锣鼓、唢呐伴奏，曲目多为"出对子"（俗称"将军令"）。

船灯的跑场有8字、扭麻花、卷白菜等，表演船在水中泛游的情景，驾船者舞姿简单，只碎步前进，要求平稳，划船者舞步灵活，舞姿多变，动作

① 右玉县志编纂委员会. 右玉县志[M]. 北京：中华书局，1999：639.
② 马良等. 应县志[M]. 太原：山西人民出版社，1992：525.
③ 马良等. 应县志[M]. 太原：山西人民出版社，1992：525.
④ 马良等. 应县志[M]. 太原：山西人民出版社，1992：525—526.
⑤ 马良等. 应县志[M]. 太原：山西人民出版社，1992：526.

难度可因人而易。此种跑法，多用唢呐伴奏。不用唢呐伴奏的船灯，一般表演船在水上与风浪搏斗的情节，节奏较强①。

六、怀仁县（云中镇）

武术、摔跤、拔河、滑冰、旱冰以及气功等民族传统体育活动，在本县均有开展。近年来，旱冰特别为青少年所喜爱②。此外，龙灯、转灯、狮子舞、抬阁、脑阁、独龙杠、大头人等民间社火，亦颇受群众喜爱，日渐普及。

---

① 马良等. 应县志［M］. 太原：山西人民出版社，1992：526.

② 周子君. 怀仁县志［M］. 北京：中国工人出版社，1992：438.

第七章 晋中市优秀传统体育文化文献探骊

晋中民族传统体育种类繁多，主要有小花戏、霸王鞭、音锣鼓、独龙杠、绞活龙、抬冰山、瓦瓮灯、武秧歌、拉话、鬼耍龙灯、舞狮子、跑旱船、黄河阵、踩高跷、跑竹马、腰鼓、推车、迓鼓、背棍、铁棍、扛棍、抬阁、抚棍、高跷、斗活龙、渔翁戏海蚌、抬杠箱、二鬼摔跤、游九曲、跑莲灯、黄烟炮、跑驴、狗撕咬、牛斗虎、得胜鼓、十样景、锅子火、塔塔火、火流星、起火、顶杠灯、瓦翁灯、迎灯、灯山、打铁花、煤灯、提灯、绵山十景灯、扭秧歌、打花鼓、跳格格、踢毽子、拍毛蛋、打木猪、放风筝、胡游儿（打瓦儿）、跳绳、打蛋蛋（玻璃球）、跳圈圈、滚铁环、丢手帕、戴氏心意拳、弓力拳、心意拳、春秋大刀、形意拳、长拳、炮拳、太极拳、金刚拳、栏拳、洪拳、韦陀六合拳、串拳、梅花拳、少林拳、八卦拳、弹腿、二郎拳、乱势架、转树法、太极八卦、公义拳、形意拳、螳螂拳、通臂拳、易筋经、霸王拳、战功拳、二教门拳、短拳、华拳、棉拳、信拳、傅拳、洪洞通臂拳、傅山太极拳、寿阳耍鬼、灵石"十八罗汉"、昔阳拉话、彩车等40余种。大部分项目源于明代，形成于清代中叶，清末以来在晋中境内普遍盛行。此外，常见的儿童体育活动有跳格格、踢毽子、拍毛蛋、打木猪、放风筝、胡游儿（打瓦儿）等。多数的少儿体育活动就地取材，简便易学，不受场地等条件限制，形式活泼，充满童趣。1949年后，儿童体育活动中拍皮球、跳绳、打蛋蛋（玻璃球）、跳圈圈、滚铁环及丢手帕等更加活跃[1]。

晋中境内武术历史悠久。据《史记·荆轲传》记载："荆轲尝游过榆次，与盖聂论剑。"盖聂即今榆次聂村人，为战国时期著名的武士。此后历朝历代，晋中均有不少武术名士名扬天下。三国时魏国的郝昭（榆次），唐代的郝忠（榆次），宋代的夏守恩、夏守赞兄弟（榆次），元代的高福（太谷）、梁

---

① 晋中市志编纂委员会. 晋中市志·第四册[M]. 北京：中华书局，2010：2149.

瑛（平遥）都是著名武将。明清时代，在晋中民间习武成风，出现了许多武秀才、武举人、武进士，并编创了许多武术拳法，有榆次弓力拳、祁县戴氏心意拳、太谷形意拳、平遥信拳、灵石傅拳等。此外，还盛行少林拳、洪拳、二郎拳、八卦掌、太极拳、转树法等。各州县兴武举、办武学，造就了大批人才，出现了许多造诣精深的武术高师。有些地方还以村社组成武术行会，有会长、会旗，并聘请名师任教。明代，太谷人安国中武状元，镇边 4 载，功绩显著。明嘉靖十七年（1538 年），灵石知县钟奎，在城东北清凉寺山下修建演武场，历经 300 余年，培养了众多武术人才，灵石以武居官者甚多。据《灵石县志》记载，从清顺治到乾隆五十四年（1789 年），中武进士 3 人、武举人 20 人、武生员 576 人。清乾隆年间，祁县人戴隆邦创的戴氏心意拳，成为晋中流行的一个拳种。咸丰年间，榆次上戈村人李广亨与太谷人车永宏（字毅斋，人称车二师傅）、宋世荣、宋世德、贺永亨五人在太谷拜名师李飞羽（字能然，又名洛能）为师，习心意拳成名，时称"五星聚太谷"。光绪初年，榆次东阳人安晋元（字顶世）以精通弓力拳名世，在张家口办三合镖局，自任总镖头，无人敢犯。太谷车永宏与其弟子李复祯等人改革形意拳，阐明了"以形取意、以意取形、形随意转、意自形生"的原理。清光绪十四年（1888 年），日本武士坂三太郎在天津大摆擂台，车永宏前往较量，以剑术击败坂三太郎，名震中外，被清政府授予"顶戴花翎五品军功"。此外，平遥东大阁村人阎燮和擅长春秋大刀，系钦点武榜眼。太谷人张凌霞、牛天畀、陈圣矩，灵石人何道深、佟耿绳皆为武进士，屡有战功。清末，榆次西左付村人张彪以武闻名，与榆次北胡乔村人王海狗出任山西巡抚张之洞的贴身护卫，张彪被清政府授予"奇穆钦巴图鲁"的勇号，官至湖北提督。榆次西长寿村人彭映玺投师河北深县（今深州市）形意拳师王福元，被山西省武术界誉为形意拳"四大金刚"之一。形意拳师荣满宏、王天寿、郝大林、乔五十一、李文元、武九元、冀补云、丁三杷、张五蛮、王树森被称为"榆次十虎"，与在榆次活动的外国传教士和教徒勇敢斗争，因而闻名晋中。民国时期，社会动荡，强盗横行，战乱不已。晋中练拳习武之风更盛，涌现出许多武术名师和武术人才，著名的有榆次的王继武、刘铸（刘化清）、高二福林及妻子高牛蛮，榆社的白三朴（白三孩），太谷的刘俭、布学宽等。1918 年，太谷县成立体育会，为县教育会领导下专门培养武术人才的常设机构，由名拳师布学宽任主任兼教练，向 8 所学校的学生传授国术。每月下旬的星期日，体育会把各校学生集中到城西园进行国术表演，评比优劣，参加学生达 800

余人。1923 年，榆次人王继武在太原参加武术擂台赛，以绝招"金鸡捏嗉"胜出，誉满三晋。1930 年，太谷铭贤学校校长孔祥熙聘布学宽任校国术教员，在初中、高中开设国术课，并组成校国术队，培养了不少人才。孔祥熙成为继王正廷之后的第二位中国籍国际奥委会委员。1933 年，榆次县城隍庙设武术馆，为山西省最早的武术馆之一。馆长由县长兼任，以普及武术活动为宗旨，以教习形意拳为主，兼习器械，也选学其他拳术。1934 年 6 月，太谷县举行全县国术表演大会，布学宽担任大会总指挥，参加比赛的运动员达 100 余人。同年，榆次武术馆的郭凤山、赵光第、白守华参加南京国考，均获八尺大锦旗和银盾奖，赵光第同时斩获"散打之优"金盾奖章，为山西省赢得荣誉。1935 年 3 月，太谷县成立国术馆，形意拳名师宋铁麟任馆长。馆址设在县城借钱庙内，主要传授形意拳。抗日战争爆发后，榆次武术馆、太谷国术馆解散，民间武术活动受到影响。一些习武的年轻人响应中国共产党抗日救国的号召，纷纷加入抗日队伍。其中，榆次的郭凤山、白守华在对敌斗争中献出生命，刘铸在榆次（正太铁路）路北一带打游击闻名城乡。中华人民共和国成立后，武术作为国术受到政府重视。1950 年，晋中各级政府加强对民间武术活动的指导，武术运动蓬勃兴起①。

清末民初，晋中各县的传统社火主要分歌舞表演、吹打乐和灯火等三大类型，大多集中在农历正月十五元宵节前后进行，俗称闹元宵或闹红火。其中，歌舞表演形式有背棍、铁棍、抬阁、抚棍、高跷、斗活龙、跑旱船、渔翁戏海蚌、抬杠箱、二鬼摔跤、游九曲、跑莲灯、黄烟炮、跑驴、跑竹马等；吹打乐常见的有狗撕咬、牛斗虎、得胜鼓、十样景等；灯火有锅子火、塔塔火、火流星、起火、顶杠灯、瓦翁灯、迎灯、灯山、打铁花、煤灯、提灯、绵山十景灯以及介休、昔阳两县特有的冰灯和冰山灯等②。在遇抗日战以后，境内的大部分民间活动停演，直到新中国成立后，民间社火逐步恢复，并融入扭秧歌、打花鼓、霸王鞭及街头文艺活动配合进行展演。

一、榆次区

榆次流传的民族传统体育项目主要有武术、荡秋千、爬越、摔跤、掰手

---

① 晋中市志编纂委员会. 晋中市志·第四册[M]. 北京：中华书局，2010：2145—2149.
② 晋中市志编纂委员会. 晋中市志·第四册[M]. 北京：中华书局，2010：1968.

腕、举石锁、棋类、踢毽子、打瓦儿、跳绳、滚铁环、游泳、拔河、下象棋、打木猪等。另外，还进行一些体育游戏活动，包括巨人步、跷板（活陷板、压板）等。沿河村庄多有游泳活动①。清末民初，社会动荡，榆次城乡练拳习武盛行一时，主要有形意拳、长拳、炮拳、弓力拳、太极拳、金刚拳、八卦掌、长拳、少林、醉拳、弓力拳、通背、炮捶、金刚等②。

二、介休市

境内流传的民族传统体育项目主要有背棍、抬阁、二鬼摔跤、竹马、狮舞、金牛拉车等。新中国成立后，引进扭秧歌、打腰鼓、猪八戒背媳妇、芝麻官坐轿出巡、大型锣鼓等体育活动项目。尤其是锣鼓，在大型汽车上放一面大鼓，由4~6人同时敲打，声如雷鸣，配以数十人的铙钹，敲击各种鼓点，气势磅礴，威武雄壮。介休武术有着悠久的历史，清嘉庆版《介休县志》中记载介休有武进士19人、武举人130人。20世纪40年代，介休城内梁家巷祠堂院曾设立过武术馆，由于处于战乱年代，活动时断时续。较有影响的拳师有顺城关的梁启政（形意拳）和梁家巷的权汝桃（长拳），俩人的继承人分别是王光奎和宋琪③。新中国成立后，武术成为地方民众喜闻乐见的体育活动，由于开展场域要求不高，项目的流传较为宽广，参加的群众较多，但参与形式为自发性和分散性较常见。

三、昔阳县（乐平镇）

昔阳民众爱好体育活动由来已久，武术、拔河、爬杆、爬山、足足马、扭秧歌、舞龙、耍狮、平台、高台、压杠杆等是境内流传的传统体育项目④，尤其是武术，不仅历史悠久，而且较为普遍。南北界都、南横山、三都、路家峪等村是本县的武术之乡。农闲时农民练艺学武，逢年过节则进行表演比

①　榆次市地方志编纂委员会. 榆次市志[M]. 北京：中华书局，1996：967.
②　榆次市地方志编纂委员会. 榆次市志[M]. 北京：中华书局，1996：980.
③　山西省介休市志编纂委员会. 介休市志[M]. 北京：海潮出版社，1996：606.
④　昔阳县志编纂委员会. 昔阳县志[M]. 北京：中华书局，1999：711—713.

赛，与文娱活动结合进行①。

四、灵石县（翠峰镇）

境内流传的民族传统体育历史悠久，内容丰富多彩。主要项目有武术、花灯、串黄河、十八罗汉、锣鼓车、背棍、抬阁、旱船、竹马、高跷、推车、打腰鼓、霸王鞭等②。除以上项目外，还有一些如杂技、高跷、龙灯、狮子舞、龙舞、大头舞、旱船、二鬼摔跤均属一种游戏的文艺性的体育活动，在县内流传不衰。国家规定长拳、太极拳以及自选自编套路未列入。郊游也称"踏青"，配之以打秋千、放风筝之类的活动。本县旧志，对踏青郊游有不少的记载，如"三月初三日，为上已古人以为修禊踏青令节，迄今文人学士，犹有行之者"。"四月初间，介庙后宫，牡丹花开正盛，邻近人民往观者甚多，俗名看神花。""四月十二日游娘"（即去绵山游览），"七月十六日，东安介庙香炎会，演剧酬神，邻道务邑居民前往与会者，络绎不绝"。说明郊游在本县极为普遍，并已形成传统。清嘉庆二十三年（1818 年）知县王志融，曾写一诗以赞郊游，"文书堆案仅婆娑，偶尔郊行倦眼搓。微雪乱出迎晓舞，好风高树动春和；连舔劳稔民犹营，作吏资深愧益多；几处冰开误水活，显添华发照清波"。中华人民共和国成立后，县内郊游活动有增无减，特别是学校，以野营拉练、春游扫墓等形式进行郊游。近年来一些厂矿团委、工会也积极组织青年工人到烈士陵园扫墓，开展革命教育，也起到强身健体的作用。爬山活动在县内屡见不鲜，因本县是山区，并有好多风景优美之处，令人向往；另有不少寺庙、道观，登山游览也是一趣。如每年四月登娘山（即绵山），五月攀石膏山，九月登翠峰山、清凉山已成传统，据县志载："九月初九日为重阳节；家家食糕，以代登高时，会文昌阁演剧，居民或携酒馔登翠峰绝顶，酣歌终日，岁岁为常。"据查，县志艺文篇仅登高诗就有四首。说明本县登高爬山活动，上至达官贵人，下至平民百姓，都喜爱。中华人民共和国成立后，登高活动人数越来越多，规模越来越大，是本县群众体育中最受欢迎的一个运动项目。

---

① 昔阳县志编纂委员会. 昔阳县志[M]. 北京：中华书局，1999：837.
② 山西省灵石县志编纂委员会. 灵石县志[M]. 北京：中国社会出版社，1992：511.

五、祁县（昭余镇）

境内流传的民族传统体育项目丰富多彩，主要有武秧歌、彩车、红鞋前程、钻钱鬼、扑蝴蝶、月明和尚逗柳翠、踩街、打花棍、棍舞、刀舞、抬轿、刘三推车、旱船、牛斗虎、竹马、张翁背张婆、二鬼摔跤、狮子舞、高跷、抬杠箱、火流星、顶杆帆、撅棍、抬阁、背棍、龙灯、社火、武术等，此外，还有拔河、摔跤、跳圈圈、溜手绢、跳绳、打蛋蛋（玻璃球）、滚铁环等体育活动深受当地儿童的喜爱。祁县境内流传的武术拳种有戴氏心意拳、公议拳、太极拳、形意拳、形意螳螂拳、通臂拳、长拳等，共有拳械套路226个①。心意拳，又称六合心意拳、心意六合、形意拳，主要流行于山西晋中及其周边地区，是中国四大优秀传统名拳之一，常用于防身护镖和强身健体。自明末清初，逐渐形成了比较明晰的具有广泛代表性的三大主要流派：一为以河南洛阳马学礼等为代表的河南马派心意拳；一为以四川金道人（金一旺）为鼻祖的金家功夫（心意拳）；一为以山西戴隆邦、戴文雄、郭维汉、李洛能等为代表的山西心意拳。山西心意拳在基础桩功、拳架、拳式、练习方法、要领、要求和拳术套路等许多方面产生重大的变化，理论体系和技术体系发展得更加严谨、系统和完善。我们查阅祁县地方志了解到"戴氏心意拳"为清朝乾隆年间小韩村人戴隆邦所创。当时，戴氏是祁县名门望族，明末清初时期历代为官。戴隆邦从小喜爱练习武术，在青年时期就以其精湛的武术才能在河南省余旗镇开设镖局。他毕生以武会友，广交武术名家。他不断地钻学研究，集河南李政、山东金世魁、陕西牛希贤以及山西蒲洲姬龙峰所传心意拳之精华，后将先辈流传先下来的桩功融为一体，形成了具有独特功法的戴氏心意拳。戴氏心意拳的传承具有一定的族规，传内不穿外。戴隆邦传子文量、文勋，文勋传子戴五昌后传良栋，良栋传子戴魁，后子孙因沾染毒品，家境衰败，此拳外传，现已传至第7代。戴氏心意拳在县境内的贾令、北堡、鲁村、西炮、温曲、东炮、西关、瓦屋、西高堡、东六支等20多个村庄流传较广。太原、阳泉、平定、盂县、忻州等地也有习练所。戴氏心意拳同太极、八卦等同属内家拳，特点是刚柔相济，动、静、束、展多变，拳势拳理一致，具

---

① 祁县地方志编纂委员会. 祁县志[M]. 北京：中华书局，1999：662.

有独特风格。戴氏心意拳开始外传之初，由郭维汉传给河北李能然，郭以"心意诚于中，肢体形于外""象形取意"之特点，改心意拳为形意拳，在各地广为流传，成为全国的一项主要拳种①。县境内公议拳由榆次县东阳镇人安晋元所传。据传，清朝中期，8 位少林寺名师为摒弃门派观念，共同切磋技艺，集太极、八卦、形意、少林、通臂、鹰爪、六合、擒拿等诸门之精华，共议一门拳术，故取名公议拳，亦名公立拳。安晋元（1850—1927 年）是公议拳第 5 代传人，清光绪年间安晋元在河北张家口开设"三合镖局"，广交武林高手，遂将此拳传播至各地。在张家口经商的祁县人罗德杰、杨福成、颉云鹏、孔宪文、吕占祥、柳祥年、李占文、任连山等得到传授，后传回本县。祁县习练此拳者，大都是颉云鹏师傅所传。此拳主要分布在大韩、河湾、北谷丰、城赵等地。公议拳要求心平气沉，意动身随，刚柔不偏，劲顺势发，固身一气，连绵不断，活而不虚，沉而不实。练功首练站桩功，桩功近似半马桩，要求不八不二；继练套路盘架；最后练对拳散手。

社火是祁县劳动人民表达欢快情绪的一种街头表演艺术，自娱自乐，粗犷豪放，集音乐、舞、美、技巧、武术于一体，贴近生活，经久不衰，成为盛世元宵节期间不可或缺的主要文化生活。祁县社火始自何时，史无确载。清乾嘉以来，祁县商业鼎盛，人民安居乐业，正月农闲大办红火，就连一些小村也从神社拿出锣鼓乐器、竹马、腰鼓之类热闹一番。光绪大枋后，社火一度消沉，其余年份元宵灯节必有社火。各村社以自娱为主，间或邻村相互交流，一般不进城活动，也有少量精彩节目经商家特邀入城表演，故城内元宵节反不如农村火爆。形式内容大致可分为械杖、技巧、拟真、步舞、造型等 5 大类，均在行进中表演②。

武秧歌为祁县温曲村所独创，和秧歌在艺术表达形式上风格迥异。其起源有三说：一说始于明代万历年间，村人贺朝奉深得通臂拳真传，在家设武馆授徒，把武功溶于舞蹈程式中以广招徕；一说为贺之后裔创于清初，以秧歌作掩饰，结交武林，以期抗清复明；另一说为村人贺大壮于清乾隆末创办，目的是寓教于乐，是儿孙练武功作进身之阶，并录以存疑。武秧歌中所用器械均为实用兵器，武功表演套路也和戏剧中的虚拟动作不同，是化了妆的武术表演，最初为社火队中项目之一。多作排扣紧身衣，戴英雄巾打扮。清嘉庆

---

① 祁县地方志编纂委员会. 祁县志[M]. 北京：中华书局，1999：662.
② 祁县地方志编纂委员会. 祁县志[M]. 北京：中华书局，1999：677—678.

年间，贺大壮为武功队分了行当，按故事情节设置人物队列，逐步向舞台化发展，并编了简单的对话和唱词。道光年间，正式成立同乐社，编出《打店》《清风岭》《吴天关》《卖艺》等剧，采用京剧韵白，极少唱词。咸丰十年（1800 年），贺久功任社长，又编出《金丹传》《翠云楼》《截马阵》等。光绪年间，贺庆年任社长，移植了京剧《塔子沟》《刘唐下书》《吃瓜》等节目，剧中已有唱腔，然并不重唱，仍以武功表演为主①。据文献记载：清代贺氏一族执掌班社近百年，因武术门户炫其艺而秘其术，只传授本村人，因此该项目没有向外发展。民国后由贺氏异姓传人掌班，剧目内容增加到 18 个，由此循环演出，但不外出表演。

六、左权县（辽阳镇）

境内流传的民族传统体育丰富多彩，主要有社火、倒秧歌、小秧歌、会鼓、龙灯舞、狮子舞、竹马、旱船、推小车、高跷、九曲黄河阵、走阵、霸王鞭、抬阁、背棍、牛斗虎、斗活龙、跑驴、哑老背妻、和尚拐媳妇、大头娃娃、扑蝶、二鬼扳跌、西天取经、钻夜壶、五里堠竹马、社火、倒秧歌、打花棍、装鬼变鳖、丑花戏、点金灯、武术等②。左权民间舞蹈起源较早。相传宋代，县内已村村结社闹"社火"，明清两代流布更广，有一村数社的，活动较为普遍。据 1940 年晋冀鲁豫边区对桐峪村的社会调查表明，当时该村就有"船社""社火社""社火""黄河社"等 8 个社是群众舞蹈活动的组织。社火有文、武、丑之分，它是各种舞蹈形象化的分类。文社火即小花戏，扮相、舞姿、词曲均文雅、清丽；武社火如武术，只舞不唱，大镲、大鼓伴奏，动作武勇粗犷；丑社火即丑花戏，演员浓颜盖脸，角色反串，舞蹈动作夸张，曲调简单随意，唱词逗笑打趣③。

---

① 祁县地方志编纂委员会. 祁县志[M]. 北京：中华书局，1999：717.
② 左权县志编纂委员会著. 左权县志[M]. 北京：高等教育出版社，1999：93.
③ 左权县志编纂委员会. 左权县志[M]. 北京：高等教育出版社，1999：91.

七、寿阳县（朝阳镇）

境内流传的民族传统体育项目种类繁多，主要有花会、爱社（耍鬼）、寿阳竹马、社火、塔塔火、拔河、秧歌、旱船、狮子、桌阁、转阁、抬阁、秋千、耍叉、斗活龙等体育活动项目，地方民族特色浓厚。会头到会尾能排将近二里长，开头的是一个引会老翁，老者要身体健康，留有长须，穿长袍马褂，头戴礼帽，手拄文明棍，旨在控制全队的行进速度。后面跟着几十面会旗及会伞。接下来是 32 杆红杆三响铁炮，轰震开响，有壮声威和开路的意思。接下来是几十杆小钗，都是儿童耍，两根直棒用花布缠出来拨一个小铁钗，小铁钗上带有响的铁片，耍的人用两根棒子拨耍一个小铁钗，边转边响，还要耍出不少花样。接下来是几十杆大钗，大铁钗都是由技术好的大汉来耍，也是边转边响，还能撂高钗、通膊过、绕脖子。随后是杠，是用长沙杆抬着一个轿样的东西，里面放着土布袋，使之上下颤动，有近二十来座，每座有两个壮劳力抬，杠杆上挂着串铃，一跑就响，并有押杠官骑着高头大马，手里游着一个用绳拴着的红布包，包里包着软硬适中的东西，打在人身上又疼又受不了伤，哪个杠的跑得不快就会挨到押杠官的责打，因此杠又颤，铃又响，跑得又快，交叉绕开跑，很是好看。再下来是讨吃杠，有大人扮的，有小孩扮的，穿着破烂衣服，脸上抹着黑，拄着讨吃棍，边打边闹边跑，还要耍一套打狗棒法，很有点"洪七公子弟"的模样。紧接着是王老儿送闺女，以四个人为一组，一个扮成老太婆的人在前面拉车，一个扮着小媳妇样子坐车，一个扮成老头儿在后面推车，一个扮成傻小子在旁保护。有十几组，边扭边走和两面看热闹的逗闹。然后是旱船，有一个人扮成小媳妇，肩上挎着旱船，边扭边跑。一个人扮成划船的老汉或在前，或在后划船，共有十几条船。随后是由三十多人组成的社火，拿着真刀真枪等十几种真实兵器。有十几种套路的武术，按套路用真实功夫打斗，有一招使不对便会受伤。再然后是几十个人的秧歌队，扭秧歌的都是本村的大姑娘、小媳妇，化着妆，腰里系着彩带，合着锣鼓点子迈着整齐的步子边扭边走。过来的是两只狮子，是传统的北狮样式。每个狮子由两人组成，一个人扮狮头，一个人扮狮尾。两个狮子中间有一个拿绣球逗狮子的人叫作踢狮子，也是边耍边走。让人揪心的是西洋秋千，将两根直棍固定在一个车上，上面有横梁转轴，中间两根绳索吊一个秋千板，上面坐一个人来回游荡，能荡起五六米高。最后是桌阁、转阁、抬阁。桌阁有 5 个，内用铁棍傲骨，外面做成各种巧妙的造型，有的站在假山上，有的站在蝎子尾巴上，有的站在海螺精头上，有的站在穿衣镜框上。上面站的都是小孩戏装打扮的，有 4 米多高，桌阁下面用泥圾压着。每个桌阁由 4 个壮劳力抬。转阁上面坐 3 个小孩 1 个成人，一共有 6 米高，顶上站 1 人，中间坐 2 人，下面用布遮盖。成人钻在里面搬转轴，中间坐的 2 个人骑着驴和马，用鞭子赶着，一会儿顺转，一会儿倒转。抬阁的最高，有 7 米多高，上、中、下站 4 个人。他们扮的故事叫"洞宾戏牡丹"。转阁和抬阁都是由 8 个壮劳力抬。5 个桌阁、1 个转阁、1 个抬阁，每个后面跟 1 班乐队，每套故事跟 1 面大鼓、1 个铙、1 个钹。秧歌队伴奏者是小鼓、小钗、小锣①。每年参与闹红火的群众大约有 600 多人，算上村里亲戚朋友及周边来观看的人数可达上万人。大街小巷都是人挤人、人挨人，从早上直至晚上尽兴才结束，闹红火的队伍庞大，从正月十五一直持续到正月十六。

塔塔火是一种规模较大的群众性的体育活动，其活动有排楼、灯笼、拔河、街头游行等。村民自由组合的王老儿送闺女、大头娃娃、划旱船、舞龙灯、桌阁、转阁、担灯、扭秧歌等各种表演，表演者尽心尽力，使出全身本事。围观群众看得眼花缭乱，喜笑颜开。

八、太谷县（明星镇）

境内流传的民族传统体育项目历史悠久，丰富多彩，主要有老龙滚、迎春锣鼓、牛斗虎、架火、绞活龙、耍狮子、旱船、高跷、背棍、铁棍、沈老爷坐轿、丑女倒骑驴、张公背张婆、刘三推车、二鬼摔跤、耍龙灯、九凤朝阳、太谷秧歌、心意六合拳等体育活动。

社火九凤朝阳盛兴于清代。居民用竹、布、麻纸，扎 9 只凤凰。由 9 个少女装身，民乐伴奏，于年节和元宵节在街头翩翩起舞，取吉祥之意。此举始于朝阳村，故以其为村名②。

---

① 山西省寿阳县松塔镇郭村志编纂委员会. 寿阳县郭村志[M]. 石家庄：河北人民出版社，2010：185—187.

② 太谷县志编纂委员会. 太谷县志[M]. 太原：山西人民出版社，1993：512.

清嘉庆年间，太谷田家后人田氏于广东经商，将活龙的制作与绞耍技术引进，太谷表演流传开来，后来成为太谷灯节独特的民间社火之一。活龙用纸扎龙头，布制龙身，长 15 米。选空旷之地搭龙棚 2 座，高 6 米，距 60 米。龙棚之间由若干绳索相连，中间悬 1 圆球。2 条小龙系于绳索之上，身内置灯烛数盏。龙棚中有人绞动辘轳绳索，往来传动，二小龙即作升腾飞舞之状。此时，地面上由十数人舞动老龙，上下配合，热闹非凡。新中国成立后，这一活动在技术及设置上均有改进，人力改为电力，电灯取代蜡烛。龙口还可喷火、喷水。入夜，灯月辉映，锣鼓喧天，鞭炮声声，人声鼎沸，在弥漫的硝烟中，老龙小龙上下腾飞，或二龙戏珠，或双龙拜母，吼声震野，蔚为壮观①。

耍龙灯由南方传入，盛于晚清至民国年间，沿袭至今。龙头重 15 公斤。龙身由一匹白布制成，上绘蓝绿色鳞云，龙尾用细竹条扎成。龙身长 33 米，由 13 人各持 1 节，夹于腋下，与他地有别。每节有点燃蜡烛之装置，后改装电灯，两侧随 4 至 6 盏云灯，串街或围场表演时，配以民乐，吹以螺号，龙头摆动，龙身旋转，激人奋发②。过去，每年元宵佳节群众都会参与夜间龙灯进城表演的风俗习惯，这种习俗一直延传至今。

九、和顺县（义兴镇）

境内流传的民族传统体育项目主要有武术、踩高跷、跑旱船、骑竹马、坐背棍、抬阁、滑宫、舞龙灯、耍狮子、二鬼摔跤、大头和尚戏柳翠等。1952 年北关街的高跷，由原来的踩步圆场，变成垛三层楼、骑老虎、跳板凳等惊险舞艺，群众喜闻乐见，久演不衰。而踢毽子、滚铁环、跳绳、摔跤、踢毽、打珥、打瓦（涝瓦）、赶蛋、打秋千、拔河等更受少年儿童欢迎。武术在境内较普及，多以村社组成武术行会，有会长、会旗，聘请名师或由会内选师担任教练。拳术套路门类很多，有少林拳、形意拳、太极拳、梅花拳、八卦拳、猴拳和大、小红拳等。在前营、小拐、乔庄、大川口、青城、百备、当城、石驮坪、高邱、牛川、黄岭、白泉、南窑、南安驿、西喂马、仪村、

---

① 太谷县志编纂委员会. 太谷县志[M]. 太原：山西人民出版社，1993：513—514.

② 太谷县志编纂委员会. 太谷县志[M]. 太原：山西人民出版社，1993：512.

凤台、泊里、温源、下石勒、阳社、阳光占等村尤为普及。1934 年，县城白露会期间，一区举办武术社火观摩盛会，有白泉、邢村、南窑、南安驿、西喂马、凤台、仪村、上石勒、下石勒，南李阳、北李阳、泊里、温源、后峪、科举、梳头、高邱、牛川、黄岭、合山等 20 多村参加，泊里、下石勒村被评为观摩比赛第一、二名①。日军占领县城期间，武术传习的活动是停止的。

音锣鼓又名迓鼓，是群众广场文艺活动，以舞蹈为主。迓鼓也以舞蹈为主，打击乐器伴奏，演员边舞边奏，并以特定的鼓点掌握节奏，定形定位。锣鼓曲调高亢雄浑，舞姿行云流水。迓鼓有上架与一般之分，上架须演员 33 人，有高音鼓 1 面，低音鼓 16 面，小爵锣 4 面，小镲 4 副，铙、钹各 4 副。高音鼓定位中心指挥，称为老 9 币迓鼓，其余乐器各按音色特点，每 4 人一组列成方阵，依鼓点按各种阵式变换，有磕头阵、荞麦棱、三十点、回龙阵、八牛阵等多种阵式。一般迓鼓与上架迓鼓基本相似，只是规模小一些，只用 21 人，有高音鼓 1 面，低音鼓 8 丽，小音锣 2 面，小镲 2 副，铙、钹各 2 副、大锣 4 面。20 世纪六七十年代，迓鼓曾一度消失。1979 年后，随着改革开放，农村经济的日益繁荣而逐渐复兴。打落始于清成丰、同治年间，是青城、朝坡等村特有的民间歌舞，曲调富有抒情色彩，舞姿充满浓郁的乡土气息②。

十、平遥县（古陶镇）

境内流传的民族传统体育传统项目主要有武术、秋千、拔河、打瓦、跳绳、踢毽子、象棋、摔跤、导引养生功、硬气功等体育活动③。硬气功在桑冀村流传久远，有在腹部用铡刀铡筷子、压磨盘，用榔头砸石头及头碰砖块、手背破砖等，在附近市、县负有盛名。

民国初年，社会动荡，农村练拳习武盛兴一时。流传的约有六合掌、罗汉拳、螳螂拳、南拳、炮拳、绵拳、仙掌、禅拳、梅花拳、洪拳、秘宗拳等 18 个拳种，传统套路有拳、棍、刀、枪、勾、斧、钺、鞭干、鞭、绳　标、锹、对练八趟信拳、六趟信勾、十二连锤、查拳、综合形意、综合太极、龙

①　和顺县志编纂委员会. 和顺县志［M］. 北京：海潮出版社，1993：494.

②　和顺县志编纂委员会. 和顺县志［M］. 北京：海潮出版社，1993：452—453.

③　平遥县地方志编纂委员会. 平遥县志［M］. 北京：中华书局，1999：691.

行剑、达摩剑、八番手、纯阳剑、宝剑进枪、杨门24势、十二路藏刀、二趟连手、马面、罗汉绵拳、八合鞭法等400多套，颇具地方特色①。

十一、榆社县（箕城镇）

民国时候，本县常见的农民体育活动有灯火（社火）、武术、土滩秧歌、霸王鞭、高跷、竹马、跑驴、跑旱船、舞龙灯、游九曲、龙灯、小花戏、荡秋千、拔河、下象棋、掰手腕、举石锁等。灯火（社火）分文社火、武社火。清末民初时期，常集中于各庙会，以敬神的形式进行活动。农历正月初六开始，文武社火除在本村演出外，还要到外村交流演出。每到一村先下帖，接帖村将社火队敲锣打鼓迎接入村。演完后敲锣打鼓送出村外，以示感谢。社火表演形式主要有武术、土滩秧歌、霸王鞭、高跷、竹马、跑驴、跑旱船、舞龙灯、游九曲等②。按惯例每年农历正月十五和十六，各乡村社火队都会自发组织到县城集中汇演。新中国成立后，民间社火活动得以保护，在整个正月期间，每村每户每天都在接待文武社火的各种表演。

游九曲黄河灯亦称游九曲、游黄河。起于秦汉，兴盛于隋唐，延至20世纪90年代初，为本县每年元宵节至二月二期间文艺活动项目之一。邑人先制作直径2寸、长3尺余木杆365根，象征一年365天。置于1亩地（约667平方米）块设计的正方形"九曲图"内，每根间距为3尺。然后用绳索一一连接木杆，于木杆顶处各置一油灯，并糊一圈彩纸，围成灯笼。点燃之后，灯火辉煌，异彩齐放。远望即由9个通路弯曲、有规则的四方形格组成，人们顺路线游行，热闹非凡。邑人称游九曲可洗浑身百病，来年无灾无难，万事顺心吉利。亦有人说，至深夜油尽灯灭时，所剩红灯、绿灯由多年不孕之妇端回家中，来年将会孕育后代。生男者端红灯，生女者端绿灯。20世纪五六十年代，云簇一带普通盛行游九曲③。在20世纪70年代，境内游九曲呈现绝迹的状态，直到20世纪80年代，游九曲复兴于北寨乡自家庄一带。

霸王鞭源于十六国时期。后赵开国皇帝石勒争霸天下时，每逢打胜仗后，

① 平遥县地方志编纂委员会. 平遥县志[M]. 北京：中华书局，1999：696.
② 榆社县志编纂委员会. 榆社县志[M]. 太原：山西古籍出版社，1999：499.
③ 榆社县志编纂委员会. 榆社县志[M]. 太原：山西古籍出版社，1999：500.

士卒手舞足蹈，举枪挥鞭，兴舞庆贺。后渐由军营传入民间，演化为庶民祈鬼神、庆丰年、贺喜事的一种舞蹈艺术。建平四年（333 年），石勒卒于仰天村，当地人们为纪念他，借项羽霸王别姬故事创作出霸王鞭。刚开始是一男一女手拿 3 尺长鞭子进行表演，鞭杆用彩色绸带进行缠裹，并将铜环或铁环装置鞭的两端。以前男士要头戴红布缠圆圈帽（将军帽），他们的着装也有特定的要求，古装且束腰带，手拿鞭敲打身体和四肢；女士头戴红花，身穿彩色表演服，手拿彩扇，随着男士的敲打声翩翩起舞，具有一定的山西民族风韵。光绪年间，该项目流传到县城附近，增加了表演人数。民国时期，当地群众将原式进行创编，将一对男女作为一组，每组列队成行，随伴奏乐曲，有节奏地在肩、腿、脚、手等处磕动，鞭杆上镶嵌的活动铜铃（后改为铜钱、铁片），他们的动作轻快活泼，姿态优美，男女搭配和谐①。

　　旱船俗称赶旱船，用竹条木棍扎制骨架，船舱为 4 角亭，彩绸遮拂，装饰华丽。在城关、云簇流传最为活跃，主要活跃于春节期间，一般为 4 人表演，2 人坐船扮女，2 人扮船翁，载歌载舞，扭动穿行。表演者肩挂绸带，手扶船帮，举止轻盈，与器乐、锣鼓融为一体，气氛热烈，浓情优雅②。自 20 世纪 50 年代以来，成为全县文娱活动主要形式之一。

　　①　榆社县志编纂委员会. 榆社县志[M]. 太原：山西古籍出版社，1999：500—502.
　　②　榆社县志编纂委员会. 榆社县志[M]. 太原：山西古籍出版社，1999：502.

第八章　运城市优秀传统体育文化文献探骊

运城市的民族传统体育活动项目是中华民族传统文化的组成部分，是劳动人民在生产、生活、娱乐、健身、养生实践中创造和发展起来的独具地域特色的体育运动。传统体育运动源远流长，种类繁多，以武术、气功、民俗体育为三大主流。境内流传的体育项目主要有栽方、背冰、锣鼓、秧歌舞、狮子舞、花灯、背高、高抬、魔女舞、花船、关公锣鼓、踩高跷、划旱船、骑竹马、打绳鞭、武士斗狮虎、打秋千、三鬼打架、跑神马、耍龙灯、掷沙包、翻鞋篓（又名翻布船）、放风筝、抽陀螺、顶拐拐、背技（人身上支撑着装扮好的小孩子，本人又在地上做各种动作）、打瓦儿、跳方格、老鹰抓小鸡、射箭、投镖（木棍前面扎一铁针，后面夹一羽进行投准）、打木杠（打掷）、威风锣鼓、钓鱼、踏青、登高（爬山）、挤油油（挤旮旯）、翻腕子、举（练）石锁（石担、石墩）、信鸽、投壶、摔跤、耍火蛋、跳皮筋、打猎、推太平车、跳绳、拔河、踢键子、凫水、滚铁环、拍皮球、踢毛蛋（即踢布制球）等。清代中期，农民体育活动多为自发组织，冬闲或者在节日开展比赛，项目有武术、摔跤、拔河、掰手腕等，主要以武术为主。侯村、冯村、社东、安邑一带武术活动较普遍。清道光二十五年（1845年）侯村曲春泰在北京中武进士。清末民初，安邑下马村马仰融（人称飞腿马二）武功驰名秦晋，流传至今。新中国成立初期，境内体育活动多以团支部和民兵组织为核心，但仍以武术为主，安邑、社东、三家庄、陶村、王范、北相、冯村、义同、十里铺等地习武之人尤多。著名拳师有安邑房子村的全振华、张孝村的卫振东、安邑城内的王金安。他们皆属马仰融的门徒，以练气功为主，外虚内实，柔中有刚，俗称"内家拳"，主要有形意、通臂、六合等拳种。运城的贺德芳、宋刚、崔世伦、高志义，属开封市孙浩林门派，习华拳、少林、红拳、六合拳等①。

一、盐湖区

境内流传的民族传统体育项目主要有太极拳、拔河、太极剑、练功十八法、八段锦、推手、踢毽子、举石锁、打沙袋、拔河、象棋、河东秧歌、摔跤、秋千、掰手腕、心意门、形意拳、通背拳、六合拳、华拳、少林拳、红拳、六合拳、柔力球、高抬、背高、高跷、龙灯、花篮灯、狮子舞、旱船、打岔、锣鼓、焰火、旱船、龙灯、腰鼓等。

高抬，又称抬阁。是境内城乡流传已久但又普遍流行的一种民间艺术形式。一般在传统节日和祭神祈祷时表演②。它是以特制的桌架为主体，上面用细钢筋竖绑化好妆的男女儿童，构成戏剧故事场面。多人换抬，锣鼓伴奏，在街市各地进行演出。

"花篮灯"，又称跑灯，盛行于龙居镇和安邑街道办事处周家坡一带，多在夜晚演出，是元宵节灯会中一种动态的花灯展示。历史久远，有"八仙灯""七仙灯""云灯"等造型。演出时演员每人手执两盏灯，随着鼓点跑出各种舞蹈姿势。节目有"一扇坡""卷席筒""驾云""编笆""穿花""摆字"等③。表演形式一般是由身体的舞动和摆出字样如"天下太平""庆丰收"等。也有时候也会穿插唱一段秧歌小调。在调研中了解到赵村的花篮灯在20世纪50年代曾出席省民间艺术调演，成为一项精彩的舞台节目进行演出。

二、河津市

境内流传的民族传统体育项目主要有武术、跑锣、跑灯、抬阁、太极、形意、八卦、长拳、少林拳、通背、地趟、醉拳、象形、规定拳、同备拳、刀术、枪术、剑术、棍术、锣鼓、转灯等。河津武术流派甚多，流行较广的

---

① 运城市地方志编纂委员会. 运城市志[M]. 北京：生活·读书·新知三联书店，1994：527.

② 运城市盐湖区地方志编纂委员会. 运城市盐湖区志[M]. 北京：中华书局，2020：1655.

③ 运城市盐湖区地方志编纂委员会. 运城市盐湖区志[M]. 北京：中华书局，2020：1656.

有拳术（太极、形意、八卦、长拳、少林拳、通背、地趟、醉拳、象形、规定拳、同备拳）、刀术、枪术、剑术、棍术等。以长拳、通背、八卦、太极拳为主，同备拳为国家稀有拳种①。清乾隆年间，吴家关村设练武房、练武场、跑马道。武进士李向甫，拳师柴文魁、柴洪奎、孙吉祥、郭金泰、马南娃、杨殿栋等都是当时的武林高手。民国时，武术为民间自发的体育活动②。跑灯是一种夜晚表演的社火。场面壮瀚，由 24 人或 42 人组成。表演者身穿皂衣，腰系白裙，头扎白布或黄巾，手执一盏铁纱灯，随着锣鼓节奏碎步行进，如流萤，似繁星，使人眼花缭乱。队形有五角、六角、八角、单腿子、双腿子、左串花、右串花、枣花予、十字串花等类型。每段暂为结束时，便迅速形成一个字形，然后伴唱秧歌③。转灯系当地民间艺人根据"风车"原理研制而成。清光绪年间转灯有单转或双转。1949 年后，发展到几个、十几个、几十个花灯同时在一个灯架上转动。转灯制作是用竹子扎成骨架，用葵花秆做灯身主体，用麻纸糊成各种花灯，另用厚纸制成四至五个旋风轮，均安装在每个花灯的中心两侧。灯面上饰以剪纸，或人物，或动物，或植物等图案。灯的空心处穿一转轴，轴外固定一燃烛柱，使烛光保持平稳达到灯转烛不动的效果。灯架的顶端再饰一雉尾和纸绣球风哨等，使灯在转动中有声有色，引人注目。转灯的表演活动多在元宵节前后的夜间，由训练有素的几百名表演者各持一架灯，身穿马童装，头扎英雄巾，佩戴马铃，劲吹口哨，碎步行进。前面由火球向导，锣鼓震天，唢呐嘹亮，场面浩大又壮阔，灯光绚丽辉煌。1978 年以来，河津转灯受到省、地文化和旅游部门和有关方面的高度重视。山西省舞蹈家协会已将河津转灯收入《中国民间舞蹈集成·山西卷》④。马家庄抬阁，是流行于山西河津市小梁乡马家庄一带的民间传统艺术形式，每逢新春，群众总是以此来集会比赛，共度佳节。马家庄抬阁造型优美，机关奥妙，装扮细腻。有关公与貂蝉、断桥、西厢记等 10 余种栩栩如生、神态各异的造型，深受群众喜爱。被列入非物质文化遗产。在当前开展的"七道七治"农村环境集中整治专项行动中，马家庄村结合文化墙建设，将抬阁这一非物质文化遗产进行了展示、传承。

---

① 河津县志编纂委员会. 河津县志[M]. 太原：山西人民出版社，1989：437.
② 河津县志编纂委员会. 河津县志[M]. 太原：山西人民出版社，1989：437—438.
③ 河津县志编纂委员会. 河津县志[M]. 太原：山西人民出版社，1989：583.
④ 河津县志编纂委员会. 河津县志[M]. 太原：山西人民出版社，1989：583.

三、永济市

境内流传的民族传统体育项目主要有背高、背冰、花车、高抬、旱船、高跷、龙灯舞、狮子舞、武术等。明末清初，永济市诸冯里尊村（今张营乡尊村）人姬际可，武艺精湛，尤精于枪术和拳术，首创"心意六合拳"，独树一帜①。从文献中了解到在1958年9月，县举办首届全民运动会，下麻坡村80高龄的郑玉清和长旺村70高龄的郑先种，进行了武术表演。1976年，县革命委员会副主任樊迎福积极倡导武术活动，随县域内的中老年人积极参加太极拳、气功、剑术等武术传统项目的锻炼。

狮子舞，俗称耍狮子。此活动在全县各区域流传，以南湖、土乐等村为最。② 由两人合披一张狮子皮，一般有两个大狮子或一大一小狮子，在锣鼓声中由引（耍）狮人手执绣球或单刀引入场内。招数有里摆、外摆、旋风绞、泰山压顶、回马刀等，表现人降猛兽的情景。斗完后，将绣球放到场中，狮子做扑、跳、翻滚等动作。另一种表演形式是狮子上高杆。杆高20来米，杆上绑圈椅、方桌（腿朝上）及秋千、铡刀等物。在锣鼓、鞭炮、口哨声中，引（耍）狮人持刀或绣球，引狮子爬绳上到杆顶，做各种动作，后边往往还有一小狮（一个人披一狮子皮）学大狮动作，表演很是惊险。

龙灯舞俗称耍龙灯。用篾扎纱布罩成龙之形状，一般多是13节，每节点一支蜡烛。每节由一人高举。前面一人手举撩灯引逗，舞出戏珠、摆尾、盘桂、穿花、抬头喷火焰等动作。表演由大锣、大鼓、鞭炮、火镜助威，夜间在广场演出。自坊、南营、胜光、西敏、小散、韩家皮、姚村、赵伊、新街等村坶盛行③。

高跷又叫踩拐子。表演者踩着有踏脚装置的木棍，边走边表演。拐子有高有低，高的两三米，低的1~1.5米不等。表演形式以戏曲为主，表演者垒着戏装，也有根据时事扮演活报剧的。表演时多以锣鼓配合，有的要上高桌、劈八叉。高跷多在元宵节表演。高跷在永济淀行普遍，以西文学、程胡崖、

---

①　永济县志编纂委员会. 永济县志［M］. 太原：山西人民出版社，1991：454.

②　永济县志编纂委员会. 永济县志［M］. 太原：山西人民出版社，1991：390—391.

③　永济县志编纂委员会. 永济县志［M］. 太原：山西人民出版社，1991：391.

下吕芝、太吕、三张、洗马、石桥、枣疙瘩村为最。

旱船又叫跑旱船，在四冯、南梯、枣疙瘩、宋家卓、张留庄等村最活跃①。用花布扎成船的形式由 2 人进行表演，扮成船姑、老艄公，船姑驾船，老艄公执船桨。多在广场跑圆场或游街串巷游行表演。演出时以锣鼓伴奏，每跑一圈或数圈，唱一段秧歌，每段四句，内容以农村生活为主。在春节、元宵节或重大喜庆日子演出。

高抬又叫扎高抬，在春节期间表演。在大方桌上，安装各种形状的铁架子，上面以幼儿化妆成各种戏剧人物，由 8 个人抬着穿过巷游行表演，也有用大车拉着表演的，皆以锣鼓配台。东半县普遍流行。主要有黄旗营，枣疙瘩，东开张、伍姓、南梯及东、西阳朝等树。

花车旧时是在一辆大车上扎成各种动物形象，或"二龙戏珠"或"狮子滚绣球"进行游行。20 世纪 50 年代，有扎飞机、大炮，也有扎成五谷丰登的。近年来多用汽车、拖拉机等现代运输工具，在车上扎着农业丰收，或工业成就，还有扎《春牛图》的，均以锣鼓助威，以杜家营、赵柏乡离抬古城为最②。

背高也叫背支。在表演者身上安装个架子，一根铁棍高高伸过头顶，又在铁棍顶端装上脚踏和一个圆形的铁圈，然后将三四岁的幼儿化妆成戏剧人物，卡在铁圈里，组成一出戏。剧中有几个人，就由几个人背上幼儿表演。在锣鼓声中，表演者跑前跑后，穿插往来，游行表演。东伍姓、干樊、南梯、秦村、赵伊等村的背高最好。也有一个表演者背两个幼儿组成一出戏的。

背冰是首阳乡长旺村独有。表演时由一人肩扛丈余长的檩条，名曰旗杆，在前引导。表演者（人数多少不限）不畏寒冷均赤脚裸体，背上冰块（或铡刀），在锣鼓伴奏下，游行表演。相传这种形式始于 19 世纪 50 年代，当时长旺村有个名相福录的人，担任清军千总，参加过清军与太平军在茅津的战斗，清军在黄河北岸设两道火墙，太平军身背冰块，渡河破了火墙，取得了胜利③。相福录非常佩服太平军的英勇战斗，于是支持背冰在该区域的广泛开展。

---

① 永济县志编纂委员会. 永济县志[M]. 太原：山西人民出版社，1991：391.

② 永济县志编纂委员会. 永济县志[M]. 太原：山西人民出版社，1991：391.

③ 永济县志编纂委员会. 永济县志[M]. 太原：山西人民出版社，1991：392.

四、闻喜县（桐城镇）

本县民族传统体育内容丰富，门类繁多，项目主要有棋类、秋千类、踢毽子、跳绳类、滚铁环、打铁蛋、斗鸡、跌阁等，有的则与民俗游艺节目融为一体，如武社火、锣鼓、高跷、旱船、花车、高跷、走马、抬阁、旱船、狮子、龙灯、蝴蝶车、大头和尚、二鬼绊跤、竹马、火蛋、背涡等等。本县武术体育运动历史悠久，武林名流代有其人。清光绪年间，县城内东社、西社及河底、裴社等地区习武成风，一度有"武术之乡"的美称。全县先后出现过张从中（武举、城内人）、仇连彪（武举）、丁占胜（东社人）、贾管儿（马军庄人）、张芙英（贾管儿媳）、马崇泰、郭希增（东社人）、郭希彦（东社人）、杨春华（阳社村人）等武林高手，共出过武进士、武举人、武秀才等百余人。流传的拳路有太极拳、形意拳、八卦拳、通背拳、夕阳拳（绵拳）、大红拳、小红拳、杂拳、长拳、南拳、猴拳、蛇拳、醉拳、高家拳等。蟠龙棍为稀有器械套路[①]。秋千类为青年男女普遍爱好的运动项目之一。每逢春节，各村一般皆缚秋千。单人或双人游荡，相互竞赛，达到锻炼与娱乐的双重目的。车轮秋千，即将旧式木车轮轴竖埋于地，人趴在车轮上，轮下躺一人以双脚蹬转车轮，运动随之开始。花盆灯为西官庄乡东吴村特有。其形式以四五十人组成舞蹈队，男女各半，各持两盆精工制作花盆灯，随队形变化组成各种图案，蔚为壮观。高跷以石门乡刘庄冶、玉坡等村为佳，其跷高1丈左右，精彩节目为叠罗汉，用4名跷手抬2名跷手，再抬1名跷手，共3层，在锣鼓声中行走，并表演动作。舞社火流行于城关镇一带，源于古代大型舞蹈，舞蹈者手持大刀、长矛、裢枷等古兵器，独舞、对打或群打，伴以铿锵热烈的锣鼓，融艺术与体育为一体。花鼓在北塬地区较为普及，尤以栗村为佳。该村花鼓历史悠久，艺人辈出，著名的有尹振魁、尹廷炎等。有"紧二槌""慢二槌""连四槌""紧四槌"等打法。"花鼓郎"身背1鼓或2鼓，最多时可背4鼓，步伐上有水摆浪、正转、斜转等程式，头戴毡帽，戴白须，穿古装，以数名花鼓女伴舞。1951年花鼓艺人尹廷炎赴京演出，颇受

---

① 闻喜县志编纂委员会. 闻喜县志［M］. 北京：中国地图出版社，1993：432.

欢迎①。鼓车以北塬栗村、呱底、东颜、西颜诸村为佳。一般在马车上装2面大鼓，由五六套（每套3匹）骡马拉梢，多时可达数十匹，鼓声咚咚，鞭声叭叭，群骡奔腾，气势磅礴。20世纪60年代后，大鼓多装置在汽车上，每车大鼓4面，每面2个鼓手对打，辅以锣、钹、钗等②。表演时节奏紧凑而热烈，击鼓姿势既雄健豪迈，又姿态优美。

五、新绛县（龙兴镇）

境内流传的民族传统体育活动项目主要有社火、秧歌、锣鼓、旱船、高跷、抬阁、花敲鼓、老虎、狮子等，大都是民间歌舞③。其中，秧歌在新绛很普遍，每逢重大喜庆活动，都有秧歌队出现。新绛抬阁是集宋代肉傀儡（俗称闹抬）、水傀儡、药发傀儡和清代铜傀儡于一身的民间综合造型艺术。用铁棍或者钢筋做成支撑的主体，安装在载体上伪装起来，主体一般都伸出若干肢体，又由肢体的立点上延伸出装饰物，诸如一把扇子、一个油灯、一顶草帽、一根树杈、一个面具、一朵花瓣、一个草堆、一个弓背、一个伞面等，在这些道具上，上面托住人物，下面悬置造型，其表现形式出神入化，融为一体，这给明知藏有机关的观众，带来一种神秘莫测的感觉。新绛抬阁远近闻名，堪称一绝④。过去是在背棍上装上各种人物造型，人扛着走动，如古堆的闹抬，有的装置在平台上，以台代阁，由人抬着游走，现在这些台阁大部分用机动车进行运载表演。历史上抬阁是静态表演，发展到现在，阁中人物可以进行戏剧、舞蹈、杂技等形式的表演，同时结合美术与现代媒体技术俨然成为一种悬空的文体活动表演。

六、平陆县（圣人涧镇）

境内流传的民族传统体育项目主要有锣鼓、铳炮、高抬、高跷、云伞、

---

①　闻喜县志编纂委员会. 闻喜县志[M]. 北京：中国地图出版社，1993：378.
②　闻喜县志编纂委员会. 闻喜县志[M]. 北京：中国地图出版社，1993：378.
③　新绛县地方志编纂委员会. 新绛县志[M]. 西安：陕西人民出版社，1997：485.
④　新绛县地方志编纂委员会. 新绛县志[M]. 西安：陕西人民出版社，1997：485.

花轿、耍龙、舞狮、旱船、竹马、河灯、花棍、腰鼓、跑驴、故事、独舞、耍海螺、武术等。全县锣鼓大都以声响为主。上焦、盘南、涧东等地的锣鼓，浑厚有力，震天动地。新中国成立前，民间的锣鼓多为迎神赛社，总以声威来表示虔诚之意，故多在声响上下功夫。而张店锣鼓则独具一格，既听声响，又供观赏，精神抖擞，鼓点紧凑，队形多变，悦耳醒目，富有跳跃式的节奏感，大到广场，小到舞台，都可以进行表演。考其历史，当追溯到3000年前古虞国的宫廷乐队流传到民间的时候，而后逐渐演变和发展成为独特的风格。乐器有鼓、锣、钹、镲、云锣等，全场满员45人，包括十来个跑长板的小孩。锣鼓名目有72套，曲牌有《百鸟朝凤》《八仙过海》《丹凤朝阳》等，多是宫廷的曲谱，人数也基本符合诸侯舞乐队的六佾制度（8人为一行叫一佾，六佾为48人）①。

民间传统的社火表演，大都是载歌载舞的。该县民间娱乐活动，在沿河一带有耍海螺，表演者二人即可，海螺由少女扮演，老渔翁老谋深算，要捉海螺，海螺则洄游环绕，戏耍渔翁，二者进退有序，台步协和，构成有趣的画面，活跃而幽默②。

高抬主要流行于城关、常乐、洪池等乡镇，是传统的民间社火。高抬就是将小孩绑到特制的铁架子上，外穿宽大的剧装，装扮成戏剧故事人物，有的一架绑一个，有的绑二三个，过去是将铁架插绑在方桌上，并绑上扁担由2~4个人抬，还有的用长杆上安横木在旁边护扶。高抬的制作非常精巧，外观惊险而神奇，上高抬的小孩一般是四五岁，化妆后如同大人，装束很有讲究，高抬座上的装饰布局精致华丽，形象逼真③。目前，高抬的表演都结合汽车电器等进行装饰后运输表演，表现形式绚丽多彩。

高跷就是腿上绑扎两根用木料专做的长杆，一般高三到六尺，还有七八尺高的，也是化妆成戏剧人物，边走边表演，还有俩人踩三根跷，作三足行走的。杜马、圣人涧、西延等地的高跷颇为有名。

云伞是一人拿一把，形同罗伞，做工很精细。伞子一周，都是用刺绣的布帛或绸缎装饰，伞的上部还有各种各样的装饰品，如人物、鸟、兽、花草等，有些还在伞杆上绑有绳子，拉动绳子，上边的东西就随之舞动。本县老

---

① 平陆县志编纂委员会. 平陆县志[M]. 北京：中国地图出版社，1992：449.
② 平陆县志编纂委员会. 平陆县志[M]. 北京：中国地图出版社，1992：445.
③ 平陆县志编纂委员会. 平陆县志[M]. 北京：中国地图出版社，1992：450.

城乡、洪池乡的云伞做工精巧。

耍龙是一种集体舞蹈,龙尾随龙头摆动腾跃,配合得相当默契紧凑。火龙喷火、水龙喷水,通常一盘龙得十几人舞动,舞者多是英俊潇洒青年,另一人执"火球",以激发火龙欲吞"火球"腾跃起舞。本县老城乡及部官乡冀都村耍龙较为突出。

境内流传的拳种主要有大红拳、小红拳、形意拳、太极拳等,在群众中有一定基础。在对全县 14 名老拳师进行逐人登记后,成立了平陆县武术协会。同时挖掘出了一部明代时期的武术书籍《武备志》(卷八十五),对研究武术的历史和发展很有参考价值[1]。

七、垣曲县（新城镇）

境内流传的民族传统体育项目主要有摔跤、掰手腕、拔河、秋千、跳绳、踢毽、棋类、霸王鞭等[2]。一年一度的元宵节,全县各乡(镇)、村都要举办不同形式的游艺、文艺节目会演,进行闹歌舞、扭秧歌、耍旱船、舞狮、舞龙、踩高跷等体育活动。

八、绛县（古绛镇）

境内流传的民族传统体育项目主要有社火、锣鼓、秧歌、花鼓、龙舞、天龙、地龙、龙舟、事龙、火龙、锣鼓龙、布袋龙、车龙、龙娃板凳龙、狮舞、高挠、神鞭、花棒、彩车、武术等[3]。2000 年春节,县上举办了新千年千龙大赛社火表演,有天龙、地龙、龙舟、事龙、火龙、锣鼓龙、布袋龙、车龙、龙娃板凳龙,最长的龙达 108 米,整个表演别开生面,耳目一新。

---

①　平陆县志编纂委员会. 平陆县志[M]. 北京:中国地图出版社,1992:514.

②　垣曲县地方志编纂委员会. 垣曲县志(1991—2000)[M]. 北京:中华书局,2001:486.

③　绛县志编纂委员会. 绛县志[M]. 北京:中华书局,2001:602.

九、稷山县（稷峰镇）

境内流传的民族传统体育项目主要有高台花鼓、高跷、锣鼓、鼓车、花鼓、耍龙灯、西社狮子、阳城走兽、顶拐腿、秋千、棋类、拔河、摔跤、气功、武术、高跷走兽等。稷山县阳城村的高跷走兽艺术已有 300 多年的历史，据传清朝雍正年间设立在阳城村的县城建成了火神庙，在正月二十九这天举行大型祭祀活动，高跷走兽表演是其中最受欢迎的一项，从那时起，这项表演每年举行，一直延续到 20 世纪 60 年代，"文化大革命"期间杨丙耀等老艺人凭着一种对祖先文化遗产的热爱，将道具悄悄保存下来，使这项艺术得以继续传承。高跷走兽和阳城走兽高跷是庙会祭祀活动游行表演时一种主要的节目形式。因为走兽是一座大兽体，由两人足踩高跷同演骑兽状，饰演者均负重荷，脚下高跷必须是同步行走并协调一致。表演时需要辅助配乐锣鼓、花鼓等打击乐器调整两个人的步伐，合作起来难度极大，常使扮演者大汗淋漓。

本县武术，历史上多以拳术为主。据《稷山县志》记载，明代吴继武和费尔章分别为武进士和武举人，清代曾出现了赵璞武进士和 32 名武举。康熙十二年（1673 年）规定，县文庙学宫 3 年考武童 1 次，从雍正四年（1726年）开始，每岁考武生增至 15 名，共选拔出武秀才百余人。清末民初，社会动荡，本县聚集练功习武成风。1917 年，裴里云、王天度等人在路村、老凹窑一带设场练武，反抗黑暗统治。1932 年，沙沟村人史岳生的八卦掌在全省国术团体竞赛中获得第三名。抗战时期，太杜村杜天雷练功习武，甚有功底，以娴熟的拳术协助抗日游击队光复县城抢占城楼时，立下汗马功劳，被誉为"抗日民族英雄"。据调查，境内现流行拳术主要有简化太极拳、杨氏太极拳、形意五行拳、形意十二行拳、进退连环拳、长拳、炮拳、大红拳、小红拳、查拳、八卦掌、通背拳、华拳、少林罗汉拳、六合拳、蛇拳、猴拳等；器械有少林刀、关公刀、春秋刀、梅花刀、杨家枪、梨花枪、六合枪、齐眉枪、梢子棍、猴棍、三节棍、盘龙棍、七星棍、太极剑、昆仑剑、青萍剑、初级剑、九节鞭、虎头钩、绳鞭（镖）、双头枪、双匕首、流行锤、判官笔、峨眉刺、鞭杆等，双拐和九龙爪为稀器械套路①。

清末民初，每年春节期间，本县一些村庄都举行挠羊摔跤赛。赛前由组织者买一只羊，放在赛场作为奖品，凡参赛者均以抽签决定自己的对手和参赛先后顺序，若一人能连续摔倒6名对手，即为获胜者，当场就可以将羊牵走。从中华人民共和国成立至今，历年元宵节，城关、西社等镇，仍有挠羊赛活动，曾出现韩双宽、董云亭等摔跤名手。1985年至1990年，本县曾给地区以上体育部门输送摔跤人才17名②。民国时，本县农村常举行拔河活动，其方式是在一条大绳中间绑一红绣球，再划一条"河界"，河界宽为五六尺，把绳上的绣球置放河中心，两边参赛人数相等，当裁判员发令开始后，两队用力拉绳子，绣球被拉到河界哪边，哪边队员就为胜者。

秋千为本县青年男女历来所喜爱。每年春节期间，各村街头巷口均缚有秋千，由单人或双人猛力游荡，常以荡高为荣。此外还有车轮秋千，一种是将一旧式木车车轮连轴竖埋于地，玩者趴在车轮上，轮下由一人仰面躺倒，用双脚蹬转车轮，活动即为开始。另一种是将车轮竖起丈余高，再在车轮上横绑一根椽，两头各缚一秋千，人在下面推动车轮旋转，秋千就此飘飞起来。

顶拐腿多为青少年男子组成人数相等的甲乙两队进行。比赛口令下达后，双方队员各用一只脚支地行走，另一腿由手抱起形成直前状的膝盖，向对方队员膝盖猛顶，直至一队将另一队队员全部顶倒为胜。

南、北阳城村走兽始于清代，民国及解放初期曾以上述庙会闻名省内外。其制作主要以麻丝、麻纸、细绳、细竹、铁丝、布料等缝制和绑缚而成，并涂成五颜六色。其制作方法，尤其是饰演方法至今秘不外传。走兽种类多达十余种。如独角兽和其他怪兽，多为一座大兽体，由数人足踩高跷同演骑兽状，饰演者均负重荷，脚下高跷必须是同步行走并协调一致，合作起来难度极大。常使扮演者大汗淋漓。"人"及兽的造型，均很怪异和也很精美，在鼓乐声中列阵行进时，气势宏伟，十分壮观。现阳城走兽在一般情况下不出动饰演③。

花鼓是本县村村均有的艺术表演活动。多由1人挎鼓装扮老翁，4个装扮姑娘或媳妇，表演时老翁击小鼓，姑娘们持彩练围绕着老翁转，鼓的表演分

---

① 山西省稷山县县志编委会. 稷山县志[M]. 北京：新华出版社，1994：545—546.
② 山西省稷山县县志编委会. 稷山县志[M]. 北京：新华出版社，1994：456.
③ 山西省稷山县县志编委会. 稷山县志[M]. 北京：新华出版社，1994：458.

胸鼓（高鼓）、低鼓（腰鼓）、条鼓（身背六七鼓），鼓点主要有"一点油""紧三捶""捞锤"等动作。鼓点铿锵有力，巧中多变，独具风格。队形有"白菜卷心""龙摆尾""枣花""连环套"等。有时老翁还背负数鼓，表演双蹲式、勾脚步法、海底捞月、秦琼背剑、凤凰展翅等动作。老翁动作风流，戏逗各个姑娘，十分风趣，引人入胜①。该境内花鼓有汾南、汾北之分，其表演形式略有不同，以东蒲村花鼓比较出名。

十、芮城县（古魏镇）

境内流传的民族传统体育活动形式较多，彩车、出故事、牛斗虎、背花锣鼓、竹马、跑旱船、高抬、踩高跷、舞狮、龙灯、亮膘、跑神马、跳绳、拔河、踢毽子、滚铁环、摔跤、打秋千、放风筝、独杆桥、张公背张婆、霸王鞭、秧歌、破海螺等是广大群众经常锻炼的体育项目。春节和清明期间打秋千、放风筝等活动在农村盛行。

跑神马县东称为跑炉子，是本县历史上的一种民间体育活动。将木制神像捆在马背上，由善跑者赶马，奔驰于赛马场地，吸引广大群众观赏。起初是纪念春秋时的相马名家伯乐（孙阳）善于识乘千里良马而举行的，如华望等村伯乐庙古会的神马赛。其后发展到其他古庙会，如三里斜的土地庙古会等。跑神马至抗日战争开始时才终止。

武术为群众保家护身之技、科举制度下武生进身入仕之阶、寺庙僧道健身之术，民国以前武术在东山底等村较为盛行，现在仍然是群众体育活动的一个重要项目。较为流行的拳术有大小红拳、太极拳、猴拳等；兵刃器械 有刀、剑、枪、棍、棒等。本县历史上出现过不少武进士、武举人、武林名师和民间武术名家，如清代陌南镇寺前村的三景师，清末时孔村的王立刚、东山底的赵连城、薛家垆的薛昆山、南关的杨景山等。其中赵连城的声誉最高，他擅于飞檐走壁，工于手戳拳击，一部分武艺已被其几代徒弟继承了下来，广为流传。与其同时的杨景山猴拳也很有名，蹦跳高达丈余。薛昆山的小红拳及刀枪器械均好，1921 年因贩私盐被戴 80 斤重木枷游街示众，行至东门，

---

① 山西省稷山县县志编委会. 稷山县志[M]. 北京：新华出版社，1994：459.

他发怒，衙役畏缩，他裂枷而逃，由是远近闻名①。

龙灯全县各乡均有，原以冯村所制最精，分水（绿）、旱（红）两种，以透明绢纱与竹木制作多节龙身，夜间龙身内安灯，由十多个壮汉手举龙身。龙体在锣鼓伴奏下，上下舞动盘旋，如行云驾雾。另有一人扮作英俊武士卜手执龙珠逗引舞动。近年来不断革新改进，创造了龙口吐水、喷火等新技艺。

舞狮时本地自制之狮头、狮身，分黄、绿二种，又有母狮、幼狮等分类。夜间以电泡装于狮眼，由当地武术水平较高的武师扮演武士，先在场内作武术表演，后引狮子上场，手执单刀或绣球斗狮，有母狮、幼狮同舞，又有狮子抓绳、上梯、叼人、连上三层高台等特技。近几年又有狮子踩球、口吐对联等表演。新中国成立前有个别农户请狮子给不生小孩的媳妇卧炕、踩新院基等迷信活动，今已淘汰这类活动②。全县以东关、老庄、令花、高家的舞狮最有名。

高跷在民间俗称"踩拐子"，近年有二人踩三根被称为连环拐者。一般高八尺左右，最高的是过去的奉公、永乐等地，高达6~9米，可表演背身上石坡等。还有踩高三尺木拐可表演跳凳子、劈叉、打斗等特技，一般扮戏剧人物或抓赌、肃毒等故事人物，游行或在广场表演。近年以西关高跷为最有名。

竹马流行较广，沿河一带叫跑竹马，沿山一带叫跑羊羔。以竹木、纸制成马头，马身系在表演者腰中，左手提缰，右手执鞭，配合着鼓点做骑马动作。走各种舞步，有群马舞，以四匹马为一组，一人扮作赶马人立于圈中，手执马鞭作赶马状，唱新词，以锣鼓伴奏③。跑羊羔与跑竹马形式相同，不同之处是跑羊羔表演者以足尖点地有如羊奔。

背花锣鼓又名撒锣鼓，流行于本县风陵渡一带的西阳、压河、阳贤等地，是由迎神活动演变而来的。由一鼓和八面锣组成。打锣鼓者身背桃枝，上扎彩色纸花，枝下吊大锣垂于胸前。鼓上扎花居中、行时步伐缓慢，大锣一步一响，游行停步时，大锣紧急上下撒打，节奏明快有力。旁边用人扮公差手拿水火棍维持秩序。此节目经改编后，于1988年春节，参加地区调演获大奖。同年8月，山西省用此节目赴云南参加全国民间广场艺术调演获孔雀奖。

牛斗虎流行于汉渡、北基一带。一人扮老虎，一人扮黄牛，牛、虎表演上山（以桌代替）、翻滚、打斗、扑食等动作，牛虎相斗，以黄牛胜利

---

① 芮城县志编纂委员会. 芮城县志[M]. 西安：三秦出版社，1994：913.
② 芮城县志编纂委员会. 芮城县志[M]. 西安：三秦出版社，1994：727.
③ 芮城县志编纂委员会. 芮城县志[M]. 西安：三秦出版社，1994：728.

告终①。

十一、夏县（瑶峰镇）

境内流传的民族传统体育活动的形式主要有社火、秧歌舞、大头娃娃舞、旱船舞、跑驴舞、花鼓舞、云灯舞、跑船、跑驴、打花鼓、倒骑牛、张公背张婆、独杆轿等。这些体育活动多在春节闹红火时进行表演。

毽子舞流行于农村，多是未出嫁姑娘们的体育活动，用铜币包鸡毛筒再插上鸡毛做成毽子形式，有单人踢、双人对踢和多人轮踢等。踢舞时有前踢、后踢、反脚踢、转身踢和跳跃踢等各种花样舞蹈动作。

狮子舞由4个（两大两小）披狮子道具的人和1个手持绣球舞狮子的人组成，配以锣鼓伴奏，表演狮子翻、跳、滚、爬及踩绣球等各种动作。

龙灯舞撑龙灯9至12人不等，每个龙灯前有一持火球者负责指挥，表演龙腾舞跃动作。以南关、鲁因等村龙灯舞较为有名。

背肘艺术历史悠久，明洪武年间即已成形。分立肘、骑肘、转肘三种，有一阶、二阶、三阶高的立肘。背肘人身背肘架，上面或吊或立1个小孩，也有背2个甚至3个小孩的。有时几个背肘组成一折戏，有时一个背肘者就组成一折戏。如，背肘者化装成"老薛保"和肘上小孩化装而成的"王春娥"和"薛义哥"，组成"三娘教子"②。一般只有扮演肘上的小孩进行化妆，背肘者本色参与。

抬肘流行于县北尉郭一带，肘上小孩和背肘形式一样，只是下面把肘子架在桌子上，由4个或6个小伙子绑以杠子抬上游行表演。

高跷又名"拐子""镢把"。在县内普遍流行，尤其县西西下晁、兴南、师冯一带。踩高跷者把木拐绑在腿上，在行进中做出各种舞蹈动作。本县高跷普遍较高，一般为2米左右，有的高达3米，在行进表演中除了扭秧歌、踏碎步、双腿并跃之外，还有许多特技动作，如"过仙桥""朝天蹬""跌八叉""金鸡独立""蝎子背尾"等，动作惊险，引人入胜。西下晁村的踩高跷者，能跳跃、翻腾、斜走、倒退、跳蹦，飘然自如，有时他们还把2个人的1

---

① 芮城县志编纂委员会. 芮城县志[M]. 西安：三秦出版社，1994：728.

② 夏县地方志编纂委员会. 夏县志[M]. 北京：人民出版社，1998：374.

条腿绑在同一拐子上，形成 2 人 3 条腿表演，甚为惊险①。

花车在全县较为普遍，以禹王、胡张一带为佳。旧时每适春节或庙会或迎神祭祠时，必在正式开始半月之前就绑扎制作，从各家收集花布近百丈，配以多束丝绒花及花镜制作。花车式样有宫殿式、亭台式、楼阁式，置于一马车上，前面驾上 4~8 匹骏马（1969 年庆九大时西浒村驾 16 匹骏马）。进入 20 世纪 70 年代后，花车开始制作在拖拉机、汽车上，形式更为壮观。

跑神马以禹王城关表演最好，它是用一匹强壮的马，背上备鞍，鞍顶置一能转动的、精致的八角阁楼。马经过专门的饲养和训练，一方面为闹社火的队伍闯路，另一方面用来进行表演。神马时而奔驰，时而竖立，时而打旋，时而后蹬。跑马者一会儿在马前奔跑指挥，一会儿和马并驾齐驱，一会儿又在马背上翻腾，活像马戏演员一般。

十二、万荣县（解店镇）

境内流传的民族传统体育活动项目主要有武术、万荣花鼓、丁樊锣鼓、花鼓、锣鼓、抬阁、抬杠、竹马、跑旱船、跑罗汉、狮舞、龙灯、踩高跷、霸王鞭、滚铁环、踢毽子、跳绳、游泳、压杠子、棋类、秧歌舞、独杆桥等。春节期间，大部分村庄竖有秋千，供人游荡。

光绪末年，里望乡上井村武进士杨殿栋归里后，在薛李村设武术馆授徒，有门徒 19 人，薛李村的杨名升为其得意门生。民国初年，农村武术队很活跃。荣河大部分村庄建有铡刀队，又名冬防队，实为武术队。当时武术界名手有邻居村贾彦清，贵兰村薛全盛，周王村孙蛋娃、孙怀茂等人。1914 年，荣河县武术界名手在县城为河东道尹马某做了表演②。

独杆桥用一根长木椽做杠杆，置于车上，两端各骑一人，做转圈游动的样子。表演者常扮作孙悟空和猪八戒等。花鼓据传兴于宋代，起源于郑恩打瓜园的故事。花鼓亦仿郑之瓜形而做。参加者除一打鼓者外，另有一唱曲者，称为"伞头"。全县最出名的打鼓手数汉薛镇南景村王天福（已故）。他曾于1929 年遭荒年时，带一伙花鼓队携亲友 10 多人到外地谋生，其足迹南至河南

---

① 夏县地方志编纂委员会. 夏县志[M]. 北京：人民出版社，1998：374.
② 山西省万荣县志编纂委员会. 万荣县志[M]. 北京：海潮出版社，1995：561.

灵宝、陕州，西至陕西台阳、大荔，北至山西临汾、太原，不仅渡过了灾荒，且使花鼓技艺传播四方，由此而负盛名。抬阁是一种广场制高造型艺术，创始年代不详。以方木架为座，上置铁拐2丈余高，将5~7岁的男女儿童，扮作各种戏曲人物，按剧中角色，装置假腿假脚，以物遮其伪。演员在上妞妮作舞，然后8人抬之游街串巷，后改人抬为小平车推。抬阁流行于全县各村，以西村、里望、南张、城关等乡镇著名。西村抬阁构思新奇，造型细腻巧妙，动作惊险，曾多次赴地区表演。抬杠主要将铁拐系于表演者自身，稍扎一两个幼童，连同抬杠者均化装为一出戏中的主要人物，伴随着锣鼓妞妮着各种步法，上下动作，配合起舞。南北薛朝和西村颇为流行①。竹马以竹木扎成马头和马身。表演者扮成武士裹马于腰，腿带马行，左手提缰，右手持鞭或刀枪，配锣鼓点做骑马的各种姿势，走各种阵图。跑旱船以彩绸、纸花装束成舟船模样，船内有一人扮作女郎，两手提船帮，行走模拟船在浪中颠簸，或风平浪静轻盈行驶的情状，一艄翁在船外执桨划船，默契配合，十分协调。全县各地皆有。霸王鞭又称"打花棍"或"花棍舞"。用1米长的木棍，中间雕孔，以红白油涂成花节，两端系有彩绸，嵌以铜钱，舞时哗哗作响，汉薛镇一带旧时皆有，新中国成立后流行全县②。

十三、临猗县（猗氏镇）

境内流传的民族传统体育活动项目主要有武术、血故事、花鼓、彩车、旱船、走马、高跷、高抬、龙灯、狮子、社火、刘海戏金蟾、寿星观花、棒打货郎、老鼠嫁女、打酸枣、十女闹元宵、翠莲逃婚、鹬蚌舞、看闺女、独杆轿、张公背张婆、二鬼摔跤、大头和尚戏柳翠等。古代群众的体育活动，多属自发性组织，官府很少出面，时间一般在农闲的冬春两季。古代群众体育的另一特点是和娱乐活动联系在一起，猗氏城西门外旧时有一座娘娘庙，每到春节，这里便有许多娱乐活动。其中有一个重要的项目，便是骑马射箭，届时，各村的骑马好手便云集于此，一较高低③。除此之外，境内还流传有各

①　山西省万荣县志编纂委员会. 万荣县志［M］. 北京：海潮出版社，1995：611.

②　山西省万荣县志编纂委员会. 万荣县志［M］. 北京：海潮出版社，1995：612.

③　临猗县志编纂委员会. 临猗县志［M］. 北京：海潮出版社，1993：505.

类拳术的套路表演。

　　古代武术活动多依附于军事斗争。本县从春秋时起，就有农民起义领袖柳下跖，其武勇冠绝一时。从汉代至明清，代不乏人。明清时期，临猗武术活动达到鼎盛时期。临晋州市有记载的武举人共43人；猗氏县仅王村一村就有武进士、武举人5人。全县武秀才达数百人。中华人民共和国成立后，武术活动被列为文化遗产加以继承弘扬。本县在文化馆的组织下，鼓励老拳师传授技艺，每个门派少则数十人，多则百余人。每逢节日盛会，就组织武术观摩表演。1962年8月1日，结合民兵比武，在县广场（桑树园，现政府驻地）举行了武术表演。80高龄老拳师飞腿吴秋保表演了月明红，75岁老拳师王生子表演了春秋刀，71岁老镖师曹振华表演了扭丝鞭，青年拳师吴青刚表演了长禄剑。其他武术爱好者表演了大刀、朴刀、双刀、单刀、单剑、双剑、花枪、棍棒、哨子棍、三节棍、九节鞭、虎头钩、流星锤、绳镖等。表演项目有基本功法、徒手单练、器械单练、徒手对练、器械对练、空手入白刃、单刀进三枪、集体拳、枪、棍术等，本县过去流行的60余个拳种基本都与观众见面了。确属空前盛况，一时在全县形成练武热潮。1966—1976年，武术活动中断。一些有价值的资料、古兵器、武术器械等都被当作"四旧"烧掉或毁坏。部分老拳师被诬为"牛鬼蛇神"遭到批斗批判。青年武术爱好者参加造反而停练武术。经过十年动乱，本县武术濒于失传。粉碎"四人帮"后，由体委牵头，首先确定了原有武术基础的王村作为恢复武术基地。目前，本县流行以下几个拳种：太极拳、形意拳、八卦拳、少林拳、象形拳、通背拳、长禄拳、三义拳、无形拳、岳氏八翻手、散手迎风掌、燕青拳、绵掌、南拳、六合拳、红拳、规定长拳、自选长拳①。

　　本县传统称社火为"闹社户"。"社"是一个自然村下的基层单位，旧时多以宗族将一个村划分为二社、三社、四社，如峨眉岭上的西里村，历史上就称为南社、北社，直到合作化时才予以取消。每年进入腊月时候，好事热心者就聚众演练，至春节后各社进行表演，形成激烈的竞争局面。有些村庄有"上庙"习惯，往往几十个社的"社户"全部上庙，其热烈场面可想而知②。

---

　　①　临猗县志编纂委员会. 临猗县志［M］. 北京：海潮出版社，1993：551—552.
　　②　临猗县志编纂委员会. 临猗县志［M］. 北京：海潮出版社，1993：506.

第九章　忻州市优秀传统体育文化文献探骊

忻州市历史文化悠久，从当地的县志或相关文献的查阅了解到，该市拥有"摔跤之乡"之称，八点鞭、八福、八卦拳、八卦掌、八门刀、八仙过海、拔河、跳绳、霸王鞭、白手夺刀、白手夺枪、耍棒、宝剑、耍鞭、鞭杆、鞭杆门、鞭杆拳、鞭竿、别锚子、彩车、彩灯、踩圈秧歌、叉、查拳、初级刀、搯阁、船灯、锤、春秋大刀、打掰手腕、打布袋袋、打尖子、打牛毛、打秋千、打陀螺、打砣、大红拳、大洪拳、大马、大旗、大头人、大西拳、大小红拳、担灯、单刀、单刀破枪、弹玻璃球、弹拐拐、弹腿、弹杏核、荡秋千、刀术、地躺拳、灯游会、登高、登台秧歌、等身棍、斗活龙、独龙杠、对打金刚八卦、对破金刚、二鬼摔跤、二花鼓、二郎拳、二龙枪、翻子拳、风车车、风搅雪、凤阳歌、耍斧、高跷舞、高跷秧歌、钩、轱辘秧歌、鬼扯攒、鬼越攒门、滚铁环、棍术、过街道情、海蚌（渔翁斗海蚌）、旱船、和平剑、红火、洪拳、猴拳、虎头大刀、虎头钩、虎头捎子、花鼓、花劈四门太平刀、华拳、黄河灯、铜、剑术、轿车、戒尺、金刚、金刚拳、九节鞭、九连灯、九折棍、绝命枪、空中游龙、盔甲社火、拉碌碡、狼牙锤、老秀才送闺女、连锤、连环拳、连拳、莲花母子枪、凌花枪、六合刀、六合枪、龙灯、罗家枪、锣鼓、绿毛狮子、猫逮老鼠、梅花刀、梅花棍、梅花枪、梅花拳（刀）、抹眉刀、母子锤、南山秧歌、挠搁、挠羊赛、牛斗虎、扭秧歌、爬杆、爬绳、盘龙棍、跑旱船、跑驴、跑圈秧歌、炮锤、篷船、扑地蜂（扭秧歌）、七步刀、七节鞭、齐眉棍、枪术、拳功社火、软架子秧歌、三股叉、三节棍、三破四破螳螂棍、三五七步点穴法、梢子棍、梢子棍、少林八法、少林刀、少林拳、社火、身棍、十二点穴鞭、十小拳、耍龙、耍狮子、摔跤、双刀破棍、双十鞭、水浒锤、四七拳、四堂锤、送京娘、穗子鞭、抬阁、抬阁、太保刀、太极剑、太极拳、太平刀（花劈四门）、谭腿卦拳、螳螂棍、螳螂拳、踢鼓子秧歌、踢毽子、提花枪、跳方、跳格子、跳皮筋、跳绳、铁筷、通臂拳、捅鞭、桶鞭、推车、王老送闺女、五虎锤、五虎锤单要金刚、五虎刀、五花拳、五郎棍（也称十八世棍）、五龙搅锤、武秧歌、舞龙灯、盲人逮拐子、小车车、小打扮、小红拳、小洪拳、小媳妇骑驴、心意门、心意拳、行者棍、形意拳、形意心意拳、哑老背妻、燕青拳、杨家剑、杨家绝命枪、杨家枪（花扎四门八枪）、腰鼓、鹰爪拳、硬架子秧歌、永和打瓦游戏、游泳、鹬蚌相争、猿拳、岳门剑、跃堂刀、跃月刀（月牙势法得名）、云龙九观八阵图、杂耍、抬阁、长拳、长拳门、掷沙包、猪八戒背媳妇、竹马子、转灯、追风刀、子龙枪、醉八仙鞭、醉棍、醉拳等民族传统体育项目或者是活动在境内流传。

一、忻府区

境内流传的民族传统体育活动项目主要有摔跤、扭秧歌、棋牌、打陀螺、打牛毛、打坨、打尖子、弹玻璃球、弹杏核、别镏子、踢毽子、跳绳、跳格子、掷沙包等。20 世纪 80 年代以后，这些带有体育竞技性的游戏逐步消失。

自古以来，农村没有正规的有意识的专门的体育活动。唯一可以称作体育运动的项目就是摔跤，俗称跌跤。摔跤历史悠久，相传是岳飞抗金时训练士兵的一种活动。孙村的男女老幼大都喜爱摔跤运动，尤其是新中国成立后至 20 世纪 80 年代初，村里从十来岁的男童到五十多岁的男人都能摔两下跤。无论街头田间无论白天黑夜，随时随地都可以摔起来。两人竞技，赤膊上阵。围观者助阵叫好，跃跃欲试。

村人摔跤是一种自由式的竞技活动。通过力量、技巧的较量，以使对方除脚以外的任何部位着地为胜。比较正规的摔跤比赛叫"挠羊赛"，一般在唱戏或者元宵节时候举办。主办方在戏台上插两面跤旗，激励跤手拔旗夺冠。跤手拔旗后以街道或者村庄或者县乡或者河道为界，将跤手分作两方。比赛以连续摔倒对方六个跤手为胜的标准，俗称"挠了羊"。获胜者被人誉为"挠羊汉"，裁判员叫"喝跤的"，比赛一般先从少年儿童开始，逐渐递进为中青年比赛。当把对方的跤手摔倒五人时，场上的气氛就开始紧张激烈了起来。此时，对方往往会派一名高手出来"破跤"，把即将获胜的跤手摔倒在地。挠羊赛一般连续举办两场，两场获胜者分别叫"挠了头羊"和"挠了二羊"。"二羊"的竞争尤为激烈，竞技水平更高，奖品也比"头羊"多，大有夺冠之意。

秩歌是孙村群众喜闻乐见的文化娱乐形式，也是村民缓解辛劳、自娱自乐的一种传统活动。尤其是在新中国成立之初，文化生活比较简单，而群众对新中国充满了热爱，所以唱秩歌的人数多，演唱时间长，热情高，是孙村唱秩歌最红火最兴盛的时期。每年元宵节前后都是扭秩歌的时候。一人领队，众人表演，锣鼓、唢呐伴奏。表演者脚蹬高跷，身披彩衣，面画脸谱，装扮成儿童、老汉、老婆婆、戏剧人物等各种角色。在领队的指挥下进行队列和动作的变化。边走边扭，边扭边唱，所以叫唱秩歌，也叫扭秩歌。队列变化有"白菜""剪子箍""走8字"等形式。

新中国成立之初，秩歌的曲目较多，一部分是普遍演唱的二人台剧目，一部分是民歌，也有一部分比较少见的秩歌曲目。演唱的曲目有"珍珠倒卷帘""牧牛""画扇面""卖扁食""打肖白"等。1966年之后，村里停止了唱秩歌。改革开放以后，群众自发组织起了秩歌队，开始唱秩歌。每年的正月初十以后排练，正月十四开始正式演出，正月十五达到高潮。村里有近百人扭秩歌。庄子上、西大街的秩歌队伍尤其突出。2000年以后，人们为了安全，不再踩高跷，改成了"地平秩歌"。近年来，秩歌逐渐演变成了广场舞。过去元宵节的时候，村里还有旱船、挠阁、挑阁、耍棍子等表演形式的社火，如今已失传，只有旱船节目仍然保留下来。2010年后，村里的女性自发组织在广场上进行秩歌的健身表演，从最初的十几人的队伍，后来逐步成为全村男女老少的一种健身工具，这种文化活动为群众搭建了情感交流的平台。

二、原平市

境内流传的民族传统体育项目主要有拔河、跳绳、踢毽子、荡秋千、摔跤、社火、哑老背妻、二鬼跌跤、大头人、小车车、耍狮子、挠搁、龙灯、船灯、凤秩歌、轱辘秩歌、秩歌、二鬼跌跤、跳绳、拔河、棋艺等①。秩歌为民间群舞。由几十个表演者踩上安有装置的木棍（木棍高出地面一尺五寸至三尺许），扮作古装戏剧中某些角色，随着枚笛、笙管及打击乐器，一边前后扭动，一边表演。由于艺人拜师不同，流传地区不同，节目内容不同，原平

---

① 原平县志编纂委员会. 原平县志[M]. 北京：中国科学技术出版社，1991：395.

秧歌有着以下三种不同的名称和不同的表演形式：踩圈秧歌、轱辘秧歌、凤秧歌等。

社火以徒手和三节鞭、大刀、流星、锤、剑、钗、戟、矛、戈等为道具进行表演，并配以"火炮"锣鼓点伴奏。对打、单舞、群击等形式轮番表演，交替进行。演员威武矫健，英姿勃勃。有的地方表演者点剧目，着戏装，扮古人，使矛枪，酷似戏剧舞台上的武士交锋，俗称"大社火"；一般表演者化装简单，或以便装上阵，民间称之"小社火"①。

摔跤参加者为男性青壮年。在平时，参与者多利用劳动间隙即兴比赛。每逢庙会节日或娱乐演出，都要举行大型挠羊赛，夺魁者奖一只羊。比赛时，各路强手，云集跤场，围观者数以千计，比赛以逐个淘汰的方式，连胜六人者为挠羊汉②。

荡秋千是多在农村清明节前后举行的一种短时间的竞技活动③。踢毽子是冬季农村青少年喜爱的一种体育活动，新中国成立前在全县乡村广为流行④。新中国成立后，随着踢毽子的不断演变，毽球成为新时代踢毽子的代名词。

三、代县（上馆镇）

本县传统体育内容丰富多彩，形式生动活泼。除少数舞台节目外，大量为街头表演节目，通称"玩意儿"。每逢元宵节，县城、集镇和较大村庄都要"闹红火"，各种"玩意儿"上街表演，锣鼓喧天，笙管齐鸣，载歌载舞，热闹非凡。县城的红火一般从阴历正月十三下午开始，称作"踩街"，正月十六结束。村镇一般是正月十四至正月十六。节目有高跷、耍狮子、龙灯、挠阁、旱船、社火、二鬼跌跤、跑驴、竹马、海蚌、蝴蝶、秧歌等⑤。

曹权是本县峪口村人，出身农家，14岁在州城学商，商号近处圆果寺。他尽得教伦技艺。及至年长，又四出拜访名师，博采众长，武艺更加高超，被当时镖局聘为镖师，护送行旅，足迹遍及晋、冀、鲁、豫、秦、绥等地关

① 原平县志编纂委员会. 原平县志[M]. 北京：中国科学技术出版社，1991：424.
② 原平县志编纂委员会. 原平县志[M]. 北京：中国科学技术出版社，1991：395.
③ 原平县志编纂委员会. 原平县志[M]. 北京：中国科学技术出版社，1991：395.
④ 原平县志编纂委员会. 原平县志[M]. 北京：中国科学技术出版社，1991：395.
⑤ 代县地方志编纂委员会. 代县志[M]. 北京：书目文献出版社，1988：365.

山，历时 20 多年屡遭惊险，竟无敌手。至今有关他的传说甚多。据曹权曾孙辈介绍，曹权所传武艺有花拳、六合枪、春秋刀、羊角刀、盘龙棍、鞭杆等六类。花拳包括洪拳、金刚拳、猴拳、混手拳。鞭杆分单手、双手两种①。

焦雁翎所传武术有十二种：大刀、单刀、花枪、双刀、虎头钩、七节鞭、三节棍、猴拳、手拳棍、小梢等。属弓力门。大刀为春秋刀，单刀分孔山刀、四合刀，花枪分张飞枪、六合枪，双刀为八卦刀，棍分单打双打，手拳有三十六大架、头趟锤至十趟锤，精锤十八打、小踩破、小红拳、三角拳等②。

高跷表演者蹬在用坚韧木质所制的高三四尺的"拐子"上，做各种打扮，在锣鼓、乐器伴奏下结队表演。一队多者数百人，少者几十人。装扮形式上有古装戏人物，当代工农兵学商人物，少数民族人物等。因高跷占有空间优势，便于观看，所以在全县较为流行③。九林、官院一带的高跷功夫较硬，可做跳凳子、放大叉等表演。

古时候，该县群众就尚勇好武，相传从明代开始就已经把武术作为节日中的一种文艺表演节目，统称社火。至今在鹿蹄涧、峨口、峪口、北关等地仍然兴盛。该县的社火有两种：一种是大架子社火，另一种是小打扮社火。大架子社火，扮演者画脸谱，身披挂盔甲，手握刀枪剑戟，表演时进行对打。据地方志文献记载，其节目表演较为成熟的有《三战吕布》《八叉庙》《打焦赞》等。小打扮社火，表演者画脸谱、扎头巾，有时连脸谱也不画，节目内容主要有单打、双打、对打、群打这几类。

四、神池县（龙泉镇）

境内流传的民族传统体育活动项目主要有武术、踩高跷、太极拳、旱船、舞龙灯、腰鼓、跳秧歌、狮子舞、跑驴、牛斗虎、转灯、大头娃娃、猪八戒背媳妇等。

硬架子秧歌流行于境内城关、温岭、东湖、烈堡、马坊、八角等地。上场演员分前 8 角、后 8 角。前 8 角有 2 对鼓，头对鼓 2 男 2 女，男角为老生装

---

① 代县地方志编纂委员会. 代县志［M］. 北京：书目文献出版社，1988：433.
② 代县地方志编纂委员会. 代县志［M］. 北京：书目文献出版社，1988：434.
③ 代县地方志编纂委员会. 代县志［M］. 北京：书目文献出版社，1988：365—366.

扮；二对鼓 2 男 2 女，男角为须生装扮；前 8 角和后 8 角的女角皆为小旦扮相，均称"拉花的"①。后 8 角头对为官先生、风公子，二对为毛小子、毛女子，三对系老生、老旦，最后为愣小子、愣女子，另有 1 名络旄丑角，共 17 人组成。络旄丑角是全场指挥者。传说硬架子秧歌源于《水浒传》故事"三打大名府"，每个角色为梁山泊的一位好汉。其表演形式丰富多彩，有"五雷阵""八角楼""梅花阵""长蛇阵""阴魂阵""单偷营""兜底偷营""四股头偷营"等名目。此外还有"小场子"，即由有名气的角色入场，以富有舞蹈语汇的动作，表现一个完整的故事情节，为观众喜闻乐见。前 8 角中，男角动作气宇轩昂，刚健有力，女角则婀娜多姿，优美动人；后 8 角或打横逗趣，或诙谐滑稽，饶有风趣，皆令人捧腹②。

软架子秧歌亦名八大角秧歌，境内流行于义井、贺职一带。上场演员有正鼓（司鼓）1 对，正花（女）1 对，头对鼓 2 男 2 女，二对鼓 2 男 2 女，愣小子、愣女子、渔翁、渔婆、老汉、老太太、小娃娃（2 人）、扇风先生共计 21 人。伴奏乐器为鼓、铙钹和水镲等。其歌舞形式和演员衣着打扮均透露着浓厚的北方少数民族生活气息。无刚烈的武生动作，却有踢飞脚、翻跟头、劈大叉、打扫堂、竖蜻蜓等一系列体育动作。演出节目十分丰富，有"采花""威三威""绞四柱""四门斗"和"蛇盘九颗蛋"等队列变化③。每场演完就被称作"圆场"，配合说呱嘴或唱歌，随即起鼓进行新套路的演出。

南山秧歌流行于县境南部太平庄乡宋村、板井一带山村。由 8 名踢鼓手、8 名拉花的（女）、1 名络旄角色共 17 名演员组成。表演动作酷似悠扬舒展的舞蹈，庄重文雅，优美洒脱。每年农历正月十五，经首按耕种田亩多寡和养羊数量，给各户派灯，村民如数将灯栽到指定地点。此灯为木杆顶上缠一个用胡油浸透的棉球，天黑将"灯"点燃，秧歌队或于灯火间穿插歌舞，或到选定地点表演，名曰"查火"，一般于村外山顶举行④。村民积极参与活动，并邀请周边亲朋好友观看，夜幕中锣鼓伴奏，灯光闪烁气氛热烈。

小秧歌仅在温岭乡部分村庄流行。以歌为主，以舞为辅，丝竹梅管伴奏，既唱民歌，又唱道情，融秧歌舞姿与道情演唱为一体⑤。

---

① 神池县志编纂委员会. 神池县志[M]. 北京：中华书局，1999：358.
② 神池县志编纂委员会. 神池县志[M]. 北京：中华书局，1999：357.
③ 神池县志编纂委员会. 神池县志[M]. 北京：中华书局，1999：357—358.
④ 神池县志编纂委员会. 神池县志[M]. 北京：中华书局，1999：358.
⑤ 神池县志编纂委员会. 神池县志[M]. 北京：中华书局，1999：358.

过街道情为说唱道情吸收社火活动形式的街头文艺。它既有笛子、四胡、板胡、三弦等管弦乐器，又有渔鼓、简板、鼓板、锣、镲等打击乐器。有的过街道情为道情与秧歌队伍配合活动，先由秧歌献艺，而后道情表演；有的则唱道情和踢秧歌由一支队伍担当，秧歌演员即是道情艺人，踢罢秧歌唱道情①。其演出形式有两种：一种是行进间不停地边走边唱或接唱或对唱；另一种则是街头摆场子进行整本演戏，迎来无数的观众。

本县民间历代崇尚武术，以保家自卫。清代咸丰年间，九仁村自家设立拳房，聘请朔州张师傅授技。清光绪十五年（1889年），大磨沟村石潜渊等拜山东余有福、张振铎为师习武，从而形成县境南北两大武术门派。此外，闻家堡、上花园、东庄窝、细岭等村亦有众多传习武艺者。1924年至1927年这期间，全县较大村庄保卫团聘请通武术者任教，每年秋收之后，集中学习拳棒。每当农历二月，县城就召开会操比武大会，以名次给优胜者锦旗或物质奖励。于是民间拜师习武蔚然成风，是为本县崇尚武术兴盛时期时，境内流行长拳门、心意门等套路。拳种有太极拳、八卦拳、大红拳、小红拳、大西拳、十小拳、连拳、金刚、弹腿、插掌十二式等。器械有刀、枪、棍、剑、鞭、软器等。刀术主要有追风刀（亦称"梅花刀"）；枪术有梅花枪、杨家枪；棍术有螳螂棍、梢子棍、三节棍、等身棍等；剑术有和平剑；鞭术有七节鞭、九节鞭、桶鞭、十二点穴鞭等，鞭杆或长管旱烟袋多为人随身携带，既可管束牲畜，又可防身自卫；对打有徒手拳术和白手夺刀、白手夺枪、单刀破枪、双刀破棍、三破四破螳螂棍、对破金刚等②。

五、五寨县（砚城镇）

境内流传的民族传统体育活动项目主要有踢鼓子秧歌、船灯、九连灯、龙灯、旱船、抬阁、哑老背妻、二鬼摔跤、秧歌等。社火是一种自发的群众性娱乐活动，起源可追溯到100多年前，有船灯、九连灯、龙灯、旱船、抬阁、哑老背妻、二鬼摔跤等多种形式③。据传踢鼓子秧歌来自《忠义水浒传》

① 神池县志编纂委员会. 神池县志［M］. 北京：中华书局，1999：358.
② 神池县志编纂委员会. 神池县志［M］. 北京：中华书局，1999：415.
③ 山西省五寨县志编纂办公室. 五寨县志［M］. 北京：人民日报出版社，1992：334.

中"三打大名府"的故事。广大群众把原有的比较简单的社火形式套入这一故事，逐步形成了踢鼓子秧歌的一系列活动形式。如头对鼓子是阮小二、阮小五，二对鼓子是阮小七、刘唐，络旌的则是鼓上蚤时迁。踢鼓子秧歌的上场演员原是24人，以后定员为前八角、后八角和络旌的共17人（前八角即头对鼓子、头套花、二对鼓子、二套花）。头对鼓子是老生打扮——头戴花阳巾，黄搭头，挂白满髯，上身着皂色丑衣，下身着绿彩裤，腰系黄腰裙，足扎武士靴，开花脸。二对鼓子是须生穿打扮——扎包巾，插飞腰，青搭头，佩英雄镜，穿黑上衣，着红彩裤，佩白腰袍，穿黄腰裙，踏黑皂靴，开花脸。四位拉花的都是小旦妆，左手持丝帕，右手舞花扇，腰系裙子。男角气宇轩昂，女角婀娜多姿踢鼓子秧歌，表演形式丰富多彩。由"天地排子"开始，而后逐而演变阵势，有"五雷阵""梅花阵""长蛇阵""阴魂阵""单偷营""双偷营""八角楼""小场子"等。名目繁多，路线各异，既粗犷壮观，又优美动人。踢鼓子秧歌，舞蹈十分剧烈，运动量很大，往往舞一段就歌一曲。歌词、颂词也很通俗优美。拜年时唱"刘海本是上八仙，脚踩云头洒金钱，金钱撒在这院里，荣华富贵万万年"。有时也唱一些描写大自然风光的。如"黄雀黄，黄又黄，黄雀落在黄树上，这枝跳到那枝上，压得枝枝咯叽响"①。

六、偏关县（新关镇）

境内流传的民族传统体育项目主要有红火、扭秧歌、踩高跷、霸王鞭、扭秧歌、旱船、握阁、腰鼓、花鼓、龙灯、空中游龙、狮子舞、旱船、船灯、抬阁、脑阁、八仙过海、灯游、社火、踢毽子、跳绳、跳方、滚铁环、打秋千、游泳、爬绳、爬杆、登高、摔跤、棋类等，历来民间自行组织，自行活动，强身健体②。

偏头关，雄踞三关首镇，历来战事频繁，民间崇尚习武。富户开设拳房，延师传教子弟，以应武科之试。明朝嘉靖四十四年（1556年）江南当涂人孙吴任老营总兵时，投戈讲艺，在老营建立房子教习武生。自此，习武之气更盛。明清考取武进士19人，武举多达54人。许多武进士都是名震全国的武

---

① 山西省五寨县志编纂办公室. 五寨县志[M]. 北京：人民日报出版社，1992：333—334.
② 牛儒仁. 偏关县志[M]. 太原：山西经济出版社，1994：639.

术家。嘉靖年间偏关李道行中进士，连捷三科，皇御亲览其武功武术，从此名震全国。万历庚辰岁关人李承勋参加朝考，一举成名，进士及第。孟麟、孟斌、孙弘谟等皆在万历间中进士，闻名朝野。宋之兰、张文达、张盛时、张衮都在清初中武进士，名贯京都。这些武进士刀枪棍棒、拳术样样精通，不仅是有名的武术家，而且是英勇善战的战将。关人万世德虽是文进士出身，却从小学文习武，文武齐全，军事韬略纯熟，立功至兵部尚书。明清武举散居乡里，有的设房讲艺，有的收授徒弟，关人为了卫国保家护身，许多人都投师武术名家，习拳练武。

民国时候，关人拜师学艺之风仍是盛行。偏关城内史雄霸少年时拜师于祁县戴奎阿下，刻苦学艺，成了武林高手。他精通长拳、五花拳、形意拳，也了解云龙九现八阵图、三五七步点穴法。刀枪棍棒十八般武艺样样精通。1921 年，在内蒙古馈远打擂夺魁，名驰山西、内蒙古。后来投军到宋哲元部下当武术教官。新中国成立后闲居家中，1954 年至 1965 年期间，他多次参加山西省武术运动会，在比赛中他的拳术、刀术、棍棒术都夺得第一名。其间县体委聘请这位武术名家担任武术教练，培训千余名武术爱好者。尚峪乡瑞家沟靳观音保祖传练拳习武，先祖学艺于冀豫名家，属少林派，武艺精湛，传及子孙，世代延续。靳观音保年轻时曾生擒 300 斤的一头野猪。是时，野猪住于村沟门，伤人伤畜，靳观音保只身等待与野猪搏斗，以拳术攻击，遂生擒之。

老营孟守富、曲家湾李清安、城内王贵等人在青年时代都是习武能手。20 世纪 40 年代，孟守富押送一匪徒走至车道坡，匪徒仗着有点武术，想逃脱，与守富对打，被守富稍施拳术，踢于深沟毙命。

本县武术一直延续到现在。20 世纪 60 年代，偏关中学教师白杰精通各种拳术，曾在偏中教习全校师生学习武术，有形意拳、太极拳、刀术、枪术、棍棒术，学习武术的先后有 1500 余人。20 世纪 70 年代，县体委从定襄聘请武术教师训练武术人员，先后训练了 500 多人。20 世纪 80 年代，群众习惯练太极拳健身，许多人练气功健身。比较有名望的拳术师有卜聪明等人。

流行本县境内的拳术多属长拳、五花拳、形意拳、形意心意拳、太极拳等。计有云龙九观八阵图、三五七步点穴法、五虎锤单耍金刚、八福、大小红拳、弹腿、二郎拳、燕青拳、连环拳、少林八法、猴拳、醉拳、鹰爪拳、四堂锤、对打金刚八卦、四七拳。兵刀器械样样都有，有刀、枪、棍、棒、剑、叉、鞭、锤、钩、软器、铁筷、戒尺、斧、软器、铜等。刀术为梅花刀、七步刀、五虎刀、少林刀、八门刀、六合刀、抹眉刀、跃月刀、跃堂刀、初级刀、花劈四门太平刀、春秋大刀、虎头大刀等。枪术有罗家枪、花扎四门八枪、杨家枪、梅花枪、凌花枪、子龙枪、六合枪、二龙枪、提花枪等。鞭术有捅鞭、九节鞭、八点鞭、虎头挦子、穗子鞭。棍术有梅花棍、醉棍、盘龙棍等。另有九折棍、螳螂棍、挦子棍、齐眉棍、行者棍等。剑术有杨家剑等。此外，民间习惯练鞭杆拳防身自卫。防法有拦、截、拨、架、推、挎、绞、压动作。攻法有戳、挑、劈、扣、崩、点、击、撩等①。另外，该县也有传统的套路动作，特别是该县阎家贝靳家擅长鞭杆拳用其陈善除恶。

偏关街头红火很多，传统的主要有踢鼓子秧歌、踩高跷、霸王鞭、扭秧歌、旱船、握阁等，还有腰鼓、花鼓、龙灯、空中游龙、狮子舞、轿车、自行车、摩托车、船灯、抬阁、脑阁、西洋秋千、八仙过海等各式各样的街头红火。每逢盛大节日，这些红火便特别活跃。平时，跳舞也在偏关开始。新中国成立后把旱船、轿车、高跷、扭秧歌、花鼓、腰鼓等多种文娱活动形式引入灯油会活动中②。

高跷是抗日战争时由驻军传授而来的，主要流行于城关、窑头、楼沟等地。表演者脚踩1米左右木跷，身着各类服装，以古代人物为形象扮相，面部涂彩化装，扭摆表演。多为戏剧装扮，有许仙游湖、三打祝家庄、一打金枝、三打白骨精、唐僧取经、红灯记、智取威虎山，还有扮工农兵学商、男女老少等角色的。有的以神话故事着装，如天女散花、哑老背妻等。随形势时代的变化装扮各种人物，同时以正面人物为主，另加小丑活跃气氛。如打败美国侵略者、计划生育等等。打击乐与吹奏音相伴，表演者踏着鼓点节拍，走着阵式化舞蹈步伐。手中拿着绸绢、扇子、刀、枪、棍、矛、花篮等（因人而异），扭动上身，翩翩起舞，列队缓缓前进。技艺高者放叉自起，跳高桌，耍各种花样，引人入胜。1984年春节时，偏关高跷表演请定襄师傅做指导，进行了技术交流，表演动作和阵线图样又有了新的发展③。之后，一些事业单位组织青年女职工组建高跷队进行表演训练，让群众长了一定见识，随着演变女性也开始参与了高跷运动的表演。

霸王鞭又称"打连湘""金钱棍""花棍舞"。用三四尺长木棍所制木棍

---

① 牛儒仁. 偏关县志[M]. 太原：山西经济出版社，1994：639.

② 牛儒仁. 偏关县志[M]. 太原：山西经济出版社，1994：549.

③ 牛儒仁. 偏关县志[M]. 太原：山西经济出版社，1994：547—548.

上挖几个孔嵌入铜钱，系扎红穗，舞起刷刷作响。配备笙管梅笛、莲花板、洋鼓、唢呐、小号等乐器表演，动作有单打、双打、绕头、过腿、翻身等，一般由学校男女生表演①。

扭秧歌盛行于城关、窑头等地和全县各学校，表演者着节日盛装，腰系彩色绸带，手拿花束、花环，面部涂彩化装，翩翩起舞。步伐有自由步、单踢腿、双踢腿等类型，走场有八字、四角、蛇盘九颗蛋等类型。配以洋鼓、小号为主的乐队。每逢重大节日，就在街头表演，助兴娱乐。扭秧歌于抗日战争期间传入偏关②。新中国成立之时，县委政府领导积极参与并化妆上街表演，以之后每遇盛大节日，许多单位都会组织人员进行秧歌表演。

社火是一种群众性的娱乐活动，在偏关流行很广。源于二百年前，为迎瑞、迎祥、迎吉庆而创，一般一年一次，也有一年二三次者。时间为正月十五、二月二、二月十九、四月十八、九月九日等，各地日期固定，届时进行。至今，窑头，小偏关，上、下尧王坪，高家上石会，深垮，南关，楼沟等村庄仍年年举行活动。到了这天，由会长组织文艺骨干化妆成传统戏剧中的各类角色，以旱船、高跷、轿车等形式敲锣打鼓，排队到各处敬院，户主视为吉祥，必以礼物谢之③。等仪式结束后，一些表演队汇集广场，再次进行狂欢闹火，直到筋疲力尽，才会散去。

明朝嘉靖年间，百姓消灾免祸无方，选定日期，娱乐念吉盼庆，祈祷升平。灯游会每年举办一次，主要流行于天峰坪、大石洼等地区。老营黑豆塄等村庄正月十五举行，桦林堡、王家上石会、阳塔、常咀等村庄农历二月十九举行。每逢会日，村里选一灯官，全村大小事宜，由他执掌三天。灯官披红挂绿，骑一高头大马，绕村一周，跑马报喜。村里家家户户必进素食，玲巧爽利的妇女们用糕捏成猪、牛、羊、马等动物形的灯盏，晚上点燃送至会场内。家有几口人，送灯几盏，灯盏送齐后，摆成"九曲黄河阵黢势"。灯笼引路，锣鼓吹打次行转阵，热闹非常④。

① 牛儒仁. 偏关县志[M]. 太原：山西经济出版社，1994：548.

② 牛儒仁. 偏关县志[M]. 太原：山西经济出版社，1994：548.

③ 牛儒仁. 偏关县志[M]. 太原：山西经济出版社，1994：548.

④ 牛儒仁. 偏关县志[M]. 太原：山西经济出版社，1994：548—549.

七、宁武县（凤凰镇）

境内逢年过节的民间体育活动，比较普遍的形式有秧歌队、龙灯、狮子舞、踩高跷、旱船、推车舞、二鬼摔跤、抬阁、挠阁等。1949年以来引进新兴活动，有大型彩车、腰鼓、扭秧歌、大头娃娃等①。

民间有打秋千、拔河、踢毽子、拳术、摔跤等项目。其中四区一带的摔跤较为兴盛。相传始于明末，后来逐渐形成一种传统的体育活动。每年正月和庙会之际，各村均选拔10余名选手，集中到一村参加比赛，赛时按个人技艺高低和集体力量强弱编组。比赛时，一方出一人对摔，输方继续出人接场，直到有一方连续摔倒6人为赢，名曰"挠羊"②。

大秧歌是流传于宁武东山地区的一种民间小戏。形式活泼，曲调优美动听，唱词通俗易懂，有深厚的群众基础。大秧歌最初是一种街头秧歌，民间习称"土滩秧歌"，多在逢年过节时演出。搬上舞台，相传大约有百余年的历史。为适应舞台演出，在其流传发展过程中，吸收了北路梆子和中路梆子的一些音乐盲人和表演技艺，逐步形成了比较完整的艺术形式并且带有浓郁的地方特色，音乐结构属"板腔体"，伴奏乐器以板胡、笛子、三弦和笙为主③。其唱腔粗犷，表演刚劲活泼，表现形式丰富，另还结合有传统剧目《泥窑》等表演，具有一定的地域特色。

小秧歌也是流行在宁武东山地区的一种街头文艺形式，以歌为主。过去每逢春秋佳日或农闲季节，群众便于街头场所演唱。1937年前活动较为兴旺，日军侵入后逐渐衰落，1949年后，文化馆组织有关艺人参加过忻县地区举办的民间文艺会演，经1966—1976年的10年浩劫，这种文艺近于失传④。

---

① 宁武县志编纂委员会. 宁武县志[M]. 太原：山西人民出版社，1989：413.
② 宁武县志编纂委员会. 宁武县志[M]. 太原：山西人民出版社，1989：432.
③ 宁武县志编纂委员会. 宁武县志[M]. 太原：山西人民出版社，1989：413.
④ 宁武县志编纂委员会. 宁武县志[M]. 太原：山西人民出版社，1989：413—414.

八、静乐县（鹅城镇）

境内流传的民族传统体育活动项目主要有踢毛毽、打砣、跳绳、跳皮筋、滚铁环、跳方、打布袋、猫逮老鼠、盲人逮拐子、弹拐拐、风车车等，在闹元宵、闹社火活动中，静乐还有锣鼓、扭秧歌、挠搁、拉碌碡、耍龙、狮子、鹬蚌相争、腰鼓、小媳妇骑驴等多种杂耍形式，使群众文化生活更加丰富多彩①。其他如推车、二鬼摔跤、王老送闺女等也都各有不同的特点与情趣。

静乐自古尚武之风盛行，古娄烦人"善骑射"，充满浓厚的军事体育色彩。清代，武举尹耀芝、郭开泰、胡占奎等人不仅自己求师学武，而且还招收徒弟，传授技艺。武庠生李逢荣"精韬略而娴弓马"，"游其门而入泮者数十人"。嘉庆年间，定襄拳师宋本义将山西稀有拳科"鬼扯攒"传入静乐。据本县木树头村《吕氏家谱》记载，清光绪、宣统年间，吕茂六子中，除三、四子外，其余四子均善武术，技艺精湛，名震四乡。清末，大夫庄设有拳房，同时聘请拳师授艺。第一位拳师岑朋（直隶人），教授村民大刀、花枪、二节棒、三节鞭、七节鞭等，岑朋病故后，继任拳师为郭福兴、李玉昆（均为直隶人），有村民二十余人学艺，唯郝林强独得其妙。民国时候，郭福兴在县城马王庙传授武术，从学者甚众。其间，学有所成的拳师有刘二曼、马贵山、李文郁、张四老虎等。据传张四老虎善"鞭杆"，一次路遇歹徒，他从容自若地将鞭插于地上，并蹲在鞭杆之上，只此一招就吓退了歹徒。县城高级小学"童子军"也会武术，每年4月4日"儿童节"都要表演。这一时期，民间流行拳种主要有少林拳、形意拳、太极拳、鬼扯攒等。抗日战争期间，兵荒马乱，群众学武练拳活动基本停止。中华人民共和国成立后，特别从20世纪60年代起，本县武术渐趋复兴之势。境内流传的拳种和套路主要有太极拳、太极剑、长拳、单刀、棍术、鞭杆、长拳、太极拳、形意拳、八卦拳、通臂拳、翻子拳、醉拳、象形拳（虎行、鹰爪、螳螂、猿拳）、刀术、枪术、剑术、九节鞭、鬼扯攒②。

凡诸如正月十五闹元宵、七月十五打会等群众性的大型文艺集会，都称

---

① 静乐县志编纂委员会. 静乐县志[M]. 北京：红旗出版社，2000：533.

② 静乐县志编纂委员会. 静乐县志[M]. 北京：红旗出版社，2000：505—506.

之为社火。其中，社火以元宵节规模最大，也最热闹。龙灯、花灯、彩灯、烟火和戏剧等各种文艺活动都集中在正月十四、正月十五、正月十六这三日。静乐历年都以县城为活动中心，以灯火为节日主题。民国时候，每逢元宵节，人们都集中在县城的城隍庙这里看戏观灯。在这几天大街小巷张灯结彩，凡表演队伍路过店铺门前，主人都要事先预备香烟、茶水、糖果用来犒赏表演的人。新中国成立后，元宵节庆祝活动的规模更加隆重，文艺表演的节目更加丰富多彩。届时，县城居民、机关都要升彩旗、垛旺火、挂灯笼、做彩车。参加闹红火的各种文艺队伍，除农民外，更多的是机关干部、厂矿学校职工和师生，是全县群众文化的一次大盛会。20 世纪 80 年代以来，每到正月十五晚上，除各种表演以外，还增加了绚丽多彩的焰火，使元宵节增加了迷人的色彩和喜庆的气氛。打会、禳瘟是群众敬神、祈福、除灾、保佑四季平安和生活幸福的活动。这些活动在各村的举办时间不一，他们的组织者被称为"纠手"。到这天家家贴对联、垛旺火，村上请和尚、响工吹奏、唱大戏、放铁炮、放焰火，还要举行一种特殊的除瘟敬神仪式叫"转九曲"①。这些活动都是凝聚人心，助兴节日活动的重要文化活动，深受群众的喜爱。

挠搁在静乐是与高跷同时出现的一种文艺表演形式，它是一个大人和一个小孩组成一组，再由若干这样的组联合成队进行表演。表演时由壮汉腰背绑扎特制铁架，上束缚化装了的小孩来表演。如"天女散花""菩萨下凡""牛郎织女"等②。

耍龙为静乐的传统文艺表演项目之一，很受群众喜爱。表演时，一人持大球引路，数十人舞动龙灯，随大球的起伏而上下腾舞，左右盘旋，追逐嬉戏。

流行于本县民间的体育游戏常见的有踢毛毽、打砣、跳绳、跳皮筋、滚铁环、跳方方、打布袋袋、猫逮老鼠、盲人逮拐子、弹拐拐、风车车等③。

九、繁峙县（繁城镇）

繁峙县历史上的民族传统体育活动，除打秋千、踢毽子等项目外，以武

①　静乐县志编纂委员会. 静乐县志[M]. 北京：红旗出版社，2000：532—533.

②　静乐县志编纂委员会. 静乐县志[M]. 北京：红旗出版社，2000：533.

③　静乐县志编纂委员会. 静乐县志[M]. 北京：红旗出版社，2000：508

术最为突出。此外，还有彩车、黄河灯、彩灯、霸王鞭、送京娘、海蚌（渔翁斗海蚌）、跑圈秧歌、社火、穗子鞭、绝命枪、武术、高跷、旱船、小车、狮子、龙灯、挠阁、大头人、哑老背妻、二拐跌跤等多种形式①。一般在元宵节前后开展传统体育活动，这些项目深受广大群众喜爱。

繁峙县历史上尚武。"宫氏刀""陈氏枪""李氏鞭竿"，广传于城关、光裕堡、魏家村、大李牛、果园、代堡等村。流传的拳术，有形意拳、心意拳、太极拳、螳螂拳、洪拳、少林拳、地躺拳、梅花拳（刀）、七步枪、杨家绝命枪、鞭竿、醉八仙鞭、双十鞭等拳种套路。光裕堡流传有形意拳、螳螂拳、八服拳、洪拳、连拳、梅花刀、鞭竿等。拳种流传之多，习武人员之众，为其他村所不及，堪称繁峙的武术之乡②。"绝命枪"系杨家拳种套路之一，世代单传。现有杨门36世孙杨海保能演练此枪术。杨家绝命枪套路干练，结构严谨，风格独特。其特点是阴把握枪（即两手虎口相对），尖砧并用，枪出八面，攻防分明，以马步为基本步型，兼有弓、朴、虚、丁等步型，以三角七星、八卦连环等步法移动，灵活多变，运转自如，有刺、拔、架、护、缠、拉、刁7种枪法，技击性强，讲求实用。该套路有48招120多个动作。穗子鞭也是杨家拳种套路之一。杨家拳传人杨海保善使穗子鞭。穗子鞭套路短小精悍，讲求技击，器械软硬合一，既有戒尺、短鞭等硬器械之长处，又有九节鞭软器械之特点，实为稀有兵器。

穗子鞭因其形如谷穗而得名，是十八般兵器之外的软器械，由握把与穗子两部分组成，全铁铸造，长二尺六寸。握把形如短鞭，一尺一寸，握手上下皆有护云，顶端钳着9个螺旋形铁环组成的"穗子"，穗子末端有三寸六分长的镖头。穗子鞭套路有20招80多个动作③。

社火俗称打社火，流行于东山底、南峪口、果园、中庄寨等村。每逢元宵节村民们自动组织起来活动，有时会延续到农历二月二。主要表演《金沙滩》《瓦岗寨》《平江南》《杨香武三盗九龙杯》等戏曲武打故事。演员着古装，执刀枪，按角色勾画脸谱化妆。表演时分敌对两方，在唢呐高奏、锣鼓齐鸣声和呐喊声中双方主将率队入场，二龙出水列阵。先是主将对打，兵卒观阵，然后兵卒对打，十分壮观，表现了久居边关尚武、爱国精神。另有一

---

① 李斌. 繁峙县志[M]. 北京：今日中国出版社，1995：354.
② 李斌. 繁峙县志[M]. 北京：今日中国出版社，1995：227.
③ 李斌. 繁峙县志[M]. 北京：今日中国出版社，1995：228.

种社火是小打扮，头扎罗帽，腰系战带，足登快靴，在锣鼓声中表演对打或单打，没故事情节，类似武术表演①。

十、河曲县（文笔镇）

境内流传的民族传统体育历史悠久。旧志云："上元前后三日，祀天官、地官、水官，谓之，三元胜会。锣鼓喧闹，歌舞于市者，唱凤阳歌也，插灯数百枝，排列宛如阵图，观灯人曲折行其中者，谓之转灯游会也。"舞龙灯、踩高跷、跑旱船、拉碌碡等民间玩意，车水马龙，不绝于巷。至夜间更甚。诸种玩意，皆集中于元宵节及正月古会日，此后，虽有古会，亦无再举办者。

"凤阳歌"舞，雏形为不带唱的"武秧歌"。演员有数十人，排为两行，随锣鼓节奏舞成圆圈，然后手持霸王鞭、花棒、长矛，起舞、对打、边舞边念，从"交一交二交三四"直至一百位一个回合。其演员装扮皆为"杨家将"和"白蛇传"中人物。"武阳歌"中加歌唱并改"武器"，为花灯或红绸后即成"凤阳歌"。其舞蹈图形有"九曲黄河阵""蛇蜕皮""龙卷风""凤凰双展翅"等十数种②。舞成图形后即刹板停舞，众演员合唱秧歌调，诸如《珍珠倒卷帘》《四季歌》之类。

"跑旱船"舞，据传源于石梯村。该村旱船队的船舞花样多，舞姿优美，且具有黄河船工生活的真实感，搁浅、靠岸、飘荡等具体场景的展现栩栩如生。1954年老舵手李茂叶率7只旱船，参加全县民艺会演获头等奖。旱船以木做架，以细布篷装彩画为之。演员除舵手1人为船队领航外，每船各有红装女郎1人隐于篷内，以双臂提靠"船"，以细碎的步子旋风般地或跑圆场，或走"8"字，或跳"龙门"，或翻"浪花"，做出种种水上行船的动作，飘忽悠荡，令人神往。配合舞步节奏的是锣、鼓、铙等打击乐器③。

龙灯全长8丈6尺，骨架用竹丝绑成，骨架一共12节，龙皮用白市布彩画而成，每节内皆装有蜡烛，节内装蜡烛以备晚上舞时照明。龙灯舞姿有"二龙戏珠""龙卷风""浪花飞""大摇尾""翻调头"等。每条龙灯用演员

---

① 李斌. 繁峙县志[M]. 北京：今日中国出版社，1995：354.

② 河曲县志编纂委员会. 河曲县志[M]. 太原：山西人民出版社，1989：469.

③ 河曲县志编纂委员会. 河曲县志[M]. 太原：山西人民出版社，1989：469.

12 名，两龙共用 24 名演员。技术高的舞龙师傅扛龙头追随红绣球而上下翻舞，其余扛龙者则奔波相随，在唢呐和锣鼓助阵下，做出翻江倒海、腾蛟卷澜的种种姿态①。北元村舞龙灯的历史最久，经常被邀请到外地进行表演，如偏关、保德、准旗、府谷等都会有北元村舞龙灯演出。

斗"活"龙表演，不止夏营村，系清末本村画匠任照雄向某晋南人学来。舞前制作长 7 尺、直径 9 寸的小龙 2 条，红绣球 1 个。然后将龙头、龙尾、绣球分别系于 6 根绳索上，绳索又系于过街闹市两端屋顶上。绳两头置活轮以备抽动。舞龙时，由 3 人统一拉动麻绳，龙和绣珠便翻舞戏扑，是为"二龙戏珠"②。斗"活"龙一般在夜晚进行表演，龙和球内装有灯光，夜间舞动可现出龙的形体，人和绳则可隐藏在黑暗中。

高跷舞是河曲民间比较盛行的娱乐形式。活动日期亦集中于元宵节及正月的其他古会日。每队有演员二三十人，装扮多为《白蛇传》等戏剧中人物，以"白蛇""青蛇"领头。在广场或街道舞出"蛇盘九颗蛋""龙卷风""跳龙门"等图形和动作。伴奏乐器有枚（笛子）、四胡、二胡等管弦乐和锣鼓等打击乐。待图形舞成后，锣鼓刹板，演员原地踏步齐唱"高跷调"，如《珍帘倒卷帘》《绣花灯》之类③。

河曲民间灯游会，多在春节后庙会或古会节日举行，时间 1 至 3 天。灯或为纸灯笼，或为灯碗，或为糕灯盏。其数量，除糕灯盏是以户按人口自做外，余多为 360 盏。排列最完善者称"九曲黄河阵图"，可挂灯万盏，出入口搭花彩牌楼。初入此阵图时，会首主持举行烧香祭祀仪式，然后祭祀者手捧祭品，佛像先行，民乐队吹奏唢呐、笙管及打击乐随之，观众紧跟进入阵图，从出到入历时 20 多分钟④。

清代以前，本县有武术活动。1902 年，有镖师范永秀来河曲收徒传艺，教授大、小"鸿拳"。民国时候，习拳练武者有公安局武警及龙脑角等村民众。1934 年，县府在城关西楼口召开国术表演会，范永秀弟子侯存善武功最佳，被誉为"国术家"⑤。

---

① 河曲县志编纂委员会. 河曲县志[M]. 太原：山西人民出版社，1989：469.
② 河曲县志编纂委员会. 河曲县志[M]. 太原：山西人民出版社，1989：469.
③ 河曲县志编纂委员会. 河曲县志[M]. 太原：山西人民出版社，1989：470.
④ 河曲县志编纂委员会. 河曲县志[M]. 太原：山西人民出版社，1989：469.
⑤ 河曲县志编纂委员会. 河曲县志[M]. 太原：山西人民出版社，1989：486.

十一、保德县（东关镇）

境内流传的民族传统体育活动，内容丰富多彩，形式生动活泼。常见的有摔跤、掰手腕、踢毽子、荡秋千、滚环、跳绳、游泳、武术等①。此外，保德传统的"街头红火"（也称"玩意儿"），如高跷、秧歌、狮龙灯、篷船、轿车、大头和尚、独龙杠、哑老背妻、霸王鞭、二花鼓、抬阁、摘阁、西洋秋千等，也是境内极具地方特色的民族传统体育项目。

高跷表演者多为男性，足蹬两米左右高的硬木"拐子"，流行于东关、桥头一带②。在鼓乐声中结队表演。一队多者数百人，少者几十人。着戏装，开脸谱，常扮戏有"游西湖""梁山伯与祝英台""西游记"等，也有当代工、农、兵、学、商形象的扮演，表演时有跳高桌、放大叉、单脚跳、撞击等。

扭秧歌盛行于各村。表演者身着节日盛装，腰系彩色绸带，手拿花束或花环。脸是健康红，翩翩起舞。表演步伐有"自由步""单踢腿""双踢腿"等。走场有"八字""四角""蛇盘九颗蛋""卷白菜"等③。抗日战争初期扭秧歌开始流传于保德，后来逐渐演变为民间节庆日的一种传统娱乐活动，在锣鼓配乐的伴奏下，起到锻炼身心、凝聚情感的一种表演健身项目。

狮子舞是太狮一对，由两人装成，少狮一对，由一人装成。戏狮人一人，着英雄服，两手持绣球。戏狮人引逗，太狮、少狮出场；太狮主演，少狮陪演。表演动作有摇头、摆尾、眨眼、抖毛、搔痒、扑、卧、滚、立等。节目有跳高桌、过高桥等④。

保德境内有黄河流过，善游泳者颇多，在东关镇和下川坪村游泳高手屡见不鲜，他们可以在洪峰中出没自如。传统的游泳方式有"狗刨刨""漾大扒""立水""仰泳"等。花样游泳有"扎猛子""跌门扇""坐浪""小鬼围油磨劳""鸭子水"等⑤。

---

① 保德县志编纂办公室. 保德县志[M]. 太原：山西人民出版社，2000：300—301.
② 保德县志编纂办公室. 保德县志[M]. 太原：山西人民出版社，2000：294.
③ 保德县志编纂办公室. 保德县志[M]. 太原：山西人民出版社，2000：294.
④ 保德县志编纂办公室. 保德县志[M]. 太原：山西人民出版社，2000：294.
⑤ 保德县志编纂办公室. 保德县志[M]. 太原：山西人民出版社，2000：300—301.

十二、定襄县（晋昌镇）

境内流传的民族传统体育活动项目主要有摔跤、武术、跑船、垴阁、社火、秧歌、高跷、打瓦游戏、大头娃娃、绿毛狮子、跑驴等。

高跷秧歌，是本县最普及的传统民间舞蹈形式。每逢元宵节，全县至少有 2/3 的村庄组织高跷秧歌队，有些村庄甚至有几队的秧歌队。各村的秧歌队，除在本村演出外，还要进行村与村之间的交流演出。中华人民共和国成立后，不仅在农村举办高跷秧歌活动，而且党政机关、企事业单位亦多组织，各乡镇（公社）和县都要会演，挑选尖子演员组成县队，到忻州地区和五台县的街市、机关、部队进行慰问演出。每队秧歌 20~40 人。演员脚蹬木跷，身着彩装，手舞彩扇、绢花、马鞭、尘拂等物，装扮成各种人物形象（以现实生活中的人物为主，配以神话传说人物为辅），舞起来婀娜多姿，飘飘欲仙①。

拳功社火流行于河边一带。社火开场，唢呐声起，宛如战马嘶鸣，待到《得胜鼓》起奏，两队人马手执兵器，各由领队高擎战旗入场。表演始为跑场，集体亮相，展示阵营；随即表演，有单人表演、拳术对打，以及刀、枪、棍、剑混打等②。

盔甲社火流行于宏道一带，犹如哑剧。表演的节目多根据历史戏剧改编，有《金沙滩》《瓦岗寨》《余塘关》《定军山》《天水关》等。演员如戏剧角色勾画脸谱，披甲执刃，演出时，锣鼓助威。演员通过布阵、对打、作架势等表演，再现古代战争场面③。当前该项社火形式很少举办，逐渐衰落。

垴阁由成人和小孩共同演出。成人不化妆，身缚铁架阁座，高约 2 米。小孩化妆，固定于阁座上，扮相与高跷秧歌大致相同。演出时，成人在地下扭，小孩在阁上舞，配合和谐，各有其妙。一队垴阁，由 10 余名成人和相等数量的男女小孩组成，可由八音会伴奏，单独演出，亦可与高跷秧歌相间，混合走场，分别进行大场表演④。据了解，当前在师家湾村仍有该活动开展。

　①　定襄县志编纂委员会. 定襄县志［M］. 北京：中国青年出版社，1994：452—453.
　②　定襄县志编纂委员会. 定襄县志［M］. 北京：中国青年出版社，1994：454.
　③　定襄县志编纂委员会. 定襄县志［M］. 北京：中国青年出版社，1994：454.
　④　定襄县志编纂委员会. 定襄县志［M］. 北京：中国青年出版社，1994：454.

跑船亦称跑旱船，用竹片或木条做成船形，外面包以彩色的纸或布，套系于演员腰间，若坐船状。队前有一船夫，手持木桨作划船状。坐船者与船夫互相配合动作，轻盈飘舞，似于水中行船。跑船场式有很多种，跑时八音会伴奏①。该项传统体育项目，流行于城内和南关，在县北西社村也有流传，各地不同之处在于划旱船时的唱词与参演的节目形式不一样。

本县武术活动，主要流行于河边一带的平东社、西关、北关、赵村、麻河沟、镇安寨等村，并多与文艺活动（社火）结合进行，其种类有小洪拳、大洪拳、金刚拳、鞭杆拳、谭腿卦拳、少林刀、太保刀、子龙枪、岳门剑、盘龙棍、炮锤等②。

摔跤是本县传统的群众体育项目，俗称"跌对"和"跌跤"，其始源无从考证。比赛以地区划为两方，或以县划分，或以村庄划分。比赛开始，出阵者均为少年跤手，双方各出一人对摔，败方再出一人继续与对方暂胜者对摔，如此反复较量，跤手渐次升级，直到一名跤手连续摔倒对方6人为胜。摔跤技巧，有大小揪子、前后绞子、左右踢子、背子、勾子、扑脚、搬腿、托胸、夹脖等等，名跤手多有绝招。清同治年间，本县摔跤活动已十分普遍③。每次举行摔跤比赛，该县的油坊就为其提供免费场地，并配送灯油（植物油），热心群众提供西瓜、茶水等给运动员解渴。据说季庄村的李江喜就是当时该县较为有名的跤手。

十三、岢岚县（岚漪镇）

境内流传的民族传统体育活动项目主要有担灯、二鬼跌跤、龙灯舞、狮子舞、篷船舞、秧歌等。本县秧歌主要有八大角秧歌、高跷秧歌、扭秧歌3种。

八大角秧歌与五寨秧歌同属一个流派，清末至民国时候，在本县北川较大的村庄流行较广，尤以七星坪、五社演唱最佳。每年的元宵节前后，由众多爱好者自行组织，每班四五十人，在街头院落演出。扮相有老鞑子、渔翁、

---

① 定襄县志编纂委员会. 定襄县志[M]. 北京：中国青年出版社，1994：454—455.

② 定襄县志编纂委员会. 定襄县志[M]. 北京：中国青年出版社，1994：487.

③ 定襄县志编纂委员会. 定襄县志[M]. 北京：中国青年出版社，1994：486.

渔婆、愣小子、愣女子、老汉、老婆子、卖糖货郎等八种角色，故名"八大角"。除此之外还增饰了几个配角，过去全为男演员扮演，现增有女演员扮演。由老耄子领队引路，其他演员随行，边走边舞，旋由扇风公子绕场扇请演员出场表演，扇请谁，谁出场。表演步伐有单踢腿、双踢腿、转身、绕弯、抽肩、甩胯、八岔步等多种，走场有天地牌子、四门斗子、梅花大十字、里外罗城、双单葫芦、卷毡、辫蒜、绕八字、蛇盘九颗蛋、九针套葫芦等。演唱内容有《祝英台下山》《张生戏莺莺》《五更天》《逗翠》等大的节目；也有快板词（呱嘴），如《表花》《表懒大嫂》《表会宋亲家》《王婆骂鸡》等；还有问答式的男女对唱等。旧时唱词多以七言、十言变文体为主，每唱完一段时配以打击乐器收尾，颇具地方特色，饶有风趣。近年又吸收歌舞剧新调和一些影视插曲演唱，内容更新，舞态多姿，具有浓厚的地方色彩①。高跷秧歌盛行于本县城关和道路平坦的村庄，为春节文艺活动的一种形式。表演者足蹬1米以上的硬木"拐子"，在鼓乐声中结队表演。人数不等，着戏装，开脸谱。常扮戏有《白蛇传》《八仙过海》《游西湖》《梁祝姻缘》《唐僧取经》等，也有当代工、农、兵、学、商形象或间杂各族人民形象，并有插科打诨的小丑，活动其间，逗人取笑。功夫深者，除一般踩跷舞姿外，还可跳火笼、跳高桌、放大叉等，活动中间合唱或独唱一些民间歌曲②。扭秧歌在抗日战争初期流传于本县，后来盛行于各村。表演者身着节日盛装，腰系彩色绸带，手拿花束或花环，双腮抹红，翩翩起舞。表演步伐有自由步、单踢腿、双踢腿等。走场有八字、四角、十字交叉、一溜长蛇、二龙出水等。活动时间多在春节和重大节日期间，演出者多数为中小学生和幼儿园的娃娃。锣鼓配乐，舞姿优美，深受群众欢迎③。

十四、五台县（台城镇）

境内流传的民族传统体育活动项目丰富多彩，主要有棋类、踢毽子、打砣、跳绳、滚环、摔跤、游泳、武术、二鬼跌跤、大头和尚背侍女、老秀才

---

① 岢岚县志修订编纂委员会. 岢岚县志[M]. 太原：山西古籍出版社，1999：450—451.

② 岢岚县志修订编纂委员会. 岢岚县志[M]. 太原：山西古籍出版社，1999：451.

③ 岢岚县志修订编纂委员会. 岢岚县志[M]. 太原：山西古籍出版社，1999：451.

送闺女、独龙杠、绿毛狮、牛斗虎、挠阁、旱船、杂耍、竹马子、大旗、小打扮、大马、社火、风搅雪、霸王鞭（打莲湘、金钱棍、花棍舞）、登台秧歌、扑地蜂（扭秧歌）、高跷、鞭杆门等。

五台北邻雁门，战事频繁，出于保家自卫的想法，大家崇尚习武，亦有富户开设拳房，用来延师传教子弟，以应武科之试。五台境内有寺院，僧侣中常有武林名师，加之方外名士，云游交往，习武练艺，蔚然成风。清代曾出过武术宗师普济和尚，名震京都。民国后，五台县城和河边村曾设国术馆传教武术流行境内的拳术。境内的武术多属长拳、华拳、查拳、形意等套路，短打较为罕见。计有八福、八卦、大小红拳、弹腿、二郎拳、燕青拳、连环拳、少林八法、连锤、炮锤、母子锤、水浒锤、五虎锤、五龙搅锤、猴拳、醉拳、鹰爪拳、太极拳等。兵刃器械有刀、枪、棍、棒、剑、叉、鞭、锤、钩、软器等。刀术、单刀有少林刀、八门刀、六合刀。刀术有抹眉刀、跃月刀（月牙势法得名）、跃堂刀、初级刀。大刀有太平刀（又称花劈四门）、春秋大刀、虎头大刀。枪术有杨家枪（又叫花扎四门八枪）、子龙枪、六合枪、二龙枪、梅花枪、凌花枪、提花枪、莲花母子枪。棍术有九折棍、螳螂棍、梢子棍、齐眉棍、五郎棍（也称十八世棍）、醉棍、盘龙棍、等身棍。九折棍是硬把棍、干枝棍、左棍、螳螂棍、磨盘棍、反背棍、行者棍、七星棍和八门棍等九种手法和风格不同的棍法，融合而成的一套棍术。三股叉、虎头钩、狼牙锤、宝剑等器械武术，偶亦可见，舞鞭器械有捅鞭、穗子鞭、九节鞭①。

县内武术大都学自冀豫两省，属少林派，其中又分各种门类。晚清的杨安明及稍后的阎应速为一派，特长是飞檐走壁，击技神巧。鬼是诀法，扯是撕开牵引，攒为地名。另一流派系定襄小王村宋本枣所传。此门拳师风栖崦赵三，曾与二州五县的镖头圆体师交手，无出其右者。1940年赵三已古稀之年，遇日军于该村劫掠，一伙敌人将赵团团围住，用刺刀乱刺，赵手执二尺长的铜烟管抵御，以寡对众，没伤一处，使敌惊服。八挂掌门拳师台城西关孙斌祥，功力深厚。20世纪30年代参加过冀鲁两省武术比赛，并夺得万人伞。所传门徒有松台张秀芳、西关胡石柱、唐家湾白富良等人。张秀芳之徒阎素良（松台人），先后学过八封、形意、杨氏太极等拳种。因技击手数鬼使神差，无以名状，同行呼为"鬼拳"，阎得"鬼王"之号②。

① 五台县志编纂委员会. 五台县志[M]. 太原：山西人民出版社，1988：519—520.
② 五台县志编纂委员会. 五台县志[M]. 太原：山西人民出版社，1988：520.

　　鞭杆门的五台名师为张含之。张含之出身习武世家，精于陀螺鞭、等身棍等无刃兵器，并撰写了《短鞭讲义》，对鞭杆的势法、动作、用法和练法做了详尽的讲解，是鞭杆门古今的集大成。门人武耀文（北大兴人），1982年赴西安参加全国武术观摩比赛大会，表演五台鞭杆，获得一枚金牌。兄弟省武林人士亦争学五台鞭杆术。张含之又一受艺者陈盛甫，为山西大学体育系武术教授，著《鞭杆》一书传世①。鞭杆拳现已发展成为一种新的武术门。晋北的五台、代县、繁峙为鞭杆拳的发祥之地。这一地区多山，交通不便，运输全靠原始的人背畜驮。人们随身携带的鞭杆和长烟管，便成了管束牲畜、肩挑手挂、护身自卫的工具。鞭杆又名单鞭或短鞭、短棍，长度或为本人的十三把、十一把，或为一尺八寸、二尺七寸、三尺三寸②。

　　五台有高跷、扑地蜂、登台秧歌、霸王鞭、风搅雪等秧歌种类，俱演唱秧唱曲调。高跷以木作跷，高一米左右。演员踩跷登高，表演小型节目。化装分古代戏曲人物和现代人物两种。在建安、东冶一带最为盛行，其次是城关地区。抗战初期，根据地石瑭地区妇女开始踩高跷，男女合班表演，并推行全县③。扑地蜂（扭秧歌）即扭秧歌，盛行于城关一带，演员选十几岁的童男，头戴花冠，腰系彩色绸带，翩翩起舞，如蜂扑地，故名"扑地蜂"。表演步法有自由步、单腿弯、双腿弯等，走场有八字、四角、过街、水溃、簸箕形、水磨阵、风火枪、蛇盘九颗蛋等。每年元宵节进行表演④。登台秧歌流行于陈家庄乡南塔林、东峪口乡明察湾村。演唱时，有道白、对唱、独唱唱法，伴有笙管梅笛、锣鼓铙钹，形同小戏曲。节目多是《小牧牛》《大钉缸》等。1953年东冶排演的舞台秧歌节目《五女观灯》，获得省和专区的文艺锦旗，曾赴京演出⑤。

　　社火流行于全县300多个村庄，有大马、小打扮、大旗、竹马子四种。大马又称大架子、盔甲社火。扮演历史剧中的武生角色，身着古装，手执兵器，以摆阵、破阵、作架势、立势法等表演动作反映古代战争。节目有《八叉庙》《九龙杯》《四杰村》《金沙滩》《瓦岗寨》等。流行于南大兴、阳白、

①　五台县志编纂委员会. 五台县志[M]. 太原：山西人民出版社，1988：520—521.
②　五台县志编纂委员会. 五台县志[M]. 太原：山西人民出版社，1988：519—521.
③　五台县志编纂委员会. 五台县志[M]. 太原：山西人民出版社，1988：421.
④　五台县志编纂委员会. 五台县志[M]. 太原：山西人民出版社，1988：421.
⑤　五台县志编纂委员会. 五台县志[M]. 太原：山西人民出版社，1988：421.

王家庄、官庄、唐家湾、蛇神、南茹、董家村等地①。小打扮在清朝末年兴起。扮演人物有头戴壳子、背壶穿靠的两名座子（帅），有头扎罗帽、腰系战带、脚登快靴的四名旗手和十四名将士，这些人物均画有脸谱，谓之四旗十六将。跑场有跳涧、闪涧、大小圈、簸箕湾、水磨阵、四角活轮、野鸡钻山林等②。大旗的特点是一旗一将，其余均同小打扮③。竹马子在五台已有200多年的历史，是古时儿童骑竹顶马的一种游戏活动，李白曾有"郎骑竹马来"的诗句。尔后，竹马子发展成为一种以战马表演为特点的"竹马社火"。在本县的西付、豆村流行。竹马子常用竹木、布片、纸张裹扎而成。演员选用十几岁的少年儿童，多则十七八人，少则十一二人，一旗一将，着脸谱，身着盔甲靠背，手持刀枪剑戟，节目多是《罗成打登州》④。表演时在战鼓和唢呐吹奏声中，通过演马、对打、摆阵、破阵等场面和双方骑士驭马徐行、疾驰、嘶叫、跳跃、打滑、卧地等动作，表现战斗的胜败，深受群众欢迎。

---

① 五台县志编纂委员会. 五台县志[M]. 太原：山西人民出版社，1988：422.
② 五台县志编纂委员会. 五台县志[M]. 太原：山西人民出版社，1988：422.
③ 五台县志编纂委员会. 五台县志[M]. 太原：山西人民出版社，1988：422.
④ 五台县志编纂委员会. 五台县志[M]. 太原：山西人民出版社，1988：422.

第十章　临汾市优秀传统体育文化文献探骊

境内流传的民族传统体育活动项目丰富多彩，主要有耍龙灯、跑旱船、狮子舞、跑驴舞、推车舞、杂耍、打花秆、二鬼摔跤、张公偕张婆、猪八戒背媳妇、高跷、花鼓、竹马、抬阁、扛阁、威风锣鼓、扭秧歌、打腰鼓、翻身舞、生产舞、工农联盟舞、扇子舞、红绸舞、鲜花舞、社火、武术、棋类、威风锣鼓、玩石子、崩核、老牛吃草、掷三码、跌铜钱、手抬轿、狼吃羊、撂手绢、盲人摸拐子、猜动作、老母娘娘、秋千、摔跤、拔河等①。

秋千为本市农村较为悠久的传统体育项目之一，明末以后较为流行，一般在春节期间或庙会唱戏时才开展。多以男性青壮年为主，老幼、妇女围观、助兴。随着时代的进步，女青年也加入了这一活动行列。秋千架多设于乡村的街头巷口、场院或庙会戏场，由单人或双人猛力悠荡，常以荡高为荣。一般分为架子秋千、车轮秋千。架子秋千，上有隔距双环，吊起两条大绳，绳的下端系木板，由单人或双人相对猛力蹬板悠荡；车轮秋千是在一根杆上，上下系置二车轮，由人在下蹬车轮，或用横杆木橼推动下面的车轮，距地丈余高，上面的车轮连着下面的车轮轴心旋转，上面车轮上系着秋千绳子，人登上踏板，无须人足蹬秋千就荡起来。清道光二十三年（1843年），本县峪里村在东西流向的大涧河上建起拱形翠微桥，南北跨度 15 米多，桥上有建筑飞檐魁星楼，桥（楼）下拱形壁顶嵌着两个铁环至今尚在。雨季时候拱门可泄洪，每到春节，拱顶铁环缚上 15 米的两条长绳，就成了打秋千的好地方。峪里村的秋千闻名远近。从正月初一至二月十五的在本地庙会，人们在峪里山后的礁石岭华佗庙祷告祈雨，供神灵唱大戏，来自上八村（贾平村、高家庄、晋南坡、中马庄、豁口、前、后坪、院头）、下三涧（峪里、王庄、井头）的村民与更远的游客，随着逛庙会看热闹，都要来涧河上的翠微桥下荡

---

① 山西省临汾市志编委会. 临汾市志［M］. 北京：海潮出版社，1999：1403.

几下秋千①。秋千成为该地区男女老少积极参与的运动项目，到1998年，许多中小学都设置有秋千器械以供学生参与锻炼。

老母娘娘由一人扮老母，把手掌伸开，手心向下，其他儿童用食指顶老母掌心。老母问："窝里有水吗？"众人答："有。"老母再问："什么水？"众人答："刷锅水。"老母说："一把握住你小鬼。"此时众儿童急忙抽手，动作慢的便被握住。被握的儿童，身靠老母被捂住眼睛。老母念："老母娘娘，大家躲着，谁来迟了，喝稀米汤。"念完便放开手，让这个儿童去抓其他人。躲着的儿童，快跑到老母跟前，一个也没被抓住，此儿童还得被再捂。若抓到谁，谁就由老母捂眼睛②。

玩猜动作时一儿童被捂住眼睛，其他儿童分别学跛子、装盲人、梳辫子、担担子做出各式各样的动作，从他面前走过。每过一个，裁判员就问被捂者："什么人过去了？"答对，他就得到解放，猜着谁，谁就来扮捂眼睛答的角儿③。

盲人摸拐子为一人蒙住眼睛扮盲人，一人手绑在腿上扮拐子，其余人围成圈蹲下作为场地④。活动时，盲人要在场内追摸拐子，若摸到或者是抓住拐子，则定输赢并按规则惩罚，下一轮马上开始。

闹春节俗称社火，传统古老，花样繁多，规模大，遍及城乡，属于群体娱乐活动，全民参加。活动形式有威风锣鼓、高跷队、花鼓队、武打队、竹马队、抬阁、扛阁队、耍龙灯、跑旱船、狮子舞、跑驴舞、推车舞、杂耍、打花秆、二鬼摔跤、张公偕张婆、猪八戒背媳妇⑤。新中国成立后，社火活动的形式更加丰富多彩，增加了扭秧歌、打腰鼓、舞狮子等，现在各类广场舞如：扇子舞、红绸舞、鲜花舞等都能在闹社火中有表演。

境内的城乡武术活动，从不间断，历史上多以拳术、刀枪术、马术、马上或徒手弓箭术称名。从喜武、习武到中武进士、武举人者，清顺治至光绪年间有进士12人、举人52人。清光绪年间，河西南部相邻诸村练功习武者较多。据婆婆神村《王氏家谱》记述：王一清，字得天，被朝廷例授修职郎、明经进士。50多岁时，历经鸦片战争，以为习笔墨不如习刀枪，因之教子孙

---

① 山西省临汾市志编委会. 临汾市志[M]. 北京：海潮出版社，1999：1401.
② 山西省临汾市志编委会. 临汾市志[M]. 北京：海潮出版社，1999：1559.
③ 山西省临汾市志编委会. 临汾市志[M]. 北京：海潮出版社，1999：1559.
④ 山西省临汾市志编委会. 临汾市志[M]. 北京：海潮出版社，1999：1559—1560.
⑤ 山西省临汾市志编委会. 临汾市志[M]. 北京：海潮出版社，1999：1559.

弓箭，走习武之路。其子王绪遵父训，设场习武，被封昭武大夫，获称号武举。其长孙王嘉浩（绪长子），习武练功，获邑庠武生，诰封昭武大夫；三孙王嘉谊（绪三子），其家不仅演武练功、设器械房，且有跑马场。嘉浩青年时代徒手马上弓箭武艺精湛，行进间猛转身射箭百发百中，远近闻名。光绪二年（1876 年）进京后中武举，光绪三年（1877 年）中丁丑科进士，钦点蓝翎侍卫。王一清之曾孙王治（嘉浩长子）同习武功，亦例授武魁，中武举。以大规模武术活动反对外来宗教尤甚者为光绪二十六年（1900 年）的城乡义和拳（团）运动，"城关儿童相率习拳，游行街市，势甚汹涌"。清至民国时期，一些道教乐班中常有武术见长者在丧葬活动中表演，俗称"耍道士"，有名者为陈堰村的李嘉洪、李嘉科、李嘉圣兄弟等人。农民张重，于清光绪年间习武练功为武拔贡。后人张漪亦习武练功，为河北沧州迁来的李英才师傅所教授，张漪初成后，1938 年在金殿镇一带，为本地青年教授北少林门派的12 抬腿门功夫。后代人张俊、张杰生堂兄弟，继续研习武功，从师于在本村打长工的山东大师傅，为少林八卦派。平时常常演练春秋刀破单枪、单刀破双枪、罗汉拳等武功。同村相伴的习武者，还有刘顺德、周学强、周成业等人。张杰生现年 63 岁，身强脑健，于田园耕作。抗战时期上小学，武术是体育主要课目，其堂兄张俊是校内教练和校外武术辅导。张杰生等新中国成立后多次组队，参加县、专区全民运动会，在城内多次表演武术，为观众称道。兰村民国初年兴起学武之风，至 20 世纪 60 年代初，习武者仍有 40 余人，其中不乏姑娘、媳妇，武术项目，有单打拳、单刀、十八罗汉拳、梅花枪、三节棍、七节鞭、虎头钩、金枪对扎、大刀对打、单双流星锤等，佼佼者有邢秉义、邢朝武、邢常兴、邢常林等 10 多人①。新中国成立以后，该县组织这些武术传习者进行武术竞赛，在群众心目中留下了精彩的一幕。

一、尧都区

区村内民族传统体育活动项目主要有威风锣鼓、秧歌等。威风锣鼓是临汾一带群众喜爱的民间的传统打击乐，列入国家首批非物质文化遗产名录。主要流传于临汾周围六七个县市，几乎村村都有威风锣鼓队，并且都有自己

---

① 山西省临汾市志编委会. 临汾市志[M]. 北京：海潮出版社，1999：1402—1403.

的曲谱，几乎人人都会敲。威风锣鼓的表演，气势雄伟磅礴，节奏铿锵有力，声响震天撼地，表演者动作粗犷悍勇，激情豪爽，撼人心魄，无论观者、听者，还是表演者，一片群情激昂，自古民间以"威风"称之①。

二、霍州市

市内民族传统体育活动项目主要有高跷、旱船、竹马、耍狮、龙灯、秧歌、二鬼摔跤、武术、象棋、摔跤、拳术、跳绳、踢毽子、顶拐拐、掰手腕、放风筝、转陀螺、跳人蹲、滚铁环、荡秋千、举石锁、拔河、风筝、信鸽、打瓦、跑旱船、踩高跷、敲锣鼓、踢毽子、扔接包、舞剑、气功、柔力球、舞剑等②。霍州农民体育活动项目丰富多彩，源远流长。汾河东西两岸的村民擅长游泳者甚多。霍州农村除继承传统的象棋、摔跤、打瓦、滚铁环、顶拐拐、掰手腕、跳人蹲、举石锁等民俗体育活动项目外，还利用春节、元宵节等重大喜庆之日，广泛开展一些传统的民间文娱体育活动，如跑旱船、踩高跷、耍狮子、舞龙灯、扭秧歌、敲锣鼓等③。

清代及民国时，霍县民间体育活动项目主要有象棋、摔跤、拳术、跳绳、踢毽子、顶拐拐、掰手腕、放风筝、转陀螺、跳人蹲、滚铁环、荡秋千、举石锁等。中华人民共和国成立以后，拔河、赛跑、风筝、信鸽、篮球、排球、乒乓球、羽毛球、自行车等体育活动项目逐步在广大群众中广泛开展起来④。改革开放之后，随着社会经济的发展进步，人们生活水平的不断提高，群众性的体育活动也蓬勃兴起，除继承传统的体育项目外，门球、台球、柔力球、太极拳、健身操、中老年迪斯科等形式多样的新型体育项目遍布城乡。

清代，霍县的塾学、州学、书院基本不设体育课。到了民国时，也仅有爱好武术的先生教学生一些普通的拳术，自制一些简单的体育器械，开展滚铁环、踢毽子、拍皮球、扔接包、跳绳、碰拐、赛跑等一些课余体育活动⑤。

---

① 山西省临汾市尧都区乔李镇乔李村志编纂委员会. 乔李村志[M]. 北京：方志出版社，2017：82.
② 霍州市志编纂委员会. 霍州市志[M]. 北京：中华书局，2013：1066—1068.
③ 霍州市志编纂委员会. 霍州市志[M]. 北京：中华书局，2013：1067.
④ 霍州市志编纂委员会. 霍州市志[M]. 北京：中华书局，2013：1066.
⑤ 霍州市志编纂委员会. 霍州市志[M]. 北京：中华书局，2013：1068

霍州的老年体育活动历史悠久，人们为祛病强身、延年益寿，经常习武练功。传统的民间体育活动有象棋、秧歌、旱船、气功、武术、舞剑等①。

三、汾西县（永安镇）

县内流传的民族传统体育活动项目种类繁多，主要项目有棋类、竹马、踩高跷、旱船、舞狮、地灯秧歌、威风锣鼓、瓮鼓、秋千、放风筝、跳绳、踢毽子、跳圈、跳远、滚铁环、顶拐拐、背回、摔跤、翻跟头、掰手腕、举石担、举石锁、打瓦、拍箭箭、跳鳖、甩石子、射箭、棋类等多种。

汾西地灯秧歌是一种古老的民间社火，一般在夜间表演，流行于西村、对竹、刘家庄、店头、大要沟等地。地灯秧歌的表演由四个步骤组成："打场子""走场说唱""顶四门""拉花"。首先是由伞头率演员在场子内走大圈热场，随后由演员们轮流说唱表演，唱词可现场即兴创作，唱词可以无限杜撰，有独唱、对唱、说唱、二人对唱、三人对唱等。走场说唱之后，由腰鼓手和两个媳妇在场四角表演四次相同的动作组合，称为"顶四门"，最后由三人交叉各走八字，形成一个六瓣花的路线图案。整个表演结束以后，由秧歌队带头，众村民参与游"地灯"活动，之后还要挨家挨户地进行表演，这些演出可以为这些家庭除邪助气、祈福送吉。地灯秧歌表演欢快多趣，深受该县群众喜爱，故能久传不衰。

舞狮时有表演队4个，以道荣村表演队最为有名。舞狮表演一般由两头大狮和若干小狮参加，大狮子由二人操作，小狮子由一人操作，另有一人持绣球逗引。传统节目为"狮子争绣球"。亦有在桌、凳上做高难度特技动作者，同时有威风锣鼓队伴奏。狮随鼓点，欢腾起舞，颇为壮观②。

阎家堰村的高跷较佳，跷高1.5米，表演时形式多样：有扮古典戏曲故事、扮现代工、农、兵等人物，配合各种高难度动作进行展示。

竹马以郭村堡最为有名。竹马白天、夜晚表演均可，夜晚表演更佳。晚上表演时，马腹装有灯，成队舞动起来如金蛇狂舞，十分热闹。此外尚有城关的抬阁，下桑原村的龙灯，西村、独堆村的二鬼跌跤，对竹村的大头和尚

① 霍州市志编纂委员会. 霍州市志［M］. 北京：中华书局，2013：1068
② 山西省汾西县地方志编纂委员会. 汾西县志［M］. 北京：方志出版社，1997：439.

戏柳翠等①。

四、吉县（吉昌镇）

境内流传的民族传统体育活动项目主要有武术、提石、举石锁、舞刀棒、软鞭、摔跤、狮子滚绣球、老汉推车、小老妈骑驴、跑旱船、霸王鞭、秧歌活动等。

明弘治年间（1488—1505 年），在城关祖师庙前设教场。活动项目有舞刀、举石锁、拳术等，主要用于武科考试和节日比武活动。清末，随着人民群众反帝反封建运动的兴起，不少农民群众自发练武。再加上有些帮会武师，不断来县收徒传艺，民间武术渐趋活跃。宣统二年（1910 年），东川昕水河流域屯里、窑渠上带群众组织练武，称"江湖会"。民国初，城关设武术馆，收徒百余人，常年练武。此外，尚有民间一年一度的摔跤、提石、举石锁、夹碌碡、拳术等竞赛，对民间武术活动都有一定的促进作用②。目前，该县在民间流传的武术活动项目有太极拳、大洪拳、小洪拳、提石、举石锁、舞刀棒、软鞭、摔跤等。

秧歌活动流传了很久。它是几十人甚于上百人化妆表演的歌舞形式。中华人民共和国成立之后，全县的秧歌活动开展得比较普遍。1977 年之后，秧歌活动比较活跃。每逢元旦、春节、元宵节期间，各村各队、各行各业主办，秧歌爱好者挑选办起各种各样的秧歌队，穿街过巷，定屯串户进行活动。传统的秧歌形式有综合秧歌队、高脚秧歌队、龙灯秧歌队。在综合秧歌队中，有"狮子滚绣球""老汉推车""小老妈骑驴""跑旱船""霸王鞭"等表演活动。1949 年以后，县文化主管部门对传统秧歌形式逐年进行丰富和改革，出现了一些新形式，主要有腰鼓、捉灯、花棍等。后来又在秧歌队表演中增加了花篮舞、大头人舞、新疆舞、农乐舞、红绸舞、表演唱、小戏等多种形式。秧歌队在行进中的队形变化上也在逐年改观，经常出现的队形有二龙吐须、龙摆尼、过街楼、四面斗、编蒜辫、卷白菜心等。全县的秧歌活动，年年有活动，年年有提高。乌拉街和岔路河回族生产队的"龙灯秧歌"、乌拉街

---

① 山西省汾西县地方志编纂委员会. 汾西县志[M]. 北京：方志出版社，1997：437—439.

② 吉县志编纂委员会. 吉县志[M]. 北京：中国科学技术出版社，1992：428—429.

满族的"高脚秧歌"以及朝鲜族的"农乐舞"、汉族的"斗狮舞"等，流传甚广，群众很欣赏①。

五、安泽县（府城镇）

境内流传的民族传统体育活动项目主要有花鼓、高跷、花灯、秧歌、气功、棋类、游泳、捉迷藏、跳绳、踢毽子等。秧歌流传于唐城、亢驿、上庄一带，在田间院落多有人引领歌唱。秧歌一般在过年时，由当地群众自发组织列队表演，在街头或是广场，都能看见该县进行秧歌舞的表演。传统唱段《纺棉花》《梳妆台》等都已收录《山西民歌选集》中②。花灯流行于唐城、亢驿、北三交一方，其花灯动作优雅简练且具有一定的舞韵，一般是少女参与。她们身穿艳丽的服装，碗内放置灯饰，用以五彩纸将碗糊成花瓣或各种图案，晚上在灯光的照映下色彩夺目，表演者演唱民歌，脚踩鼓乐节奏，起舞跳跃，左摆右旋，起伏翻腾，夜色深暗时的表演尤其引人入胜③。高跷以唐城、飞岭负名，具有特定的表演形式，其中戏剧的角色扮演最具特色，动作风趣幽默，能逗乐观众，有上高桌、跳栏杆、栽跟头等各种技艺④。花鼓于1926年由山东传入西洪驿村。表演者持妆演出，腰间需配置单鼓或双鼓挂置，在锣鼓声伴奏下进行单打、对打、滚打、轮转打等各类动作，鼓点紧凑，配合协调，花样翻新，动作敏捷，情绪高昂⑤。游泳是安泽县青年人所喜爱的一项传统运动项目，特别是聚居于沁河两岸的村民，大部分的青壮年都会游泳，游泳动作多为自由泳（俗称狗抱水），群众经常自发组织游泳比赛活动。20世纪70年代后期，响应"到大江大河去游泳"的号召，游泳的人数大大增多，县上修建了简易游泳池，并派人到外地学习，办游泳训练班，游泳技术得以提高⑥。安泽县气功始于1992年。请临汾中功师到安泽传艺，至1994年学习中功、香功的人逐渐增多。1994年12月9日"安泽县传统养生技术

①　吉县志编纂委员会. 吉县志[M]. 北京：中国科学技术出版社，1992：54—55.

②　逯丁艺. 安泽县志[M]. 太原：山西人民出版社，1997：356.

③　逯丁艺. 安泽县志[M]. 太原：山西人民出版社，1997：356.

④　逯丁艺. 安泽县志[M]. 太原：山西人民出版社，1997：356.

⑤　逯丁艺. 安泽县志[M]. 太原：山西人民出版社，1997：356.

⑥　逯丁艺. 安泽县志[M]. 太原：山西人民出版社，1997：389—390.

学校"成立，主要传授张宏宝先生创编的中华健身气功，学习的人达 300 有余①。

六、大宁县（昕水镇）

境内流传的民族传统体育活动项目主要有旱船、云车、花鼓、腰鼓、抬阁、挠阁、高跷、跑驴、打花棍、耍龙灯、二鬼摔跤、狮子舞、推小车、小花马、秧歌、抬面杆、倒骑牛、抬花轿、猪八戒背媳妇、腰鼓、威风锣鼓、高脚高跷等。每年农历正月，县城及较大村庄的群众都要闹红火。过了初一就开始练习，正月十五集中于县城竞技献艺。表演的节目有旱船、云车、花鼓、腰鼓、抬阁、挠阁、踩高跷、跑驴、打花棍、耍龙灯、二鬼摔跤、狮子舞、推小车、小花马、秧歌、抬面杆、倒骑牛、抬花轿、猪八戒背媳妇、唢呐吹奏等。扮演的故事，原有《白蛇传》《唐僧取经》《张生戏莺莺》等，1949 年以后新增《送公粮》《抗美援朝》《小二黑结婚》等节目。葛口的高脚高跷有 1.5 米高，表演跌叉、翻跟头、卧倒、起立、跳桌子、过金桥、扑蝴蝶等花样。城关的花鼓队，一个人背五六个腰鼓，鼓槌上下左右翻飞，轮番敲击，打出繁杂悦耳的鼓点。吉亭的腰鼓，由 4 个女子一人一鼓发展到 20 个女子一人多鼓，边敲边舞，队形不断地变换，有剪子关、"8"字形、掏岢岚等形式。吉亭的云车形成于清末，由推车小丑、拉车媒婆、坐车姑娘三人组成，表演转圆场、上坡、下坡、过河等各种推车姿势，中间插唱《对菊花》《表花》《画扇面》等小曲。转圆场的步法有十字步、弓箭式、骑马式、移步式。进入 20 世纪 80 年代后，城关、曲峨等地的腰鼓队发展到百人左右，表演时彩绸飘飞，鼓声整齐而有力，高昂而雄浑。1984 年从临汾、襄汾、洪洞等地引进威风锣鼓，鼓谱变化多样，名目新颖，鼓声高亢粗犷，震撼人心②。民国时候，每年农历正月十四到正月十六，县城的店铺都要悬挂花灯，燃放花炮。灯式有西瓜灯、白菜灯、宝莲灯、金鱼灯、白鹤灯、老虎灯、走马灯、龙凤灯、亭台灯、双羊抵架灯、天女散花灯、嫦娥奔月灯、谜语灯、宫灯转灯等。西街"仁义成"店铺有一对碧绿的珠灯，造型别致，引人注目。1949

---

① 逯丁艺. 安泽县志[M]. 太原：山西人民出版社，1997：390.

② 大宁县志编纂委员会. 大宁县志[M]. 北京：海潮出版社，1990：399.

年以后，较长时期内改挂纱灯，不如以前丰富多彩。1978 年后县城兴起悬挂彩灯的风俗。1984 年东起接官亭，西至昕义大桥，彩灯相接，彻夜通明，观灯者川流不息，是 30 多年间最为壮观的一次元宵灯会①。

本县人素爱武术，明清时期曾设立过武馆。民国时候，习武之人渐多，武师壬吉生（麻束村人）设馆授徒，培养了一批武术人才。20 世纪 30 年代，全县几乎村村结社练武，武术门类有太极、少林、通臂、洪拳、大青拳、炮拳、七星拳、扠手等数十种，还有刀术、剑术、枪术、黑虎鞭、三节棍等。中华人民共和国建立后，仍有部分群众自行练习武术②。

七、浮山县（天坛镇）

县内流行的民族传统体育活动项目主要有龙灯、狮子、旱船、小车、花鼓、高跷、夹马、抬搁、人熊、武术、大头和尚、二鬼摔跤、张公背张婆、花棍、花篮以及锣鼓、棋牌、踢毽子、跳绳、荡秋千、风车、滑冰、放风筝、拔河、打杠、滚铁环、捉迷藏、九连环、打钱、下方、老虎围山等多种游艺③。

跑旱船是县内民间传统体育活动的社火剧目，以"小家伙"细乐作伴奏，于广场作跑船表演。其关键是看驭船人的跑功与拨船者的操船架势功，要求二者搭档默契，武功出色者充任。推小车则是以锣鼓"粗乐"伴奏。由拉车、推车和坐车的三人配合，于广场化妆，表演滑稽故事，戏闹间插唱秧歌，无不逗得人捧腹大笑。民国初年，前交村的社火曾红极一时，村中凡男女老幼多善秧歌口词，长于做戏表演，尤长跑、旱船、推小车。名扬县里，时有"三毛推车，高学谦扭，杨福有秧歌"以及"高仰斗活老艄（拨船翁）、唐振邦水上漂（跑船）、高学让小鸭（小唢呐）真是高"等口碑赞誉。新中国成立后，跑旱船、推小车等节目已遍及全县乡村，尤其是响水河镇西坡村、西佐乡辛落村、城关镇西关村等村的表演较为出众。同时其他节目也很出色，如今县内流传的"担花篮"节目，也是 20 世纪 50 年代初，由前交村人编创

①　大宁县志编纂委员会. 大宁县志［M］. 北京：海潮出版社，1990：399—400.
②　大宁县志编纂委员会. 大宁县志［M］. 北京：海潮出版社，1990：445.
③　浮山县志编纂委员会. 浮山县志［M］. 北京：中华书局，2002：505.

而后波及全县的①。

县内有文高跷、武高跷和娃娃高跷。文高跷踩鼓点、踏节奏，伴之以丝弦细乐，以队形变换表演为主，此高跷普及县境；武高跷则以技巧表演为主，表演动作高难、惊险，伴奏以打击乐和锣鼓为主；娃娃高跷即儿童高跷，表演者大的不过七八岁，小者仅有四五岁，此高跷以南张村最为著名。北王乡高村有"高跷之乡"的美称，村中凡男女老少，多善其艺，尤以武高跷闻名于县里。所用高跷，低者五尺，高者八尺。尚有高岁老人和孩童表演跳板登、翻桌子、过仙桥、跌八叉、朝天蹬等技艺，观者无不触目惊心。与其齐名者，有张家河、史壁、庄里、徐村等村②。

花鼓类似当今之腰鼓，为本县传统的广场表演项目。花鼓较之腰鼓鼓点更紧凑，打法更激烈、粗犷。20世纪50年代，东郭村人秦大荣致力于创新花鼓，使东郭村花鼓名噪一时。与其齐名者有平里、南畔、东马沟等村。其中，平里花鼓经久不衰，以其鼓点紧凑、旋律激昂、表演套路广、花样多而技艺超群。队员装束，无论男女皆以武士装扮，头戴花冠，身着紧衣，下缠绑腿，足登快鞋，行进时，皆侧身跳跃前进，凡人皆背数鼓，有单打、对打、环单、叠罗汉高空打、倒卷帘悬着打、上木杠表演打等，表演到高潮时，一人越上前击鼓跳跃，名曰"摘七星"③。

本县抬搁以扛抬为主，形成于唐代，至明清时期趋于鼎盛，以广场跑走或队形穿插为主要表演形式。表演者又可分抬上扮演人与抬下扛抬人，抬上扮演者一般以六七岁儿童为佳，化装表演戏剧人物故事，如"西游记""白蛇传"等，然表演效果又完全取决于扛抬人的跑走效果。张庄、中村、南西河、北西河、北陈、段村等地的抬搁较为活跃，尤以中村、辛村、段村等村阵容宏大，表演出众。本县抬搁1953年和1961年几度赴临汾地区表演，颇受好评④。20世纪80年代初，本县与襄汾县西中黄的表演人员进行配合演出，从而丰富了县内抬搁的表演形式。

夹马是以其装束手段而得名。以纸扎成马形夹装于表演者腹前、背后，使表演者作乘马状，于广场或街头进行走马队形表演。表演者左手攒动马头，右手挥舞马鞭，乍看起来，犹如人乘马上，快马加鞭，形象生动，煞是诱人。

①　浮山县志编纂委员会. 浮山县志[M]. 北京：中华书局，2002：444.

②　浮山县志编纂委员会. 浮山县志[M]. 北京：中华书局，2002：444—445.

③　浮山县志编纂委员会. 浮山县志[M]. 北京：中华书局，2002：445.

④　浮山县志编纂委员会. 浮山县志[M]. 北京：中华书局，2002：445—446.

浮山夹马以马家山村兴起为最早，20世纪50年代时曾名噪县内，与其齐名的蛇蚂河村夹马队也始终活跃不衰。20世纪80年代，史演河乡夹马队曾应邀赴临表演，载誉而归①。

红火热闹以锣鼓为先，古往今来，每逢节日盛会便大打出手，煞可增添了不少的热烈气氛。浮山锣鼓素以慷慨激昂、雄伟、粗犷而闻名于县内外。在唐代有神鼓之说。新中国成立后，以寨上、诸葛锣鼓最为出名。寨上锣鼓称架子鼓，源于天圣宫锣鼓，属唐庆唐观之神鼓流派。诸葛锣鼓，溯于诸葛诞寓此练兵时击鼓鸣金。20世纪70年代，有程村、东张、杜村、响水河等锣鼓队。20世纪80年代，涌现出乔家垣、大邢、小邢、东鲁、南王、米家垣等后起之秀。20世纪90年代，寨上、北王等锣鼓队在阵容、服装、道具、乐器、曲牌等方面做了大量改革，成为雄踞县境南北的两支劲旅。1991年本县选调30人加入临汾地区威风锣鼓队，赴京参加亚运会开幕式表演，受到山西省人民政府的嘉奖。锣鼓现已传到机关、学校和厂矿。1993年后，县工商管理局、计生委和电业局相继购置了现代锣鼓、器乐，每逢重大会议和节目均为其助威添彩。到1999年，全县有乡村锣鼓队50余个，县直机关、厂矿、学校锣鼓队（新式鼓乐）20余个，参加人数达2000余人②。

武术即国术，表演分单人独耍和多人对打。单人耍又可分单人徒手打腿脚和单人演示枪、刀、棍、棒等套路，单人演示多为功力较厚者献艺表演，而多人表演则是演示以枪、刀、棍、棒等作对打的套路，如"双刀破花枪""笆刺擒枪"等。浮山武术源远流长，20世纪50年代时，县内有"四强一秀"。"四强"是赵家垣与郑家垣武术队、西韩武术队、仁彰武术队和史壁武术队，四家实力相当，可谓"棋逢对手"。赵家垣人赵士秀，武艺精通，尤以"铃雄"为县内一绝，其子赵今斐、赵今鳌亦善此艺。"一秀"是指城关镇的郭家坡村武术队，虽队伍不大，然以技艺精、功力厚、套路广、出手不凡，而名播县境③。自20世纪80年代以来，天圣宫道家武术杂耍在该县开始流行，在社会的不断发展中逐渐演变成为大家喜爱的一项传统体育活动。

---

① 浮山县志编纂委员会. 浮山县志[M]. 北京：中华书局，2002：446.

② 浮山县志编纂委员会. 浮山县志[M]. 北京：中华书局，2002：446—447.

③ 浮山县志编纂委员会. 浮山县志[M]. 北京：中华书局，2002：446.

八、古县（岳阳镇）

境内流传的民族传统体育项目主要有社火、闹秧歌、威风锣鼓、转地灯、隋唐战鼓、高跷、抬阁、旱船、跑驴、二鬼摔跤、锣鼓、花鼓、狮子、霸王鞭、火塔、转地灯等。

县内传统的民间社火，俗称"红火"，历史悠久。多在元宵节、庙会和拜神祈雨时活动，常见的有秧歌、高跷、抬阁、旱船、跑驴、二鬼摔跤、锣鼓、花鼓、狮子、霸王鞭等。少见的有火塔、转地灯等。新中国成立后，社火逐步演变为春节群众性文娱活动①。转地灯或称灯阵，亦称钻迷宫，昔日在安吉村常有。转地灯有图案，按图案立灯桩，桩高三尺，每桩一灯，占地五亩见方，立桩进出有门，内转有路。每进出一次，行程六七里。设四门，一门入，一门出，其他二门为死门。满地无数星灯，不能倒灯桩，如破坏一桩，人流大乱，亦摆不成长蛇阵。其蛇阵可曰：天上银河下九霄，满地无数灯火闪，人流依依长蛇阵，弯弯扭扭转地灯②。新中国成立后该项目在该地区较为少见，1985 年该县组织过一次，灯由油灯变为电灯，场面极为热闹。

威风锣鼓大村均有，以张家沟、偏涧、五马、湾里为佳。各村各有自行套路，如九连环、老鸭子回水、凤绞雪、麻丝缠等。多以元宵节、庙会为活动时间中心，摆阵对打，各使绝招。一般以八锣、四鼓、二钹为一班，演奏者身着清代服饰。抗日战争时期，除元宵节外，还用于庆祝胜利、欢迎参军等主要活动。新中国成立后，锣鼓表演少则几十人，多则上百人。中共十一届三中全会后，队伍更为庞大，演奏者多以武士装束摆阵各异，场面壮观，气势浩大③。1987 年后，开始有女青年参与，到 1990 年以后，女青年则成为主要参与者。每年节假日，大街小巷游车展演，后进广场表演。

"红火"在农村旧时亦称闹秧歌。闹秧歌亦包括高跷、抬阁、旱船、小车、竹马、狮子等，随同花灯下场表演。灯有花灯、三莲灯、金鱼灯、天鹅灯、八角灯，成双成对，乐具配场。参与下场的还有火流星、坐銎、张公背

---

① 古县志编纂委员会. 古县志[M]. 西安：陕西人民出版社，2001：457.
② 古县志编纂委员会. 古县志[M]. 西安：陕西人民出版社，2001：457.
③ 古县志编纂委员会. 古县志[M]. 西安：陕西人民出版社，2001：458.

妻、二鬼摔跤、秀女放羊、大烟鬼下场等活动。民国之前，多以神社为单位闹红火，开支以神社为单位按地亩、人口摊销，一般一年一清。抗日战争时期，部分节目参加庆祝活动。新中国成立后，就仅在元宵节闹。1979 年后，各乡镇（公社）均组织进城表演，参与摆阵游街，在广场演出。游街以霸王鞭、三眼铳开路，威风锣鼓打头阵，闹秧歌沿街表演，转八字、三环套一、对十字、转蜗牛是各队的常跑套路。闹秧歌重表演技巧，以此突出喜剧效果。游旱船，媒婆扭胯并碎步配合，老船翁一弯一扭，诙谐逗乐，列队领舞，后有花花公子及跑驴的小媳妇和赶驴的小生，妙趣横生。高跷列队，扮装成古装戏剧各角色人物，生、旦、丑齐全，栩栩如生，惟妙惟肖。新中国成立后，增添工农兵形象，如《红灯记》《智取威虎山》《沙家浜》的主角人物。1982 年，从洪洞请师傅制作龙灯，由张庄排练演出。至此，县内闹秧歌增添了龙灯的新内容。1984 年后，又增添了彩车，以各行业为主，车身绘制图案，以示一年发展情况与成绩①。

九、隰县（龙泉镇）

境内流传的民族传统体育活动项目主要有武术、转九曲、锣鼓、高跷、斗狮、龙灯、跑旱船、推车、竹马、毛驴、花灯、张公背张婆、大头娃娃、二鬼扳跤、腰鼓、大头和尚戏刘海、刘海戏金蟾、四老爷坐扶杆、八仙过海等。此外，强身健体与娱乐融为一体的项目有石锁、铁担、跳绳、秋千、顶拐拐、踢毽、滚铁环、打碗儿、拍皮球、打毛史官、黄鼬吃鸡、游泳等；智力型运动有棋类，如老虎吃绵羊、下方、围棋、象棋等。

社火，县人俗称"闹红火"，最初是祭祀仪式，在清代发展为春节游艺的主要形式。县民自腊月准备到元宵节期间，都沉浸在欢乐之中，进行排练、演出，均为自发参加，自乐自娱为特色。主要节目有锣鼓、高跷、斗狮、龙灯、跑旱船、推车、竹马、毛驴、花灯、张公背张婆等②。有些项目如今仅有文献记载，其传承已失传，如：刘海戏金蟾、四老爷坐扶杆、八仙过海。新中国成立后恢复了不少传统项目，如：二鬼扳跤、腰鼓、军乐等项目。

① 古县志编纂委员会. 古县志[M]. 西安：陕西人民出版社，2001：458.

② 隰县地方志编纂委员会. 隰县志[M]. 北京：方志出版社，2007：548.

　　高跷以西街、午城、黄土、千家庄、下李为最。而千家庄高跷尤为夺目。高跷俗称"踩拐子",一般高约1米。踩拐子是青年男女的"专利",古装节目多为戏曲故事人物,如《白蛇传》《梁祝》《西游记》《拾玉镯》等,新中国成立后改为工农兵英模形象。粉碎"四人帮"后,突出了《三打白骨精》。伴奏乐器为小鼓、小锣、唢呐。曲牌多为民间小调《拜新年》《放风筝》《卖扁食》《绣荷包》等①。扮演者持简单道具,做跳桌子、跨板凳、上高台、跌叉等高难惊险动作。旧社会不许女孩子踩,女角色由俊俏男孩扮演。

　　斗狮子,过去以西街为主,现在以商业局为主,但斗狮者也是西街人。张培义是西街整个红火的组织者,其长子银海扮的斗狮武士,将自身武功串连到节目中,做出一个个优美刚健的动作,使观众目不暇接、引颈追逐。现在白润生将戏曲武生功底引入,亦有异曲同工之妙。王银孩舞狮尾,银海弟献珠舞狮头,他们配合默契,是最受欢迎的节目之一。伴奏乐用锣鼓,有专用曲牌②。跑旱船也是上述各村镇为好。近代跑旱船由旅隰临县人传授并主演。"船"用彩绸装饰得绚丽多姿,四角悬挂红灯,"坐"船的是打扮成新娘模样的村姑,板船者(艄公)扮成白发渔翁,鼻梁上点白,幽默风趣③。在整个演出要配合多种动作,如各种步式、图形,并做推波逐浪的起伏震颤、前进后退、盘桓打旋等动作。该类动作的妙处在于艄公与村姑动作的配合演出,一旦一丑,艳而不妖,俗而不陋,在该县一直经久不衰。

　　转九曲本为道家参与居民丧仪的仪式之一,由于它的含义在于祈福祛灾,渐渐引为元宵庆典节目,多于正月十三至正月十六日举行。20世纪40年代后停,20世纪80年代中期始见恢复。从夜幕降临到子夜方毕。选择一平旷场地,由道士安排,以一定路线树以木栅相隔,并置油灯为记,只设出入二门,形似迷宫一般的曲阵。转九曲就是绕弯弯,不过设置九曲颇有讲究。摆九曲一定要内行,转的人却不要任何艺术,人数、性别、年龄都无限制,能走就行,转时紧随领头者鱼贯而行,直至疲惫掉队④。转九曲是传统体育活动中必不可少的配乐,在各种祭祀文化活动中都很常见。

　　秧歌由陕北传入,参加者年龄、人数不限,根据当年中心工作化妆成英模人物,大多数英模人物以生活装出现,由于这一随意性,秧歌成为街头文

---

① 隰县地方志编纂委员会. 隰县志[M]. 北京:方志出版社,2007:548.
② 隰县地方志编纂委员会. 隰县志[M]. 北京:方志出版社,2007:548—549.
③ 隰县地方志编纂委员会. 隰县志[M]. 北京:方志出版社,2007:549.
④ 隰县地方志编纂委员会. 隰县志[M]. 北京:方志出版社,2007:549.

艺主体，队伍庞大，蔚为壮观。青年人穿着时髦的衣装，迈着优美的步伐，彩绸如蝶，鲜花如潮，表现了强烈的时代气息，而农村以柴家秧歌为美，讲究化妆成特定人物，手持扇子、伞、镰刀、斧头等道具，富有浓郁的地方风味。伴奏器乐为中鼓一面，钗锣各二，曲谱仅有两句，循环往复，节奏明快强烈，便于参加扭秧歌的人记忆和踩拍子①。

明代就有以武功博取功名者，马逢知升任江南提督（从二品）。清代，李允任湖广参将，李应忠、冯得成任守备。康熙后有武举6名，午城肖宜达为光绪丙子科二年（1876年）中武进士，任岚州镇西营守备。民国初年，本县拳师有李庆云（河北人，落户前峪）、薛占奎、员文忠及其子泰昌（曾任九中体育教师）。徒弟有景克明、宿自东、梁忠等十多名。流派有太极拳、通臂拳、少林拳②。

十、襄汾县（城关镇）

境内流传的民族传统体育活动项目主要有社火、杂耍、打秋千、蹬车轮、马术、耍飞叉、水流星、耍弹、耍刀枪、秧歌、跑鼓车、抬阁、天塔狮舞、阴阳鼓、狮子、龙灯、旱船、竹马、高跷、扛阁、大头人、二鬼摔跤、花腔鼓、花车、锣鼓、旗伞、腰鼓、牛头虎、高跷、转身鼓等③。另外，该县境内还有武术、秋千、摔跤、拔河及舞棍等活动在民间也流传较广。

县内社火，据下北许铜乐器的铸制时间、丁村明清民居的木雕图式以及西中黄台阁的传统节目等方面考证，在唐宋时代就很活跃，元代以戏曲形式搬上了舞台，明代进入盛期，清代每年春节至元宵节为其活动时间，各处社火都非常旺盛并汇聚荟萃县城，热闹非凡。有狮子、龙灯、旱船、高跷、抬阁、扛阁、二鬼摔跤、锣鼓、旗伞、牛头虎等形式，这些项目结合当时社会局势的发展，不断涌现出新的表演内容，扮演各种故事、戏剧。以表演为主的有狮子、龙灯等，在进行旱船、高跷、竹马、腰鼓表演时加了唱民歌的表演，抬阁、花车属于化装表演故事。其中颇有名声者，有小王、寺头的锣鼓，

① 隰县地方志编纂委员会. 隰县志［M］. 北京：方志出版社，2007：549.
② 隰县地方志编纂委员会. 隰县志［M］. 北京：方志出版社，2007：614.
③ 襄汾县志编纂委员会. 襄汾县志［M］. 天津：天津古籍出版社，1991：487.

令伯、夏梁的转身鼓，赵雄的花腔鼓，西中黄、北中黄、刘庄的抬阁，候村的扛阁，陶寺、膏腴、贾朱的高跷等①。

襄汾县的民间秧歌是各大喜庆节日中必将演出的节目，受到各村村民的喜爱追崇。其表现形式是 1 男童扮演老汉，腰系小鼓，在中间擂打，4 女童身着艳丽的表演服装，各敲小镲，边敲边舞，旁边设 1 人分击锣鼓。一趟完毕，表演者要合唱当地有名的秧歌歌曲，其歌唱的内容多为当地群众自编的故事。同时伴有花鼓表演，也还有打霸王鞭、表快板（俗称聊干板）等活动内容的展示，曲调和鼓点各村都略有所不同。清嘉庆年间，沙女沟村把街头秧歌搬上舞台，乐器鼓板伴奏，唱词 1 曲 4 句，故称四句秧歌。之后各村纷纷效仿，于是在太平地区开始普及。其流传剧目有《齐王姬》《白玉簪》《双锁柜》《十万金》等。西村演唱的《拐银匠》《卖花》也很出色。《卖花》为 3 人的独场小戏，丑角扮演卖花老头，花旦 2 人扮演买花姐妹，老头扮演街头卖花的老人，两姐妹扮演无钱买花的姑娘，老头表演出心慈大善的性格，赠予两姐妹牡丹 2 束，为此姐妹拜老人为干爹，欢笑收场。剧中一颦一笑、一问一答，声情并茂的精彩演绎，深受当地群众的喜爱。1957 年，在晋南地区文艺会演和山西省业余民间小戏会演中获奖②。

阴阳鼓在襄汾、曲沃又称"文锣鼓"。这一鼓种主要分布在襄汾县汾河两岸的邓庄镇鄢里村，南贾镇东张、荀董等村以及尧都区尧庙乡的神刘、大韩、伊村、杜村、下靳和曲沃县的部分地区。演奏乐器主要有大鼓、小鼓，大鼓和小鼓一般由一个人敲打，有的地方分两个鼓架，由两个人演奏，两个人各敲一个。阴阳鼓的演奏难度在于一个人演奏两个鼓，大鼓随锣，小鼓随钹，这给队形的变换也造成了一定的困难，因此一般阴阳鼓的表演，队形变换较为单调。阴阳鼓的演奏风格，以抒情、细腻、文雅见长。

襄汾县民间旱地行船是在旱地上行走的地地道道的大货船。过去由于水域的运营成本较低，商家们喜好从内蒙古一带采伐树木，制作成大船，顺流而下，沿河进行各种土特产品、手工业产品的贩卖。但船到壶口之上，壶口瀑布将黄河水运分割成了两段，大货船承载几十吨的商品货物，一般不会选择顺壶口瀑布而下来进行商品货物的托运。此时大货船就需要登上陆地，雇用当地村民，把货物从船上卸下，再雇人背运到下游的"圵口"。大船由人力

① 襄汾县志编纂委员会. 襄汾县志［M］. 天津：天津古籍出版社，1991：416—417.
② 襄汾县志编纂委员会. 襄汾县志［M］. 天津：天津古籍出版社，1991：417.

从龙王辿拉上岸来，然后，河边村民们担任的纤夫往下游推拉，小船几十人，大船几百人。遇到河岸石头平坦的地方，就在船下垫上圆木，一步一步向前滚；遇到沙地，就在河上糖着向前走，就这样向前挪动一公里，经过了壶口瀑布，到达"忒口"石豁处。再把船上磨破、拉坏的地方加以整修补漏，推进水里，装货续船。当人们拉船时，艄公在船上唱着号子，纤夫们随声应和一起用力。在人的呼喊声和壶口水的咆哮声中，船在石岸上艰难地移动着。目前，"旱地行船"节目已列入山西临汾非物质文化遗产名录。

十一、翼城县

翼城县群众体育活动项目形式多样，开展得非常活跃又源远流长。据旧志记载，早在尧时，就有了弈棋活动，俗传民间的象棋即源于翼城。民间广泛流行的体育活动有老虎上山、踩地灯、火叉、甩杆、跑驴、抬花轿、腰鼓、大鼓车、锣鼓、蛤蚌舞、抬阁、高跷、旱船、浑身板、竹马、秧歌舞、龙舞、狮舞、虎舞、花鼓、花灯舞、社火、气功、象棋、撇围圈、武术、踢毽子、摔跤、掰手腕、滚铁环、拔河、打陀螺、跳绳、踢毽子、丁方、丢手绢、抄绞、捉迷藏、跳皮筋、老鹰抓小鸡、煮鳖、下方、呼啦圈等。

县人素有习武强身的传统，流行有洪拳、通背拳、梅拳、少林拳、杨氏与陈氏太极拳等，此外还有神鞭、齐眉棍、六合刀、关公刀、三节棍等传统武术项目。遇有节日庙会，多与跑旱船、扭秧歌等形式配合表演，表演分徒手和器械两类。器械主要有长矛、单刀、三节棍等。下涧峡村师登林的拳术、单刀、长矛套路多、技艺精、身段美、享誉乡里①。

社火是翼城民间传统文化的表演形式，具有浓郁的地方特色。明清至民国时，每逢春节、元宵节、庙会和重大祭祀活动，该县各乡镇都会积极开展社火活动。新中国成立后，社火表演得到了继承与发展，该县每年都精细地策划春节的社火表演，文化和旅游部门会组织专业人员到基层进行专业辅导与帮扶。20 世纪 80 年代后，民间社火成为该县居民欢庆鼓舞的重大节目，群众都积极参加社火表演，其表演的形式更加丰富多样。

花灯舞是流传于翼城县王庄镇古署村的民间传统舞蹈。古暑村花灯的构

---

① 赵宝金. 翼城县志[M]. 太原：山西省人民出版社，2007：918.

造是：用一木制大弓，弓弦长 1.4 米，弓的一端装铁轮，弦上置两个花灯。表演时，锣鼓依花鼓谱伴奏，铁轮着地，演员用手推弓前进。铁轮滚动，齿轮带动 2 灯反向旋转。演员一般为 12 人以上，走"龙摆尾""二龙出水""剪子股"等队形。夜间表演时花灯闪烁，旋转似螺，移动如虹，精彩绝伦。1959 年，古署村花灯舞曾参加全省民间艺术调演。据记载，翼城花灯舞已在当地流传了 100 多年。旧时，每逢元宵节，当地民众用高粱秆扎成花灯模型，外表用五彩纸装裱，花灯做成后固定在 1 米高的木棍上。表演时人们高举花灯，敲锣打鼓地走街串巷以示庆祝。传统花灯舞多为举花灯表演，后经数代艺人不断改造创新，形成了推花灯、花灯弓的基本形式，且表演规模、人数和花灯种类数量也日臻完善和丰富。参演人员身着统一服装，手持各式花灯，做出"龙摆尾""二龙戏水""剪子股""蛇蜕皮"等舞蹈阵型。闪烁的五彩花灯随着各式舞蹈动作，流光溢彩，场面盛大而又壮美。花灯舞集音乐、舞蹈、美术于一体，有其独特的艺术魅力，不仅给人带来视觉上的审美享受，更以狂欢的盛大仪式给民众带来精神上的放松和愉悦，深受当地群众喜爱。

虎舞，俗称"耍老虎"，是翼城传统民间艺术形式之一。主要表演翻滚、翻扑、奔跳、直立等动作，动作敏捷，舞姿优美，尤其是"老虎上山"，惊险壮观，气势雄伟，极具观赏性。

狮舞，又称舞狮、耍狮子。舞狮活动始于隋唐，开始舞狮时是单人狮，动作简单，只在地上引着狮子跑动滚翻，后来发展到双人狮，即两个人舞一只大狮，并有攀高动作。经过不断地改进，表演动作日趋丰富完美，表演集传统文化、民间艺术与现代杂技于一体，融服装、音乐、舞蹈、武术于一炉，动作利落、惊险、神奇、优美、风格独特。表演时，随着吉祥的锣鼓声，穿着英雄服、腰扎彩带、头裹黄巾的驯狮手执五彩锦绣球，以雄健威武的姿态出场。2 只雄狮和 4 只小狮直立旋转 360 度，相互撕咬，卧地翻滚，亲昵逗玩，相互亲吻，做舔毛、抖毛、抚小狮、跳跃、搔痒等动作。高潮时，攀高桌、上板凳，表演"珍珠倒卷帘""莲子开花""凤凰展翅"等动作，最后两只雄狮朝外直立，前腿腾空，向正前方将口含的两条写有"祝贺""致敬"之类的红色彩带从顶端向下垂落，场内"紧急风"乐声响起，表演者在观众的掌声、喝彩声中亮相收场。北撖、北张、吴寨、凸里、杨庄庵等村的舞狮表演在全县较有名气。

龙舞俗称耍龙，是北关、辽寨河、苇沟等村的传统表演节目。龙身长 20米左右，分为龙头、龙身和龙尾 3 部分。龙头制作精美，龙身和龙尾用竹条或铁丝制成架子，然后蒙上画有龙麟的黄、绿色布。一般有 7 至 11 节，每节下边有表演者举撑竿作舞，另有一个舞龙珠的领舞人，舞龙时有打击乐伴奏。随着前面手持龙珠人的引导，表演者开始将龙身上下盘旋翻腾，穿花缠绕又盘旋团转，表演"二龙抱珠""双龙盘花""腾云驾雾"等。夜间表演时，将龙体内置灯若干，俗称"火龙"。还有的在龙口喷火、放烟火，十分壮观。代表节目有"龙绕九柱""龙打滚"等，表演时，舞龙人上下左右穿插，长龙翻滚盘绕，其动作粗犷有力，情绪饱满刚强，彰显了英勇无畏、富于拼搏的民族精神。

竹马俗称耍竹马，是上白马、斜口庙、庄里岭、阎强、神沟、古桃园等村的传统节目。耍竹马属武术表演项目，一般有两种表演形式：一种是在耍狮子、老虎时，后面跟随竹马表演者，在狮、虎表演空间或结束时穿插表演；一种是戏剧化了的哑剧式的武打表演，其情节大多取源于《水浒传》和《三国演义》等故事。表演人员必须是偶数，以便兵对兵、将对将开打。兵器各有不同，但必须是真枪真刀。表演人员按剧中人物着装化妆，每人头上插一个用高粱秆皮编制的小风车，上面贴一面小红旗，标明剧中人物姓名。表演时，由打击乐伴奏，开始先是二人轮流对打，接着双打，有胜有负，有的战死退下，有的继续奋战，最后混合开打，直到败者逃窜，胜者凯旋，整个表演才结束。竹马在西阎一带叫"架子拐"，在古桃园村的表演中小有名气。

浑身板作为一种地方民间艺术，击板者以右手拿着的木板拍打左手以及肩、膝、腿、脚等身体各部位，同时配以"踏步""跳转""吸腿""弹腿""射雁"等舞步。动作的展示时而"跳转掏击"，时而"翻板击腿"……随着身体姿态的不断变化，木板的怕打和运动产生不同的变化，发出有节奏的响声，彩带飞舞飘逸。表演者整个身体的展示舒展大方，具有一定的观赏性。

旱船俗称"跑旱船"，是翼城传统民间艺术形式之一。其表演形象生动，独具特色。旱船，也称跑旱船，是本县社火表演的主要节目之一。本县孝义、中卫、武池、西关、下高、北关等村旱船表演颇有名气，其中孝义旱船不仅历史悠久，而且船体大，表演套路多，独具特色。据传，"旱地划船"始于尧子丹朱时期，孝义村是跑旱船的发源地。至清光绪年间，孝义旱船已负盛名，张家、郭家、马家均有传人。孝义旱船表演形式以多只彩船参加表演，少时 2 只船，多时 6 只船。表演者均以戏剧《白蛇传》《打杀家》人物化妆。驾船人旧时为男扮女装，戴着墨镜，在船面上特意装两只假腿和一双小脚。新中国成立后直接由俊俏的小姑娘和小媳妇驾船，一只船配一船夫。行进时，船夫手持木桨，在船边或船前做划水的样子，驾船者脚踏小碎步跟着起伏进退。园场表演时，船夫高喊一声"开船喽"即进入表演。表演开始后彩船先排成一溜停在后边，由划船人在园场中进行武术表演，或打旋子，或过小翻，或对打等。船夫的基本动作为"左旋风""右旋风""二起脚""五起脚"等，难度较大的动作有"三百六""云黑翻"等。进入跑船后，先是起锚、拉帆、撬船、起船之类的动作，接着走一圈"平水"，继而走"上水"（逆水行舟）和走"下水"（即顺水而下）。表演套路主要有"掏8字""穿茧孔""蛇蜕皮"等，或进退，或起伏，或搁浅，或旋转，或穿插，均胜水上漂。船身时时保持平稳，相错时不能太远，也不能太近，必须恰到好处，不能互相碰撞。由于表演逼真，观众看得眼花缭乱。有时中间也停下来，插唱一段民歌。表演完毕也，船夫挎船退场。

旱船表演配乐主要有鼓、锣、钹、唢呐等，乐队一般为30人左右。如今表演时有2面大鼓，3面中鼓，3付大钹，3付小钹，1个架子鼓，4支唢呐，伴奏中突出钹的音响。乐队人员均系古代壮士装饰，与威风锣鼓人员相同。

旱船是先依照船的外观形状制成木框架，然后在木架周围绘上水纹的彩画或围上海蓝色棉布裙，船身上面用竹竿搭一凉亭，用红绸、镜子、绣球、纸花等饰物，用彩绳网起来，并配以船灯造型，十分美观。大船长4.8米，高3米，小船长3米或2米。船夫扮演者系戏剧人物化妆，头戴黑色或黄色圆圈帽，前面上翻，写有"寿"字，嘴带白色长胡子，身穿黑色或黄色道袍，腰系板带，脚蹬长靴。传承人有马效温、张秉贵、庞明、郭志坚等①。

高跷俗称踩高跷，是北唐、南官庄、西贺水、下石、樊店、北唐等村的传统表演节目。表演者把踏脚装置的木棍绑在腿脚上，低者一二尺，高者六七尺，一般扮成古装戏剧人物，其中总有几个小丑、媒婆或孙悟空之类的滑稽形象。行进时甩鞭开路，在广场上则甩鞭打场。表演时，队形多变，有"一条龙""扭8字""二龙出水"等表演套路。北唐村高跷以高制胜，且在高跷上打花鼓。南官庄、西贺水村则以"翻杠子""跳桌子""劈叉""翻跟斗"等高难动作享有盛名。开化村16个芝麻官高跷队、南官庄群猴嬉戏高跷队、下石村秧歌舞高跷表演给观众留下了深刻印象。

抬阁是里砦、东关、西堡等村的传统表演节目。分低阁和高阁两种形式：低阁是在人肩和背上绑上铁架，上面捆扎男女幼童，扮成古装戏剧人物，用

---

① 赵宝金. 翼城县志［M］. 太原：山西省人民出版社，2007：971.

服装遮住捆扎的痕迹,十来个人组成一队表演。铁棍上设有机关,幼童可在上面扭转。高阁则是用牛车拉一棵高数米的杨树,在树干上中下部同样用铁夹捆扎男女幼童。一般每个抬阁上为一出折子戏,常见的有《卖水》《断桥》《拾玉镯》等剧目。里砦镇用拖拉机和大型铁架制成十几米高的高阁,每个上面有两三个人表演,每村一车,排成一溜,场面十分壮观。

蛤蚌舞是西阎镇堡子村传统的民间舞蹈,以逗蚌人和蛤蚌精双人表演为主。翼城是唐尧故地,在城南的历山脚下、西闫河畔,"河蚌舞"向人们展示着其独特的魅力。河蚌舞就是人们为期盼一年太平、五谷丰登等美好愿望而进行的自发群众活动。"河蚌舞"流传已久,起源于清朝嘉庆年间,距今有180多年的历史。古老的"河蚌舞"由两个人来演,即逗河蚌的人与河蚌精的双人表演为主,扮演河蚌的也是男扮女装,乐队采用花鼓点,唱的是民歌小调;新中国成立后,通过老艺人王兴业的创新发展,"河蚌舞"有了较大的改变,河蚌精由妇女来演,河蚌精和逗蚌人各增加到了10个,也增加了老鱼鹳,逗蚌人的角色也有了改动,增加了老船夫、钓鱼人、小丑等,将乐器的花鼓点改成了锣鼓点;到王兴业的徒弟王力殿这一代,不但发展了表演艺术,而且将"河蚌舞"的表演进行了整理,搬上了沁水舞舞。"河蚌舞"的道具,可谓色彩斑斓,装饰讲究。据了解,先前的道具,如河蚌壳都用纸糊起来,再用麻绳捆住,后用燃料染成各种颜色,因为是用一些庄稼秆、柳条等为骨架,再加上纸张、糨糊等材料,道具大都比较笨重而且不耐用,一两次下来就坏了;现经过改良,用8号铁丝傲骨架,加上各式颜色的绸缎,既轻便又美观。表演"河蚌舞"需要一定的技巧,年事较高的老艺人因体力不支渐渐退出了舞台,有的已相继离世,而年轻人在逢年过节时都是临阵磨枪勉强表演。

锣鼓有鼓车、大锣鼓、小锣鼓和威风锣鼓。鼓车在清末和民国时较为时兴,即将特制的大鼓装在牛、马大车上,由多名鼓手击鼓。符册村卧龙岗庙会的牛拉鼓车气势磅礴,威武壮观,久负盛名。大锣鼓表演至少需3人分击扁鼓、马锣、大钹,套路各村不尽相同。一般长牌为"珍珠倒卷帘",四分之二节拍,54小节,可任意反复;中牌为"凤凰单展翅",四分之二节拍,24小节反复;短牌为"狮子滚绣球",四分之二节拍,12小节反复;单槌"梅花点点红",四分之二节拍,16小节反复;上九槌"群虎望月"和下九槌"暗龙探海"节奏快而多变。小锣鼓配器基本与大锣鼓相似。20世纪80年代起,不少村子引进了威风锣鼓,西关、世家庄等村引进了震天锣鼓。大鼓、大锣、大钹配伍，50～100人组成方队，统一着装，指挥插旗，击乐铿锵有力，整个表演气势非凡。南寿城、北关、东寿城、陵下等村的节日威风锣鼓除节日表演外，还常应邀出县表演。南寿城曾在临汾地区锣鼓大赛中荣获锣鼓王的称号。北撖女子威风锣鼓也享有盛名。

明清时，每逢农历三月初八符册村卧龙岗庙会，都有牛拉大鼓车表演。卧龙岗庙会由符册、范牛、凡店、北史、北唐、东唐等十村轮流主办：轮到哪个村主办，哪个村首先要挑选一头毛色红润、威武健壮高大的黄牛提前精心喂养。表演当天再给铁轮大车和黄牛披红挂绿，精心打扮，并将直径四尺、高三尺左右的红漆大鼓固定于牛车之上，多名鼓手与手持十八般兵器的表演人员精心化妆后，护卫在鼓车的前后左右。中午时分，庙会上人头攒动，各种红火热闹集中表演，最高潮时，鼓乐齐鸣，牛拉大鼓车出场，绕场三周后，突然庙门大开，鼓车在众人的拥簇下从庙门斜坡上直冲而下，到大街上朝西门而去，场面气势磅礴，威武壮观。20世纪80年代后，该县出现了四轮拖拉机和大卡车拉着鼓车表演，鼓的直径越来越大，鼓手也越来越多，整个表演雄浑、壮阔、威风。

腰鼓因鼓系在腰间而得名。腰鼓两头直径约30厘米，腰围直径50厘米，长约70厘米，民国时就十分盛行。新中国成立后，成了县内大型庆典活动的传统节目。腰鼓可在舞台上进行单人、双人、多人表演，也可在广场搞百人以上的大型表演。腰鼓把击鼓心、敲鼓边、碰鼓槌所发出的三种基本声音，有节奏、有规律、恰当地运用在各种曲牌中，构成了和谐而形象的音乐。表演者的腰间和鼓槌上均系红绸，上下翻飞，动作整齐划一，尤其是在庆典、游行活动中更为壮观热烈。2003年9月，吉壁村女子腰鼓队在长治参加山西省广场文化艺术节，受到一致好评。

抬花轿在农村较为流行。表演者一般都是4人，抬轿者2人（男），乘轿者1人（女），小淘气1人（男）。轿行进在凸凹不平的道路上，小淘气时而戏逗轿内嗔怒的艳女，时而劝说停轿不抬的轿夫。多有曲剧《春草闯堂》中春草坐轿、县官跟跑和《七品芝麻官》中县官坐轿的情节。表演诙谐风趣，令人捧腹大笑。北关、西阎等村的表演颇受好评。

跑驴又称赶驴，历史悠久。道具是用竹篾扎成驴头、驴尾的骨架，再以纸糊扎或蒙布，加以彩绘后，绑在表演者腰部的前后，似骑驴状。这种舞蹈一般都是双人舞，扮俏媳妇骑护者一人，傻丈夫一人。丈夫牵着毛驴，媳妇怀抱小孩，夫妇俩高高兴兴地回娘家（或赶集会）。一路上毛驴调皮，道路不平，时而上坡，时而下坡，时而过涧，时而驴跪地，时而婴孩啼哭，丈夫慌了手脚抓耳挠腮，情节动人，表演精彩。其风格夸张，幽默风趣，生活气息浓郁，感情表达真实。北关、曹家坡等村的表演久负盛名。

甩杆是一种风趣而普及的表演艺术。它与小孩压翘板一样，一上一下，坐在杆两头的演员分别扮成钟馗、猪八戒、孙悟空、小丑等，表演着各种舞蹈动作，使围观的群众置身在一片欢乐之中。20 世纪 70 年代前后在县内社火表演中十分盛行。

火叉表演的道具是一根形似"山"字形、长约 2 米的铁棍，表演者要有一定的武功基础，表演时以火叉击打肩、臂、肘、膝、脚、手、颈等处，动作繁多，集体表演者常伴以队形的多种变化。火叉的两头也有镂空而在其中吊数个麻钱的，击打过程中发出清脆的声音，煞是动听。晓史村的火叉表演久负盛名。社火表演形式还有花棍、人熊、二鬼摔跤、张公背张婆等。

踩地灯是西闫村元宵节独特的活动形式，又称"走弯弯""摆地灯""迷魂阵"。在西闫村，每到正月初十，按照祖传习惯，各家将准备好的一根长五尺左右的木杆子缠上彩布，按照统一划定的位置和图形埋在村西约 30 亩地的大园子内，掩埋时木杆统一露出地面一米高，然后由专人将栽好的 365 根木杆子（象征一年 365 天）用绳子盘来绕去，布成 9 个小阵，俗称"弯弯"，并在拐弯处将油灯置于杆头，名曰"地灯"。整个布局呈长方形，有进口、出口，按五方五地八卦阵势排列。据传说，进行这种活动是为了让人体会到全年 365 天都像迷魂阵一样不容易度过，要时刻保持清醒的头脑，把握好每一天。民国初至新中国成立初期，西闫村排阵的把式是李培才、张居武、张开杰、张居福等人。元宵之夜，玉兔东升，地灯点燃，犹如星海。吉时一到，三声炮响，踩地灯者，从入口处进入方阵，不准越杆，不准反复，勇往直前，大园里鼓乐齐奏，男女老少在方阵内穿梭绕行，你中有我、我中有你，各领风骚。走出方阵者洋洋得意，陷入迷魂阵内的晕头转向，被人救出后，还要重踩一次，大园里人山人海，笑声朗朗，融入了浓郁的亲情、乡情和友情。1953 年正月十五的那一天，西闫村为了庆祝土地改革，进行了一次大型摆地灯活动，吸引了周边数千观众①。

老虎上山即虎舞，俗称耍老虎，是该县传统民间艺术形式之一。所谓老虎是用黄布制成虎状衣，由二人在内一前一后进行表演，舞虎人手持钢刀与

---

① 赵宝金. 翼城县志［M］. 太原：山西省人民出版社，2007：956—960.

虎搏斗,有时众武士可持刀棍等配合打虎。饰虎者做翻滚、翻扑、奔跳、直立等动作,舞虎人系武术高手,有时可在舞虎前进行武术表演。西王村李姓族人耍老虎动作敏捷,疾徐有序,套路多,舞姿美,每每表演赢得一片喝彩。涧峡村表演的"老虎上山"堪称一绝。

南梁镇下涧峡村表演"老虎上山"已有300多年历史,最初形成于明末。据健在的老艺人周维蕃(生于1928年)、王治甲(生于1938年)等人回忆,该村在清代时,曾有"老虎会"组织,会员约50~80余人,在翔山寺儿口一带置有百余亩地,专供耍老虎艺人耕种使用。老虎上山表演队不仅在本村和南梁等村元宵节期间进行表演,还常被调到县城参加表演,也应邀到外地献艺。抗日战争时期,到阳城一带为太岳区部队进行慰问演出,时间达2个月,演出百余场,受到上级领导接见和部队官兵赞扬。20世纪80年代初,该表演队赴临汾地区参加表演,受到好评,后到霍州、辛置等地进行表演①。

摔跤活动在农村比较流行,大都以青壮年男子为主,一般是在沙土场上或田间地头进行。摔跤没有什么严格的规则,但不能用脚踢,双方交手时各抓住对方的臂膀用力扭甩,有时会用别腿、扫腿以将对方摔倒在地为胜。20世纪50年代后期,县直机关摔跤活动比较活跃。三完小教师彭育才获临汾地区中国式摔跤第一名;1958年参加全省第一届运动会,获中国式摔跤第二名;1959年参加全国第二届运动会,获国际自由式摔跤第二名②。我们据调研了解,自2006年以来农村仍有摔跤活动,但自发性组织居多。

掰手腕是农村群众经常参与的一项运动项目,随时可进行。掰手腕时,比拼腕关节力量,两手相握,肘着地面不动,以腕关节力量扳倒对方为赢。

滚铁环在新中国建立初期比较流行,为传统的儿童体育游戏。用小铁棍(或扁铁)制一圆环,用一木棒在头部分叉置一铁丝弯钩,用木杈滚着铁环行进,比赛时有直行、曲行、障碍行等③。

打陀螺用粗短木头削成上圆下尖的旋子,俗称"转不溜",再用一小木棍绑上麻绳,击打陀螺,使之旋转,转的时间长的算赢,以男孩参与为多④。

跳绳,绳有长短两种,一般为手指粗细。长绳由两人分执两端抡动,跳时可一人,也可多人;短绳一般由一人自抡自跳,最多两人。跳法有前花、

① 赵宝金. 翼城县志[M]. 太原:山西省人民出版社, 2007: 971—972.
② 赵宝金. 翼城县志[M]. 太原:山西省人民出版社, 2007: 915.
③ 赵宝金. 翼城县志[M]. 太原:山西省人民出版社, 2007: 915.
④ 赵宝金. 翼城县志[M]. 太原:山西省人民出版社, 2007: 915.

后花、前后甩等类型，多人还可跳双绳，编入花样动作，以绳绊腿为终，按所跳次数定输赢①。现在，跳绳成为不少家庭健身娱乐的一项运动，并且家家都有跳神工具，茶饭之余便会组织跳绳活动的开展。

毽子为自制，一般由毽砣、毽羽两部分组成。可独自一人踢，也可两人、多人踢、传着踢，赛时分单脚踢、双脚踢、前踢后接、跳跃挽花等②。

丁方为城乡小女孩的传统体育活动。具体玩法是：在地上划一个花方形阵，分成8格。用线将布缝成小袋，装上沙粒或玉米。比赛时甲方将小袋放在阵外，乙方在阵内第一格，甲方盘起一腿，另一脚将自己的小袋踢入第一格，然后用自己小袋撞击乙方小袋，并排第二格，乙方则用盘起的腿加以阻止，甲方一鼓作气，直到撞击乙方到第三、四……八格出阵为胜。中途不得撞击出界，盘起的腿不能落地③。

老鹰抓小鸡为男女儿童多人参加的活动，由一人扮母鸡，身后排成一串为小鸡，依次拉着前一人的衣襟，由另一人扮老鹰，左跳右窜抓小鸡，母鸡则张开双臂护小鸡，如若被抓住一只，则由被抓的人扮老鹰，继续游戏④。

十二、永和县（芝河镇）

境内流传的民族传统体育活动项目丰富多彩，武术、转九曲、狮子舞、龙灯、旱船、高跷、秧歌、社火、打花棍、打腰鼓、骑竹马、跑驴、二鬼摔跤、张公背张婆、下方、摔跤、黄腰抓鸡、踢毽子、荡秋千、放风筝、滑冰等，均属县人喜爱的民族传统体育活动⑤。

社火俗称"闹红火""闹秧歌"。每年的春节或元宵节，村民都会自发组织自娱自乐的闹红火活动，时间会从腊月一直持续到正月。农村有秧歌队上门"踩院子"的风俗习惯，传说踩过院子的房屋能辟邪消灾一整年，大吉大利。故每年新春佳节，每家每户都会备好烟、茶、糖、果、枣馍、黄酒等，迎接"踩院子"队伍的到来。

---

① 赵宝金. 翼城县志[M]. 太原：山西省人民出版社，2007：916.
② 赵宝金. 翼城县志[M]. 太原：山西省人民出版社，2007：916.
③ 赵宝金. 翼城县志[M]. 太原：山西省人民出版社，2007：916.
④ 赵宝金. 翼城县志[M]. 太原：山西省人民出版社，2007：917.
⑤ 永和县志征编领导组. 永和县志[M]. 北京：学苑出版社，1999：585.

本县社火尚有打花棍、打腰鼓、骑竹马、跑驴、二鬼摔跤、张公背张婆等形式。全县秧歌活动较为活跃的乡村单位有城关镇的药家湾、东峪沟、官庄、龙吞泉，坡头乡的坡头、索驼、乌门，南庄乡的红崖渠，阁底乡的雨林、园则沟、西后峪，西庄乡的庄则坪、高家原，泊洋乡的都苏、义合，交口乡的冯藏，桑壁镇的桑壁，署益乡的署益、长索，打石埝乡的打石摄、尉家抓等①。闹红火成为该地区的一种经久不衰的传统文化，祖辈相传流传至今。

县城素有转九曲活动。九曲由 361 根彩棍、361 盏彩灯扎成，占地 27 平方丈，曲折旋转，只有 1 个入口和 1 个出口。相传转了九曲能消灾灭病②。因此，该项活动在该地区一直盛行。

十三、乡宁县（昌宁镇）

境内流传的民族传统体育活动项目主要有狮子、龙灯、高跷、旱船、竹马、轿车、抬阁、挠阁、彩车、花鼓、舞蹈、武术、杂耍、晃杆、二鬼摔跤、花棍、倒骑驴、跑驴、举石锁、夹碌碡、摔跤、打秋千、滚铁环、踢毽子、拔河、跳绳、棋类等。农历正月闹社火（俗称红火）源远流长，表演形式有狮子、龙灯、高跷、旱船、竹马、轿车、抬阁、挠阁、彩车、花鼓、舞蹈、武术、杂耍、晃杆、二鬼摔跤、花棍、倒骑驴、跑驴、唢呐吹奏等，在街头和广场演出③。

民国时候，凡在喜庆节日，县城和较大村镇均演出秧歌。节目以花鼓表演为主，一人扮装老汉，身挎腰鼓，双手执锤击打，4 个彩女各执一小镲锣，一边自击，一边与打鼓人同步起舞，旁有苏锣苏钹伴奏。一段鼓点敲完，领唱或合唱《小放牛》《表花》《对菊花》《绣荷包》《打酸枣》等秧歌。也有扮装击鼓的老汉，身系数鼓，轮番敲击。新中国成立初期，继承传统形式，不仅在街头巷尾演出，而且深入机关、学校、部队、家户演出。20 世纪 50 年代后增加扭秧歌、表快板、说顺口溜和打霸王鞭等形式，内容多与政治形势、移风易俗相结合④。

---

① 永和县志征编领导组. 永和县志[M]. 北京：学苑出版社，1999：479.

② 永和县志征编领导组. 永和县志[M]. 北京：学苑出版社，1999：481.

③ 赵祖抃. 乡宁县志[M]. 北京：新华出版社，1992：454.

④ 赵祖抃. 乡宁县志[M]. 北京：新华出版社，1992：455.

锣鼓古时有干炒锣鼓，曲牌现已失传。清末至 1988 年有花鼓、锣鼓两种，锣鼓由鼓、钹、铙各一对和几十面锣组成，一人用小旗指挥。曲牌有《排鼓》《倒卷帘》《四点子》《硬三锤》《乱芝麻》《风搅雪》《双开门》《卷白菜》等。队形有跑圈、穿八字、卷白菜、龙摆尾等。锣鼓艺术以光华镇为最，尤以土霍村领先，此村大部分人会敲锣鼓，而且每 12 年摆 1 次九龙锣鼓阵，全村出动，按所摆迷阵变化队形，要从迷阵打出来方才罢休，以示吉祥如意、旗开得胜之意。1989 年下善乡聘请鼓师，选拔鼓手，投资 2 万余元购置鼓锣服装，首次引进临汾市威风锣鼓，威风锣鼓由几十面鼓、几十面锣和十多个钹组成①。

十四、曲沃县（乐昌镇）

境内流传的民族传统体育活动项目主要形式有扇鼓傩戏、曲沃锣鼓、社火、狮子、龙灯、高跷、抬阁、旱船、跑驴、锣鼓、花鼓、霸王鞭、大秧歌、二鬼摔跤、大头娃娃、扇鼓、桌儿抬阁、麒麟、节节高等。县内传统的民间舞蹈社火，俗称红火热闹。自明清至民国时，多在元宵节、庙会和拜神祈雨时活动。明万历《沃史》有曲沃元宵节"架鳌山，盛张灯健，鼓吹衢巷，火树银花，三日不绝"的记载。新中国成立后，逐步演变为春节群众文娱活动。有狮子、龙灯、高跷、抬阁、旱船、跑驴、锣鼓、花鼓、霸王鞭、大秧歌、二鬼摔跤、大头娃娃等 40 余种。较好的有任庄扇鼓、杨庄鼓车、南董麒麟、东关龙灯、裴南庄节节高、下裴庄桌儿抬阁等。社火讲究表演技巧，注重戏剧情节。有小车、旱船上的年轻妇女与推车、撑船老翁的推车与划船表演，以及在前逗趣领舞的小丑、小生，还有跑驴的小媳妇与赶驴的小丑、小生的谐趣，头套大面具的光头和尚与妇女扮演明月戏柳翠。高跷、抬阁多扮装戏剧人物，配成组舞。如《白蛇传》《西游记》《牛郎织女》等都表演得惟妙惟肖。新中国成立后，增添新内容，装扮工农商学兵形象及《红灯记》《沙家浜》等戏剧人物②。

曲沃锣鼓表演，大村皆有。民国时候，以西海、蒙城、交里桥、新庙和

① 赵祖扑. 乡宁县志[M]. 北京：新华出版社，1992：455.
② 曲沃县志编纂委员会. 曲沃县志[M]. 北京：海潮出版社，1991：404.

太子滩等庙会为中心，分东西南北中五大片，其风格各有千秋，但均以典雅、悠扬、清新、悦耳见长，有"文锣鼓"之誉。一般以八锣、两钹、四鼓、二丁锣为一班，演奏者身着清代服饰长袍、马褂、凉帽壳，鼓手由另一人撑凉伞罩顶，伞边镶以珍珠、玛瑙、铃铛、流苏①。1979年后，锣鼓在社会的不断发展中逐渐演变为较多人数的表演，结合各种队形、各种动作配以锣鼓节奏，其场面宏大，气势磅礴。

扇鼓傩戏是任庄村许氏家族遵行傩礼、禳瘟逐疫的祭祀活动，具有"家族傩"性质。脚本是《扇鼓神谱》，其内容包括傩祭部分的《请神》《前下神》《添神》《后下神》《坐后土》和文娱节目《吹风》《打仓》《猜谜》《攀道》《采桑》两大类。任庄扇鼓傩戏主要表演者有十二人，扮演十二神家，这是汉代"大傩"中十二神兽的遗绪。其服饰一律是红裤黑袍，翻穿皮袄，脚蹬朝靴，头戴凉帽，反映唐代"十二神"的继承，也带有胡人胡服痕迹。十二神家手执的十二面扇鼓，又称太平鼓，为满汉两族通用的打击乐器。其外形颇似圆扇，鼓面直径50cm，有长柄，柄上吊铁环，甩动时叮当作响，十二神家一手执扇鼓，一手执鼓鞭，以鞭击鼓，同时甩动铁环，随着音响节奏，翩翩起舞，给人以神秘之感②。该项目的表演，既保留了宗教祭祀活动原始傩文化的雏形，又萌发了由傩戏向娱神娱人文化过渡的倾向，它是研究"傩文化"和中华传统戏剧文化现代化发展珍贵的遗产。

十五、洪洞县（大槐树镇）

境内流传的民族传统体育活动项目主要有棋类、打台儿、打金鼓、翘娃、丢手绢、翻花、踢继续、掮片（打叠宝）、抓子、老虎吃鸡、滚铁箍、打翘板、拔河、跳绳、踢毽子、洪洞金鼓乐、小河拆楼、武术、斗鸡、打蛋、摔跤、掰手腕、跳皮筋、滚铁环、狼吃羊（老虎吃鸡）、下方等③。

该县域的群众自古就比较崇尚武术，自幼习武者较多。历代政权非常重视武术人才的培养与选拔。据县志记载，明嘉靖间知县陈宗仁建教场，临路

① 曲沃县志编纂委员会. 曲沃县志[M]. 北京：海潮出版社，1991：404—405.
② 曲沃县志编纂委员会. 曲沃县志[M]. 北京：海潮出版社，1991：405.
③ 张青. 洪洞县志[M]. 太原：山西电子音像出版社，2005：945.

竖坊，曰"演武场"，"岁试武童骑射于此"。县署东偏北有箭道，"岁试武童步箭技勇于此"①。文献记载，洪洞县在明清时期就有10人考取武进士、武举人70余名。该县的武术拳种较多，最有影响及流传最广泛的为通背拳，此外还有大洪拳、小洪拳、形意拳、八极拳等。

洪洞通背起源无考，据王西安著《陈式太极拳推手技法》及《温县陈家沟族谱》记载，明洪武五年（1372年），洪洞通背拳师陈卜携全家迁至河南温县一小村定居，人称此村为陈卜庄。陈氏一家习武种田，传播武术，匡扶正义，威望甚高，家业日益兴旺，后改庄名为陈家沟。陈氏传至第9代陈玉廷（字奏庭），在祖传108式通背长拳的基础上，吸取明代民间诸家武术流派之精华，结合《易经》《黄帝内经》《针灸大成》中医理论，参以阴阳动静开合原理，反复推演、实践、研究，创造了一种独特的竞技运动——太极拳及太极拳推手，成为陈式太极拳的开山鼻祖。

毽子由毽砣和毽羽两部分组成，参赛可俩人或多人，亦可独自一人。赛项分单、双脚踢击，以及两脚并用前踢后接，挽花跳跃等花样，毽子落地记数，确定输赢。是一种腿、脚、臂、腕、手、眼等身体各部位都得到锻炼的竞技活动②。

跳绳活动器具分长、短两种，手指粗绳子一根，长绳由两人分执两端抡动，可集体跳。短绳则可单人跳或双人跳。跳法有前甩、后甩、前花、后花，多人跳双绳、编花跳，以绳绊脚腿为止③。这些项目以女孩参与较多。

打翘板时比赛双方可一人或多人，每人手执木棍一根，击打地上用短粗木棍削成两头尖中间粗的翘板，先敲击尖头使翘板跃起，然后瞬间抡棍击空中翘板，以飞出远近定胜负。类似的还有人站在一定距离位置，用砖或石块击打站立的砖头，以击中多少分胜负，名曰"打兀"④。以上两种活动主要参与人群男孩，女孩子一般参与围观与鼓气加油。

滚铁箍为一种传统儿童游戏，铁箍有圆形扁铁和圆形钢筋两种，俗称"桶箍"，用一铁丝弯成钩状，用手执铁钩推动铁环往前滚动，有的还往环上再加上小环，滚动时发出哗哗声响，可以进行速度，技术的比拼⑤。

① 张青. 洪洞县志［M］. 太原：山西电子音像出版社，2005：956—957.
② 张青. 洪洞县志［M］. 太原：山西电子音像出版社，2005：945.
③ 张青. 洪洞县志［M］. 太原：山西电子音像出版社，2005：945.
④ 张青. 洪洞县志［M］. 太原：山西电子音像出版社，2005：945.
⑤ 张青. 洪洞县志［M］. 太原：山西电子音像出版社，2005：945—946.

老虎吃鸡又叫"老鹰抓小鸡"。多人参加，由一人扮老虎，一人扮母鸡，其余人为小鸡，小鸡前后排成串，依次拉住前面的人的后衣襟，母鸡张开双臂护住小鸡，老虎在鸡群里左窜右跳，瞅准目标逮住小鸡，被抓住的改扮老虎，原老虎改扮小鸡，继续游戏①。

抓子俗称"拾枚"。是一种多为女孩子玩耍的儿童游戏。用磨光的小砖块、小瓦块、小石块作为道具，数量不等，一般五枚。单手抓一子为头子，抛起后待其未落时迅速拾起地下的一枚或数枚石子，然后接住头子不让落地，否则为输。还有一种玩法，即拾起第一子，在抛第二回头子的同时，顺手扔下第一拾起子，到再接头子时，迅速拾起地上的两枚石子，然后以此类推，扔二拾三接一，并口中诵词"跌矸跌，跌一着；骷揽目占，咕对着；搓子搓，搓三着；掷瑶掷，满掷着"，有一子落地或抓子不准，即为输②。

掮片（打叠宝）用较厚纸折叠成方形或三角形，俗称叠宝。甲方将纸片放在地上，乙方用自己的纸片使劲摔在甲方的纸片旁，若被扇起，乙方即赢得甲方之片，若没扇起，即由甲方扇乙方纸片，最后以所得纸片多少论输赢③。

踢继续是女孩子常玩的一种游戏。用线将布缝成袋状，布内装玉米粒。比赛时，在地上画一八格长方阵，甲方兰达继在阵外，乙方在阵内第一格，甲方一腿上曲，一脚将自己的继续踢入第一格，然后用自己的兰达撞击乙方继续入并排第二格，以后单腿蛇行撞击乙方到第三、四……八格出阵为胜，中途不得撞击出界，抬起的腿不得落地，否则为败④。

翻花俗称"抄绞"，也是女孩子喜爱的一种娱乐形式。使用工具仅需三尺左右线绳一根，两头相挽结呈环状。可一人玩，亦可二人玩。借助双手，通过勾线翻动，可挑翻出各种图案，常见的有井口、外斜、内斜、筷子等⑤。

丢手绢是一种多人参加的游戏。男女小孩围坐一圈，由一人开始按顺序报数，逢7和7的倍数只说"过"或不言语拍腿，若违犯了这个规定报了数，或下一个跟不上数，这个人或下一个人就要手执手绢，绕圈外跑动，偷偷放丢在某一人身后，若此人发现随即起身执绢继续绕圈丢放。若在丢手绢人绕

---

① 张青. 洪洞县志[M]. 太原：山西电子音像出版社，2005：946.
② 张青. 洪洞县志[M]. 太原：山西电子音像出版社，2005：946.
③ 张青. 洪洞县志[M]. 太原：山西电子音像出版社，2005：946.
④ 张青. 洪洞县志[M]. 太原：山西电子音像出版社，2005：946.
⑤ 张青. 洪洞县志[M]. 太原：山西电子音像出版社，2005：946.

一圈返回时，此人仍没有发现身后之物，被丢绢人逮住，这个人就要到圈内表演节目，然后再出圈继充当丢绢人①。该项运动参与者要边唱边玩，唱词为"丢、丢、丢手绢，轻轻把手绢放到你的后边，大家不要告诉他，快点快点抓住他"的儿歌。这运动是儿童少年课间休息比较喜爱的体育运动。

翘娃是男孩子的活动，将木棒削成二寸左右长的、中间粗、两头尖的玩具，名叫翘娃。用木板在翘娃一头适当的位置一敲，它便翘向空中，并向前飞去。耍翘娃时，可以两人玩，也可以几个人玩：其方法：首先在墙边画一框，名叫"窝子"，一方在规定距离点的地方向"窝子"扔，一方用木板阻挡、反击，如果没挡住，进入窝子，投者就获得了先打权，双方对调位置；如果阻挡者一板击中，打出窝子，再继续打三下，其间，对方阻拦，用手或帽子接，如若接住，就算打者坏了，也要换另一方打，方法同上。如若打者连续三板不坏，对方就用翘娃板子代尺计量翘娃落点到窝子的距离，累计总长。打完一轮，周而复始。到最后不玩了，算总账，尺数多者胜，并罚失败者，或叫唱歌，或叫背人，或者让出什么洋相②。输方听从赢家摆布、甘愿受罚，大家打闹一团，开心不已。该项活动是培养孩子灵敏与机智、速度与应变的体育运动，有利于青年一辈集体观念的培养。

打金鼓又叫打流贼，是男孩子的一种活动。将砖摆成"人脸"形，正中为流贼位，前为鼻子位，后有两个位，紧挨流贼位的为老爷位，老爷位后是鼓手位；流贼位左右各两位，分别为眼睛、耳朵位。这个活动需要八人参加。活动时，将砖竖起，流贼位的砖头上再顶上半块砖，先将八块砖按位置摆立，造成老爷位难得之势，然后八人轮流站在准线上用砖头投掷，打倒哪个位头，就是那个"官弦"，全部打完后，各得其职，然后开始行使自己的权力。"老爷"一声令下："把流贼押上来！"五个小吏一拥而上，拎耳朵的拎耳朵，揞眼睛的揞眼睛，捏鼻子的捏鼻子。"老爷"再下令："鼓手，给我打！"鼓手便不留情地在"流贼"背上用双锤擂打。鼓手边打边说："打打金鼓过银桥，问问老爷饶不饶？"老爷要是不高兴，流贼便被打个没完，要是老爷乐了，便下令罢休。然后打眼、裂耳，都问老爷饶不饶，与鼓手同。此游戏，可以大略地看出孩子的气质，那心儿小的孩子总是求耳朵、眼睛和鼻子的。也可以大略地看出孩子的官势，志向大的总是"老爷"或"流贼"。想当老爷的总

---

① 张青. 洪洞县志[M]. 太原：山西电子音像出版社，2005：946—947.
② 张青. 洪洞县志[M]. 太原：山西电子音像出版社，2005：947.

是碰倒流贼位而遭打；想当老爷，而不肯先打，待流贼倒位再打，则万无一失，"老爷"唾手可得①。

打台儿是一种男孩子的冬季活动项目。先在地上画两条相隔三米的平行线，一条为始线，一条为终线。台儿，就是木棍儿，通常用树根截成段当台儿。从始点线用台儿把另一根打出终点线方得胜，打出去的台儿归胜者所有。这项活动只需两个人即可，几个人也可以轮流着玩。开始先确定谁先打，被打者先"朝"，就是把木棍向上一抛，使其转动落地，有两种情况，一种是木棍与终线垂直，曰"跌子弦"，因为打时接触面太小，所以很难打着，更不容易成功；一种是木绳与终线近似平行，曰"横告力"②。因为木棍接触面较大，所以容易击准胜。不过也不绝对，关键在于技巧。初玩者虽"横告"而击不中，老手技熟的则虽"跌子"而一击制胜，博得观者喝彩。这项活动可以培养人的动脑动手习惯，使孩子在游戏中增长才干。

小河拆楼流传于洪洞县堤村乡、小河村，盛行于明代，有一种恐怖传奇色彩，是传统技巧合一的独特民间社火形式之一。"拆楼"故事简述了宋代奸相陷害一代忠良，拆除御封天波府门楼一事。表演时，艺人一般上身赤裸，身上各处体现刀、斧、剪、锤、刀枪兵器入体后的现状，一队杨门女将随后追杀，伴随着当地花鼓节奏而游行于大街广场，最为奇特之处是当社火出现时，嗯哨声连绵起伏，为这一活动增加了气氛。

十六、蒲县（蒲城镇）

境内流传的民族传统体育活动项目主要有狮子、龙灯、担媳妇、张公背张婆、推花车、倒骑牛、二鬼摔跤、旱船、竹马、高跷、扛竿、锣鼓、蒲县朝山鼓、跳绳、踢毽子、顶拐拐、跳人蹲、滚铁环、打瓦、打麻钱、滑冰等③。

1938 年以前，锣鼓为柏山东岳庙农历三月二十八日祭祀朝醮时所用，分东、西、南、北 4 大醮，各醮配有锣鼓队。新中国成立后，每逢正月十五元

① 张青. 洪洞县志[M]. 太原：山西电子音像出版社，2005：948.

② 张青. 洪洞县志[M]. 太原：山西电子音像出版社，2005：949—950.

③ 蒲县县志编纂委员会. 蒲县志[M]. 北京：中国科学出版社，1992：523.

宵节等重大喜庆节日，四乡锣鼓云集县城闹红火。本县锣鼓县东以乔家湾、太林乡为最；县西以红道乡为佳。乔家湾、太林锣鼓近似于洪洞县锣鼓。一趟锣鼓队配有2面大鼓、2个铙、2个镲。阵容可由一趟和几趟、十几趟锣鼓组成，前、左、右配有三眼炮（镜）开道。队员头裹白羊肚毛巾，身着彩服（红色）。击鼓者傲弓箭步，相对敲击；持铙，镲者，环以四周。乐队指挥1人，手持长竿，上扎红绸，在队前指挥。锣鼓代表曲牌有《西河滩》《大九点》《小九点》《七点子》《龙凤》《风搅雪》（又称《吃凉粉》）、《蒯带花》《狗死咬》《道九莲》等①。1980年以后，蒲县文化馆组织专业人士挖掘、整理相关表演最终汇编成《蒲县锣鼓选集》。

扛竿为化乐乡传统表演项目，由俩人配合表演，一人肩扎缚一根长杆，高两三米，顶端坐一个小孩，不限男女。上下两人，均装扮成各种形象。扛竿之人随着响器扭舞；杆上之人随高竿颤动，做各种优美造型②。

高跷为全县15个乡（镇）均有的传统表演项目。高跷可由1人表演，也可由几人、几十人表演，表演者男女均可，腿扎缚0.5~1米木拐，装扮成各种历史戏曲人物和古代传说人物，如《白蛇传》中许仙、白蛇、青蛇；《西游记》中唐僧师徒；《三国演义》中刘备、诸葛亮、关羽、张飞、黄忠；《西厢记》中张生、崔莺莺等。1950年后，除保留扮演传统人物外，新增各时期工、农、兵英雄人物造型③。表演者伴随鼓点节奏，舞动身体，表演形式主要有：跳凳子、滚桌子、过独桥、搬腿、翻身跳、单腿跑、撞击等。

竹马为城关、薛关镇民间传统表演项目，正月十五闹红火时表演。马由竹片或竹竿扎成，罩以纸或布，长约2米，表演者站在马肚中，肩挎马体，手扶马肋，表演形式有跑马、惊马、卧马等④。

跑旱船以薛关、古县等乡（镇）为佳。正月十五闹红火表演。每组二三只，表演者男女均可，旱船用高粱秸秆和竹竿扎成船形，罩以纸或布，在纸或布上画上各种图案。表演者扮成各种人物，站在船中间，肩挎船身，手挟船舷。每组船队有1名艄公，头戴斗笠，身披蓑衣，划动船桨指挥，表演形式有跑船、搁浅、插花等⑤。

---

① 蒲县县志编纂委员会. 蒲县志[M]. 北京：中国科学出版社，1992：452—454.
② 蒲县县志编纂委员会. 蒲县志[M]. 北京：中国科学出版社，1992：453.
③ 蒲县县志编纂委员会. 蒲县志[M]. 北京：中国科学出版社，1992：453.
④ 蒲县县志编纂委员会. 蒲县志[M]. 北京：中国科学出版社，1992：453.
⑤ 蒲县县志编纂委员会. 蒲县志[M]. 北京：中国科学出版社，1992：453.

二鬼摔跤为本县城关镇民间传统表演项目，在正月十五闹红火时表演，二鬼用木棍扎成，呈互相搂抱之状，左右两边各安装一个鬼头，身着长袍。由1人表演二鬼捧跤①。表演者把二鬼框架缚在背上，身成躬形，手握丁字腿，随鼓乐做仰、摔、翘、滚、翻等各种形象的摔跤动作。

倒骑牛，古县乡传统表演项目，在正月十五闹红火时表演。表演者脑后剃光，化妆成两面人，一面男性面孔，一面女性面孔，倒骑牛背，手握竹扇或长旱烟袋，做各种诙谐表演②。

推花车，薛关镇传统表演项目，在正月十五闹红火时表演。由3人配合表演，一男二女，分别扮作老汉、老婆、姑娘。花车由木棍做"辕"，布闹成"车"并画上车轮③。推花车的姑娘坐在车中，根据需求随老汉、老婆推车、拉车做各种翻、滚、跳等表演动作。

张公背张婆，古县乡传统表演项目，正月十五闹红火时表演④。表演者扮成老汉，背缚一个纸扎老太婆随着鼓乐做跑场、串花等表演。

担媳妇，古县乡传统表演项目。在正月十五市闹红火时表演。由一男一女配合表演，男性扮演"丈夫"，挑一根扁担，扁担缚以红绸，一边挑一束鲜花，另一边挑着媳妇；女性扮演"媳妇"，腰盘着箩筐，围以长幔，形似坐于筐中，拿着手帕或伫伞等道具，随着"丈夫"挑担上坡、下坡、过河等动作，做仰、俯、掀、翻等表演⑤。

龙灯是黑龙关镇传统表演项目，在正月十五闹红火时表演。有啦龙和双龙两种。龙用竹、木、布扎成。竹木制成筒状，用布罩之，画成龙形，长7节、9节或12节不等，由7~12人持龙身戏舞，前有1人持红绸扎成龙珠引逗⑥。

狮子，红道、薛关乡（镇）传统表演项目。狮子用竹、木、五彩麻丝扎成。有2只大狮子、4只小狮子（或一大二小），大狮内藏2人舞耍，小狮内藏1人舞耍。耍狮人手持绣球戏逗狮子，狮子做各种抢球、扑球、争球、含球、顶球、翻滚、扑闹、跳桌等表演⑦。

---

① 蒲县县志编纂委员会. 蒲县志[M]. 北京：中国科学出版社，1992：453—454.
② 蒲县县志编纂委员会. 蒲县志[M]. 北京：中国科学出版社，1992：454.
③ 蒲县县志编纂委员会. 蒲县志[M]. 北京：中国科学出版社，1992：454.
④ 蒲县县志编纂委员会. 蒲县志[M]. 北京：中国科学出版社，1992：454.
⑤ 蒲县县志编纂委员会. 蒲县志[M]. 北京：中国科学出版社，1992：454.
⑥ 蒲县县志编纂委员会. 蒲县志[M]. 北京：中国科学出版社，1992：454.
⑦ 蒲县县志编纂委员会. 蒲县志[M]. 北京：中国科学出版社，1992：454.

十七、侯马市

境内流传的民族传统体育活动项目主要有社火、花鼓、鼓车、高跷、抬阁、龙灯、舞狮子、荡秋千、中国象棋、摔跤、踢毽子、拔河、跳绳、掰手腕、秧歌等。

境内传统民间社火，俗称红火热闹。明清至民国时期，每逢春节、庙会、拜神求雨等重大节日，各村就自发举行活动。20世纪70年代后，市文化和旅游部门精心组织，春节等重要节日和重大活动中，在市区主要街道、广场和各乡举行表演活动，观众多达数万人，表演形式五花八门，多姿多彩①。

掰手腕是境内城乡盛行的较力活动项目。比赛方法：两人各伸一臂，肘部放在桌面上，臂肘弯曲，握紧对方手，上身微前倾，凝聚全力向内扳对方的手，扳倒者为胜，被扳倒者为输②。

摔跤为男孩子喜爱的一种体育活动，尤其是农村孩子，玩耍中经常以摔跤为乐事。比赛时，选一块平地，两人站在平地中央，拉开姿势，选中对方的弱点，立即冲上去把对方抱住，左右脚配合，动作迅速，直至把对方摔倒在地为胜。

荡秋千为境内流传很广且深受群众喜爱的一种娱乐活动。器材的制作很简单：两根木柱竖立地上，上架一根圆木，系上两条绳索，绳端拴一块木板即可。闲暇时节群众会在规定的时间比赛谁荡得最高。

舞狮子，是南上官、垤上、西侯马村的传统表演节目。狮子头盔与狮身分别由两人托起，踏着铿锵有力的锣鼓节奏，随着一身扮武士手持绣球者的引导，做抢球、扑球、翻滚、腾跃、上高架、跳桌橇等各种动作。有时几个大狮子和一些小狮子做群体表演，十分威武雄壮。1991年乔村又整理发掘出历史社火节目麒麟表演，舞法与狮子大体相同。2003年乔村"麒麟舞"代表山西省参加在广东举办的全国麒麟舞大赛，荣获"银牌奖"③。

龙灯为北西庄、南郭马、大南庄、张少、东城等村的传统表演节目，分

① 侯马市志编纂委员会. 侯马市志（下）[M]. 北京：长城出版社，2005：757.
② 侯马市志编纂委员会. 侯马市志（下）[M]. 北京：长城出版社，2005：879.
③ 侯马市志编纂委员会. 侯马市志（下）[M]. 北京：长城出版社，2005：757.

"彩龙""白龙""火龙"等类型。北西庄的"火龙",龙头、龙尾全用纸制作,亮度大,龙身系布制作,粗细一致,亮度均匀。"火龙"在每年二月二"龙抬头"时舞耍。晚间出龙前,人们会在庙门前点燃一大堆柏枝,以呈现出一种浓雾状态,门的两边排成两行手控松香的人,等龙扑入烟雾,两边放出火来,龙在盘旋中便吐出火,烟火缠身,上下盘旋,威风凛凛,其代表性节目有《龙绕九柱》《龙钻火圈》《龙打滚》等①。这些表演,成为农村闲暇之余的群众消遣的娱乐活动,民众会参与到深夜直至离去才愿意散开。

抬阁是河东等村的传统体育活动。表演时将精灵俊秀的童男童女,扮成各种戏剧人物,缚于铁架之上,下面由四人抬者,称抬阁,由一人在肩上扛着称挠阁,或背在背上称背阁。一个架子上往往有两三名扮成戏剧人物的儿童,在巧妙的道具、布景衬托下,构成"唐僧取经""沉香救母"等戏剧装扮,在鼓乐声中缓缓行进,生动有趣②。20世纪60年代以后,该项目逐渐把自行车、拖拉机或卡车作为道具车进行上各式抬阁的演出。

高跷俗称拐子,是史店、北坞、单家营等村的传统表演节目。表演者腿缚一米多长的木拐,扮成戏剧人物,跟随锣鼓乐点,列队穿插扭舞。表演形式有鹞子翻身、跳桌子、单腿跳等③。

鼓车在民国初时的境内较为普遍。表演时将特制大鼓装在马车上,鼓手多人乘于车上,车辕套三五头甚至二十多头高头壮骡,且插旗戴花。表演时群骡齐奔,锣鼓齐鸣,气势磅礴,十分威武壮观。20世纪70年代以后,骡拉鼓车多改为机动车辆,许多厂矿事业单位把卡车装扮成大型彩车,车上或作鼓手对打,或做戏剧表演,或装载各种模型牌匾,鱼贯前进,气势非凡。此外还有高村、下平望的旱船,大李、褚村、上马、程村、张村的腰鼓,乔村、白店的秧歌,以及倒骑驴、柳木人、独杆桥、火流星、打花秆、大头娃娃、二鬼摔跤等,不下40种。武术表演者有西台神村的赵甲贵、吴水明等。赵甲贵系武道士出身,其技艺高超,表演认真,驰名邻县。杂技表演者有驿桥的李继修(绰号小飞机)、东新城的李英太等,均系科班出身。20世纪80年代后均改行④。

花鼓是本市人们喜闻乐见的民间小型鼓舞,各村均有。花鼓的主要表演

---

① 侯马市志编纂委员会. 侯马市志(下)[M]. 北京:长城出版社,2005:757—758.

② 侯马市志编纂委员会. 侯马市志(下)[M]. 北京:长城出版社,2005:758.

③ 侯马市志编纂委员会. 侯马市志(下)[M]. 北京:长城出版社,2005:758.

④ 侯马市志编纂委员会. 侯马市志(下)[M]. 北京:长城出版社,2005:758.

者为6人，一个是扮成老头的打鼓者，称滚鼓，四个男扮女装的敲当当（丁锣）者，称包头；一个是扮成顽童的摇拨浪鼓者，另有几个伴奏大锣、钹和几个唱曲子的。花鼓出动，前后有四盏白纸糊的六角枣核形高灯围绕。新中国成立前，花鼓除参加正月闹热闹外，主要参加民间“送儿”娱乐活动。正月十三在街头搭起“送子娘娘”的神棚，挂起神像，神桌上摆放一排三寸高的“娃娃”，从正月十四到十六三个晚上，伴随着花鼓歌舞，把“娃娃”送到新婚之家，称为“送儿”①。另外在新居落成或是各种喜庆事时，一些群众会也请花鼓表演队前去助兴演出，让场面更加热闹。

白店秧歌是山西省侯马市白店村独有的一种舞蹈形式。《白店秧歌》的表演人员不多，可以广场表演，也可以舞台表演。表演者为6人：领头是老汉，饰山羊胡须，戴凉帽，穿月白色箭衣，腰系黄色缎质长板带，外套土黄色团花马褂（穿右袖、掖左袖），左手打伞，右手执羽毛扇；男鼓手头戴软胎罗帽，额前插茨菇叶，穿黑色夸衣和灯笼裤，腰系白缎板带，脖颈挎直径30厘米、厚7厘米的扁鼓，并用另一条带挂于腰间；击小锣者2人，戏曲为武生装束；拍小镲者2人，戏曲武旦打扮。它的表演形式主要是跑队形和演唱民歌小调二者轮流交替进行。它常用队形也比较简单，主要有“之字路”“蒜辫子”“剪子关”“单蛇蜕皮”“双蛇蜕皮”“二龙出水”等等。舞蹈动作别致，风格独特。打伞者上肢动作利落鲜明，下肢动作顿挫梗直，颇似木偶在表演，面部表情庄重严肃；鼓手的造型多是半蹲踏步，击鼓时双手快速向上举起，形成“矮、扑、扬”的特点；击锣者舞动时，双手不停地划向头的左、右两侧，下肢灵活地左蹿右跳，强调“晃”劲，亮相多为弓箭步；拍镲者迈着轻如流水的圆场步，随着拍镲动作，腰部顺势左右扭摆，显得特别“俏”。

---

① 侯马市志编纂委员会. 侯马市志（下）[M]. 北京：长城出版社，2005：758.

第十一章　吕梁地区优秀传统体育文化文献探骊

吕梁境内的民族传统体育活动项目丰富多彩，世代相传，每年元宵节时，旱船、鼓子秧歌、小放牛、混秧歌、大秧歌、跑秧歌、伞头秧歌、旱船秧歌、花鼓舞、戳鼓子、岳村呱子、看兵书、跑报子、张公背张婆、悬空桥、棒槌舞、猫扑鼠、扑蝶、蛤蚌舞、闹天仓、筛油篓、筛大旗、巫舞、霸王鞭、二鬼摔跤、背棍、抬阁、高跷、火流星、牛逗虎、猴舞、倒骑驴、撬鳌、狮子、竹马、跑驴、扭推车、坐朝廷、龙灯舞、跑灯船、串灯、花灯、纠山、九曲黄河阵、腰鼓等，带有文艺色彩的体育活动相当普遍①。

一、离石区

境内流传的民族传统体育活动项目主要有跑秧歌、伞头秧歌、跑灯船、棒槌舞、竹马、高跷、龙灯、花鼓狮子、张公背张婆、大头娃娃、武术、象棋、踢毽、跳绳、摔跤、打秋千、举石锁和各种游戏等，多系民间自发活动，传统的武术锻炼一直未曾间断，并有少数武术高手②。

境内的民众非常尚武。田家会镇陈侯仁武艺出众，善用单刀、枪棍，是县内民国时候出名的镖头。1925 年，大武镇兴办拳社，大武、霜雾都、上安等地 40 余人入社，请邓元龙（临县）、王芝贵（平遥县）等拳师传授六合拳、小洪拳、形意拳、长拳以及刀、枪、棍、棒等刀术。此外，城内梁尔寿擅长少林拳，功底深厚。吕麒麟长于道家的吐纳气功，通晓太极拳。进入 20 世纪 80 年代后，受武打影片的影响，境内出现一股武术热的浪潮。田家会、上水

---

① 吕梁地方志编纂委员会. 吕梁地方志[M]. 太原：山西人民出版社，1989：463—464.
② 吕梁地方志编纂委员会. 吕梁地方志[M]. 太原：山西人民出版社，1989：464.

西、东关、南关、信义、马家村、歧则沟等村镇的青年热心武术活动。尤其是城关镇，在县体委的组织指导下，建立了武术辅导站，由武术教练张根兆、孙德山、白如明等拳师传授拳术、剑术、刀术、枪术、棍术，培养出贺海燕、刘亚楼、张军、张勇等不少优秀武术运动员，并多次参加地区武术比赛，获得团体冠军、亚军称号，贺海燕获得1986年省运会武术比赛第六名，成为传统武术的后起之秀①。

秧歌是本县流行很广的一种民间传统体育活动的文艺形式。清末至抗战前夕是秧歌活动的鼎盛时期，每年春节、元宵节的时候，较大的村庄都闹秧歌、跑红火。西山坪头、枣娘、结绳塌、刘家山、成家庄、西王家沟、吉家塔、孟门以及北川大武、圪洞等乡村流行伞头秧歌，伞头在前领队，一手持伞，一手摇响铃，伞头率全队踩场子表演。城关、西属巴、交口和大小东川一带，是跑旱船秧歌，由旱船、艄公领队表演。秧歌队前头由打击乐和各色人物组成混秧歌，后套锣鼓与秧歌队伍中有戏剧角色的打扮者称细秧歌。不论是伞头秧歌还是旱船秧歌，活动形式大同小异，各村秧歌队伍规模大小不等，多者二三百人，少者三四十人，通常由舞蹈、队形、唱词、打击乐、传统戏剧人物组成。秧歌队演出阵形，可根据场地大小，由伞头和艄公领队跑场子，较普遍的有蒜辫子、天地牌、套八角、卷席筒、蛇盘九颗蛋等十多种形式。演唱方式有伞头单唱、对唱和多种扮演角色的表演唱法。混秧歌主要靠后套秧歌手专唱，好唱者可随时插进演唱。唱词根据不同场合和家户人物，大多数即兴编唱，以快速、押韵、风趣为佳。旧时演唱内容多以敬神拜佛、祈求平安为主。抗日战争和解放战争时期表演形式和内容都有了新的变化，对过去那些封建性的糟粕进行了改造，队伍中的角色有了工农兵学商，有的开荒、有的纺织；工人手中拿锤子，农民手中拿镰刀，战士扛枪支，民兵手中拿武器，军民共歌舞，齐心支援战争，给秧歌队伍注入了革命生气②。秧歌的唱词来源于生活和抗战的形象词语，其表演鼓舞了县域军人们抗战的气势。新中国建立初期，秧歌更加盛行。

棒槌长约二尺五寸（约83.3厘米），用青椿木制成，两头系红缨、铜铃，表演时手握棒槌的中部，撞击两端，随着进三退二的舞步，打击出一定的节奏。其紧慢节奏随混秧歌节拍，并融为一体。表演者服饰是武生打扮，身态

---

①　李文凡. 离石县志［M］. 太原：山西人民出版社，1996：619.

②　李文凡. 离石县志［M］. 太原：山西人民出版社，1996：565.

动作类似猴拳，敏捷多变，跳跃性较强。每逢正月闹红火时，棒槌舞人员有10~20人不等，行进在混秧歌队的前面，各人双手撞舞棒槌，发出清脆的响声，左右前后穿插，为混秧歌队开路，喧腾热闹，甚为壮观①。

秧歌舞系三人舞，一人扮姑娘，一人打腰鼓，一个戳小丑。在秧歌队转大场子时，三人一起在场内表演，先由打腰鼓的小伙虎跳，也叫掸跳，接着跑三角楼、鲤鱼跳龙门、跑腿、下马势、狮子大张口等，其间配以有节奏的锣鼓乐器，并有规定的唱词，戳丑的小伙边舞道具棒槌边唱混秧歌调②。传统秧歌舞的演绎，真实再现了封建社会男女青年通过歌舞情感的形式独具形态。县内贾北里村的刘万珍是秧歌舞的鼓手和歌手，负有盛名。

捧捶舞起源无从查考。1926—1937年，只流传在本县马家村，郭清成、郭吉宁两位老艺人是此舞的传人，久负盛名。继承者有郭树山、郭银锁、郭有喜，郭照云、翟定卿等③。

二、孝义市

境内流传的民族传统体育活动项目丰富多彩，主要项目有社火、龙灯、狮子、竹马、旱船、高跷、纠山掏场子、打花棍、霸王鞭、腰鼓、串黄河、坐朝廷、迎花妆、大头娃娃、背棍、判官送亲、猴舞、毛骨碌、推车、蠢夫戏妻、赶驴、悬空椅、撬鳖、牛虎斗、二鬼跌跤、张公背婆、跳莲花、打瓦、踢毽子、举石锁、武术、掏场子等④。

境内以整块石料凿成形似"凹"状的样子，类似旧时铁锁，俗称石锁，重20公斤左右，用以练臂力⑤。该区域至今仍可以看见有练习者参与该项目。

踢毽子用的毽子有鸡毛毽、皮毛毽、绒毛毽等种类，其中，以用活公鸡羽毛扎成的毽子功能最好。盘是脚内侧踢，磕是膝盖弹，拐是脚外侧反踢，蹦是脚面或脚尖踢。踢毽子的姿势有里外廉、拖枪、耸膝、突肚、佛顶珠、剪刀和拐子踢；还有转体，双膝顶，手脚配合毽穿圆环踢，头、肩、背代脚

① 李文凡. 离石县志[M]. 太原：山西人民出版社，1996：565.
② 李文凡. 离石县志[M]. 太原：山西人民出版社，1996：566.
③ 李文凡. 离石县志[M]. 太原：山西人民出版社，1996：565-567.
④ 孝义县地方志编纂委员会. 孝义县志[M]. 北京：海潮出版社，1992：725.
⑤ 孝义县地方志编纂委员会. 孝义县志[M]. 北京：海潮出版社，1992：724.

踢或绕身而不坠地过肩踢等①。此项运动至今在农村青少年中仍广为流传。

打"瓦"时先在预约好的距离间隔的两端各画一条横线，将一块砖立在一端的线上，活动者站在另一端的线上或线外，用手掷砖将立在端线上的砖块击倒。其形式有分组对抗和单人对抗两种，分组对抗应为双人数。其程式有一抛击、二跺碑、三括撩、四朝南、五出界等。抛击，打瓦者站在抛击线上，以手掷砖或石将瓦（被击目标称瓦）打倒；跺碑，打瓦者站在抛掷线上提起一只脚然后用着地脚向前弹跳一步，手掷砖石将瓦击倒；括撩，打瓦者站在投掷线外，提起一只脚然后用着地脚向前弹跳一步，再以持砖石块的手置提起的腿下抛出砖石将瓦击倒；朝南，打瓦者站在投掷线上，单脚跨跳两步，转体成背向瓦状，再从裆下抛出砖石将瓦击倒；出界，打瓦者站在投掷线上，将砖石块抛在瓦的一侧，以单腿跨跳三步至瓦的一侧，放下脚转身拾起砖石块，于瓦上轻点一下（不可击倒）再以单腿跨跳三步返回投掷线，转身不落脚将瓦击倒②。

跳莲花时要分组活动，一般2~4人为一组，参加者大多是12~14岁的少年。项目有一足、两足、一叉、两叉、三叉、过升子、过油锅和过顶。一方的两名组员席地相对而坐，各伸出一只足构成障碍，另一方组员从障碍上走过返回为一足；一方坐地组员各伸出两足相叠，其余同一足为两足；一方坐地组员把手尽量撑开，架在叠起的双脚上，一方助跑跳过，为一叉；在一叉上再加一叉为二叉，在二叉上再加一叉为三叉，过法同一叉。一方坐地组员用四只脚底构成一个类似"升子"的菱形体，另一方组员把脚伸入"升"内再拔出越过为过升；一方坐地组员待双脚分叉形成橄榄体状，双脚之间仅留只容一只脚的隙缝（约10~12厘米），另一方组员双脚从隙缝闻挪过为过油锅；一方的两名组员相对而立将头低下双臂伸直双手互握构成顶形，一方组员分腿腾越而过为过顶③。以上各项，正在进行的一方组员，均不可磕着对方设置障碍的组员的身体，所有磕着的组员需由同组组员"搭救"，如"搭救"不成功，则两组对调角色。

用石膏雕刻张公头像，用竹、木、布扎制张公的胸、臂和张婆的腿、脚模型。表演者将全部道具安系身上，即成一逼真的背负形象。表演时，以腿

---

①　孝义县地方志编纂委员会. 孝义县志[M]. 北京：海潮出版社，1992：724.

②　孝义县地方志编纂委员会. 孝义县志[M]. 北京：海潮出版社，1992：724.

③　孝义县地方志编纂委员会. 孝义县志[M]. 北京：海潮出版社，1992：724—725.

脚势态如疲乏时的颤抖、后退时的单蹉、前滑时的收拢表现张公；以双臂动作如为张公扇凉、擦汗、正帽、理须和面部神色如恐惧、得意、亲昵演示张婆。内容随表演者对生活的理解进行创作，如疾行中的双方快乐，缓步中的相互爱抚，爬坡时张公的吃力"奉献"和张婆怜爱与满足的感情交织，趣味横生，把劳动人民返老还童爱情心理刻画得淋漓尽致①。张公背婆是集思想、艺术于一体的优秀民间舞蹈。

竹马的马体用竹片扎制，马鬃、马尾用黄麻染然后做出来。马体腰际两侧各悬假腿一条。表演者将马体扎在腰际，形成骑马的形态，而后一手挽缰，一手执鞭，"驰骋"场地。舞蹈语汇有"拢马缓""大川急驰""陷坑冲窜""淤泥拔身"等②。舞步有"圆场""蜗字""8字"等②。参与表演的演员大多为业余戏曲团体中的武生演员。

二鬼跌跤的表演者通过化装手段，在臀部安假人头，两手倒套一双鞋托地，将四肢用布围严，即成"两人"合抱的形态。表演时用两脚和两手装扮的假脚相互勾、绊、踢、躲，随着伴奏锣鼓的节奏变化，做出闪、跃、腾、挪、进、退等动作，以假充真，饶有风趣，群众喜闻乐见，深受儿童喜爱③。20世纪50年代初，西泉一带扮演的蒋介石与杜鲁门"搬跤"的表演，曾在该地区收到民众的一致好评。

牛虎斗流行于兑镇一带。牛、虎的头用纸糨糊制，皮用白布染绘，操持技艺同狮子舞。表演时，一方模仿虎的凶恶、贪婪、主动，一方模仿牛的稳重、善良、温驯，由此完成一个近乎童话般的故事设计。残暴的老虎使出浑身解数想吃掉牛，而牛却机敏地躲过一次又一次的袭击伤害。最后，牛大恼，蹄角并用，把虎斗得落花流水④。这一古朴的艺术以动物界的欲望冲突和矛盾斗争深刻地揭示了人类社会一个永恒的主题——正义与邪恶并存，真善美将最终战胜假恶丑。

撬鳖流行于兑镇一带。鳖的制作是把当地的柳条拷栳背面裱糊黑纸，绘上鳖纹。再用布条缠成鳖的头、脖、尾。表演者两人，一人猫腰负鳖盖（一手柱棍爬行，一手操作鳖头），一人扮渔童戏鳖。表演内容和寓言《鱼与鹤》

---

① 孝义县地方志编纂委员会. 孝义县志[M]. 北京：海潮出版社，1992：654.
② 孝义县地方志编纂委员会. 孝义县志[M]. 北京：海潮出版社，1992：654.
③ 孝义县地方志编纂委员会. 孝义县志[M]. 北京：海潮出版社，1992：654—655.
④ 孝义县地方志编纂委员会. 孝义县志[M]. 北京：海潮出版社，1992：655.

大同小异①。

悬空椅为境内独有的一种民间艺术形式，流行于西泉一带。悬空椅的制作是将旧式太师椅取掉坐板，周围扎绸布，再做两条假腿盘置在椅上。扮少妇者将椅子悬挂在腰部，成坐态的样子。扮女婿者将一条竹扁担一端置肩部，另一端绳系于椅上，遂成挑椅状的样子②。内该表演内容取材于民间正月新女婿送媳妇回娘家时的生活模仿，通过爬山、下坡、过河、休息等舞蹈身体动作的表演，真实地再现了少年夫妻婚后生活的幸福样态。

赶驴流行于境内的中部地区。驴体以竹皮、黑布扎制装饰。驴背悬两条骑式假腿。表演骑驴和赶驴者围绕驴的撒欢、踢咬、倒卧、起窜、急驰、上下坡等动作，做出各种相应的表演，如挨踢、被咬、抖缰、追赶、恐惧、恼怒、悠坦等情状，风趣幽默③。扮相无一定的规则，有老夫送少妻，有蠢厮儿送媳妇，还有和尚送道姑，形象各异，但内容不外乎人间异性感情关系。有的互爱，有的单爱，表演者视特定的身份和彼此关系创作特定的表演语汇。

玩蠢夫戏妻时，蠢夫翻穿皮袄，身挂串铃，手拿洗衣棒槌，妻子耳吊红枣，大腹鼓凸，手摇蒲扇④。表演时，二人以怀孕为动作主线，用大幅度夸张的嬉闹形式互相交流内心的欢乐，内容单纯、粗俗，近年已不多见。

旱船流行于全境内。船体用木条、竹皮制作，用彩绸、绣球装饰。表演时，老渔翁于船前舞浆撑、划，村姑于船内操船行进，俊丑两相公回绕船体摇扇嬉戏。在富于快慢变化的民乐伴奏声中，旱船模仿起锚、鼓帆、搁浅、绕礁等行船动作而翩翩起舞⑤。表演中演员们根据特定人物的性格特点，表现出求爱、追逐、争宠、传情等生活中嬉戏打闹的情节，这些活泼、风趣、幽默、朴实的身体动作，演绎了民间青年男女对美好爱情的追求和向往。

推车与旱船一样遍及城乡各处。车体采用木条结构，用彩绸、绣球装饰。车上置盘腿假肢，车体两侧的布面画以轮形。表演时，少女端"坐"在车上，手舞彩绢，含情脉脉，千娇百媚，一丑富公子和俊樵夫前拦后追、互挤互推，争递爱慕恋情。老母维护爱女，打情骂俏，轰赶两个青年。老父匍身推车，气喘吁吁，辛苦万状，形象地反映出民间"女大招风"的生活现象。同时，

① 孝义县地方志编纂委员会. 孝义县志[M]. 北京：海潮出版社，1992：655.
② 孝义县地方志编纂委员会. 孝义县志[M]. 北京：海潮出版社，1992：655.
③ 孝义县地方志编纂委员会. 孝义县志[M]. 北京：海潮出版社，1992：655.
④ 孝义县地方志编纂委员会. 孝义县志[M]. 北京：海潮出版社，1992：655.
⑤ 孝义县地方志编纂委员会. 孝义县志[M]. 北京：海潮出版社，1992：655.

"通过少女对富公子的厌恶,对穷樵夫的钟情表演,真实地揭示了包办婚姻时代民间女子的心态能嫁穷哥吞糠菜,不入富门穿绸缎"①。

毛骨碌流行于西部山区。由三人表演:老货郎手摇拨浪鼓步履迟钝,老态龙钟;怀孕的年轻妻子,腼腆中时露风骚;牧羊汉翻穿皮袄,油头滑脑,流里流气。锣鼓声中牧羊汉与货郎妻寻觅时机,眉来眼去,百般调情②。表演时老货郎内心痛苦而又无可奈何的表现内容,反映了封建时代老夫少妻的婚姻悲剧。

狮子舞流行于境内东部地区。两狮同时出场,每只由两人分别操纵头、尾。一人持绣球,模仿戏曲武生身段导引表演顺序和节奏变化。技艺较难掌握,跳板凳、跃高桌等高难动作尤须准确配合。民间传说,绣球是吉祥幸福的象征,双狮是夫妻意志的化身③。表演中的狮子张口啃绣球等动作,表达民众对美好生活的强烈追求与驱除一切不好的晦气事物。

龙灯流行于本境平原一带,亦名"逗龙""阚龙"。龙体用竹皮或铁丝扎制,通常为12节,每节1米左右,外用彩色龙鳞画布包裹连接。龙头、龙体、龙尾各节,安一根不到2米长的木把,起舞时,表演者一人操举木棍,在舞绣球者的引导指挥下,彩龙紧紧追逐,展现飞腾、蜷伏、浮游、翩潦等形态。奇物异兽、庞然大物,若表演熟练,则活脱如真,神威雄阵。夜间舞龙,把龙头、龙体、龙尾各节安装灯饰,俗称"耍龙灯",独苔独舞称"独龙夺珠",二龙共舞称"二龙戏珠"④。

掏场子需表演者12人,称十二甲。表演时,十二甲随打击乐前奏各展舞姿,依特定程式变化。常见队形有"一字长蛇""二龙出水""四门斗子""八卦穿顶""拧麻花""蛇蜕皮"等。表演时,场外还有"人家俱"烘托气氛⑤。常见的器材有:鼓、锣、钹,有的村社还有大鼓和饺子。

猴舞是流行于下堡一带的儿童群体舞蹈。据传,原为民间旱年祈雨时的娱龙王活动。人数不限。一人饰齐天大圣,其余人饰小猴,画猴脸,戴罗帽,穿黄衣。表演时,锣鼓伴奏,群猴在齐天大圣指挥下,变换队形并做出各式仿猴动作。舞蹈语汇贫乏却欢快活泼,群猴的跟斗、打逗等表演常使围观者

---

① 孝义县地方志编纂委员会. 孝义县志[M]. 北京:海潮出版社,1992:655.

② 孝义县地方志编纂委员会. 孝义县志[M]. 北京:海潮出版社,1992:655.

③ 孝义县地方志编纂委员会. 孝义县志[M]. 北京:海潮出版社,1992:656.

④ 孝义县地方志编纂委员会. 孝义县志[M]. 北京:海潮出版社,1992:656.

⑤ 孝义县地方志编纂委员会. 孝义县志[M]. 北京:海潮出版社,1992:656.

大笑不已①。

判官送亲曾流行于全境，新中国成立后消逝。判官穿官衣，小丑装扮鬼妹浓妆艳抹如彩旦。二人倒骑真牛真驴，由众人簇拥而行。据传，系民间祭祀龙王，免除雹灾的一种专用形式，一说借鉴于钟馗嫁妹故事，一说超于原始社会的"活祭"②。

背棍流行于汾孝交汇地带，历来以岭北村最负盛名。背者背上绑特制的铁棍，棍端绑一艳装儿童。表演时，背者在平稳、整齐但富于旋律变化的锣鼓中，不断变化步伐和队形。棍端儿童频频挥动手中的扇、绢或花束。偶有体力出众者，一棍背两三个儿童，列于队首招徕观众③。背棍的表演壮观、激烈、雄浑、舒畅，给人一种奋发向上、释放自我的艺术感受。

高跷流行于境内平原地区。扮相多为当地民众熟悉的戏曲人物。脚踩跷棍，行进街头，浩浩荡荡，气势雄浑，伴奏若加大锣大鼓，更显喧腾热烈④。早些年瑶圃村的高跷技艺高超，但近年梁家庄高跷技艺名列前茅。

大头娃娃流行于县境内的东部地区，主要由儿童扮演。头壳用纸浆裱制，内容夸张，有喜眉笑眼的老汉，有天真无邪的幼童，有狡猾虚伪的媒婆，有丑陋奸刁的官吏，表演时脚踏鼓点，整齐地行进⑤。表演时通过儿童的手、脚、眼、神等表演，赢得观众甚是喜爱。

迎花妆流行于东部地区。花妆用木料构成高约5米宽1米余的楼形框架，分3~5层。每层呈厅阁状，陈置形象不同的传统戏曲人物。妆体周围装饰着五彩缤纷的花朵和千姿百态的虫鸟。两边各扎一条长达4米的抬杆。表演时在民乐队伴奏下，4名抬花妆的青年与迎花妆的群众皆脚踏节奏，缓行长街。迎花妆活动多在庙会日举行，如文明村农历七月十七日的关帝庙庙会，旧城农历七月二十三城隍庙庙会⑥。该项目新中国成立后参与的人群不算太多。

串黄河于广场摆"黄河阵"呈正方形，四角与正中位各埋一根大灯杆（应象东木、西金、南火、北水、中土）。阵体设360根小灯棍（应象一年360天），用红色粗棉线连成弯弯曲曲的人行巷道。纠首（祭司）端祭品前

①　孝义县地方志编纂委员会. 孝义县志[M]. 北京：海潮出版社，1992：656.
②　孝义县地方志编纂委员会. 孝义县志[M]. 北京：海潮出版社，1992：656.
③　孝义县地方志编纂委员会. 孝义县志[M]. 北京：海潮出版社，1992：656.
④　孝义县地方志编纂委员会. 孝义县志[M]. 北京：海潮出版社，1992：656.
⑤　孝义县地方志编纂委员会. 孝义县志[M]. 北京：海潮出版社，1992：656—657.
⑥　孝义县地方志编纂委员会. 孝义县志[M]. 北京：海潮出版社，1992：657.

导，锣鼓队尾随，各"红火"队伍和手执燃香的群众依序鱼贯入阵①。该项目以前是民间元宵节祭祀"三官"（天、地、人）的一种祭祀活动，新中国成立后曾销声匿迹，八十年代后有的村镇逐渐恢复串黄河活动，但已经剔除封建迷信的文化内涵，演变为节日庆典中的一种文化娱乐活动。

腰鼓在近年传入，多活动于厂矿、学校。表演者斜挎腰鼓，双手执签。击法有前击、后击、双击、单击、掏腿击。步法有十字步、跳步、交替步、弓步。腰鼓队前有二钗先导，指挥敲击节奏和队形变换②。腰鼓表演气氛热烈，场面震撼有力，在每年的节庆日中都会有该项目的展示表演。

打花棍又名霸王鞭，新中国成立后传入，流行于境内学校。棍长约4尺，缠彩纸、两端系铜铃，表演时，打法有击肩、击背、击膝、霹臂，步法有进退步、梅花步、跳步等，用脆亮的小锣鼓伴奏③。该项目在运动时不仅具有一定的运动健身价值，同时还能登台表演，深受群众的喜爱。

三、汾阳市

境内流传的民族传统体育活动项目主要有龙灯、狮子、竹马、花鼓、旱船、高跷、张公背张婆、二鬼摔跤、大头娃娃、红火、推车、背棍、霸王鞭、跑驴、腰鼓、平台、祭台、灯群、秧歌、杂技魔术等④。

自古迄今，县人把每年正月举行的盛大文艺活动称为闹红火，届时城乡鼎沸，老少出动，看戏观灯，热闹非凡。民间这种街头艺术种类繁多，令人目不暇接，概括起来有如下形式：

高跷，表演人数不限，都踩在二尺五寸到五尺高的木腿上。表演场面有"打秋千""抬杠""跳凳""天地牌""套蒜辫""二龙出水""龙卷风"等。出演《唐僧取经》《十八罗汉斗悟空》等节目⑤。

旱船，用竹篾扎船，糊红绿彩纸，中间系四根彩柱，支撑船上彩亭，四角挂彩球和各色花卉，船身下画清波水浪。表演时通常有四只船，每船三四

---

① 孝义县地方志编纂委员会. 孝义县志[M]. 北京：海潮出版社，1992：657.
② 孝义县地方志编纂委员会. 孝义县志[M]. 北京：海潮出版社，1992：657.
③ 孝义县地方志编纂委员会. 孝义县志[M]. 北京：海潮出版社，1992：657.
④ 吕梁地方志编纂委员会. 吕梁地方志[M]. 太原：山西人民出版社，1989：464.
⑤ 吕梁地方志编纂委员会. 吕梁地方志[M]. 太原：山西人民出版社，1989：797.

人，一扮女角，一划船，一至二人扮丑角伴舞。舞蹈时，划船者动作灵巧潇洒，坐船者亦步亦随，轻歌曼舞，丑角调笑生趣。表演场面有"起船""剪子裤""掏八卦""翻四角""游龙戏水""落船"等，扮演《打渔杀家》《断桥》《游湖》等节目①。

推车，是用竹木、布片裹扎而成的，表演者三到四人。一坐（扮女角），一推，一拉，一人扮丑角。表演场面有"起车""游车""筛车""阻车""上坡""下坡"等。表演时，配备唢呐、饶钗、鼓、马锣等乐器，动作需与锣鼓点协调②。

背棍流行于县城和城东各乡。不限表演人数，依节目人物而定。每人一根背棍，上有一名或两名少年表演。多表演《西厢记》等戏曲人物。也有铁棍，称独节杠，由一人在马车上持棍表演，几人操作，表演戏剧人物③。

霸王鞭，不限表演人数。每人持棍一根，棍系小铃、铜钱、绣球，故名霸王鞭。表演动作有单打、双打、绕头、过腿、翻身等。节奏协调，步骤一致，变化多端④。该项目对场地要求不高在街头、舞台等场地均可表演。

骑竹马是儿童的一种游戏活动，人带假马，做各种马跑动作。有起马、小跑、大跑、奔跑、卧马、跪马、马走空心、穿插、淌马、颤马、踢腿等动作，动作时配鼓乐伴奏⑤。

跑驴，是表演一对新婚夫妇回家，媳妇骑驴，中途陷入泥潭，丈夫使尽全力赶驴出水⑥。新中国成立后，多以表演妇女劳动生活节目为主。

张公背婆，由一艺人装扮成老头背着"老太婆"（道具）表演，很逗人喜欢。1982年由吕梁地区群众艺术馆改编为《媳妇背婆婆》参加会演，获好评⑦。这种表演形式多样，其中一人表演二鬼摔跤饶独具特色。

大头娃娃原来是戴着大头面具的男女娃娃进行的身体表演，后来扮演的人物形象不断增多，有七品芝麻官、老寿星、孙悟空等各类人物。

狮子用竹篾、铁丝、麻裹扎而成。玩耍时，一人在前顶狮子头，一人弯

---

① 吕梁地方志编纂委员会. 吕梁地方志[M]. 太原：山西人民出版社，1989：797.
② 吕梁地方志编纂委员会. 吕梁地方志[M]. 太原：山西人民出版社，1989：797.
③ 吕梁地方志编纂委员会. 吕梁地方志[M]. 太原：山西人民出版社，1989：797.
④ 吕梁地方志编纂委员会. 吕梁地方志[M]. 太原：山西人民出版社，1989：797.
⑤ 吕梁地方志编纂委员会. 吕梁地方志[M]. 太原：山西人民出版社，1989：797.
⑥ 吕梁地方志编纂委员会. 吕梁地方志[M]. 太原：山西人民出版社，1989：797.
⑦ 吕梁地方志编纂委员会. 吕梁地方志[M]. 太原：山西人民出版社，1989：797.

腰在狮子后身，小狮子则由一人掌握，表演动作有对斗、打滚、跳桌子等①。

该县城的腰表演鼓不限人数，每人腰系花鼓，用踢腿、弯腰、绕腿、掏打、翻身、跳步等动作进行各种身体动作的表演，具有一定健身价值。

元宵之夜闹龙灯，流行于县城和城东各乡。龙灯用布和竹篾做成，长度各有不同，首尾有九节、十三节、二十四节不等。每节都是用竹篾和铁丝扎成一个长圆形的篾篓，并安上木板，供舞龙者掌握。篓中燃灯烛，用布做龙衣连接各节，舞时，一人持珠灯前引，余皆随龙首随行舞动。表演场面有《游龙戏水》《龙身自卷》《龙跳跃》《龙卷风》等②。

四、文水县（凤城镇）

境内流传的民族传统体育活动项目种类繁多，主要有社火、武术、龙灯、狮子、竹马、花鼓、旱船、高跷、看兵书、跑报子、扭推车、灯串、刘三推车、背棍、秋千、彩车、抬阁、背棍、狮子、踢蛋儿、掰碗、打瓦、打枣核儿、踢毽子、举石锁、桥头大鼓、摔跤、打洋片、揭人人、踢拐拐、三人骑马战、跳皮筋、跳圈圈、混秧歌、铁棍、撒油婆、舞花伞、孙猴爬杆、舞大旗、白鹤起舞、牛斗虎、桥头大鼓、宋家庄跑场子、宋家庄棒子舞、西城铁棍、马西铙、灯船等③。

本县的民间"社火"活动形式有两种：一是街头红火，二是游乐社火。街头社火有龙灯、高跷、灯船、旱船、竹马、推车、瓜子、混秧歌、背棍、铁棍等四十多种，比较有名的街头红火有"桥头大鼓""宋家庄跑场子""宋家庄棒子舞""西城铁棍""马西铙""陈旧刘三推车""北街龙灯""西街灯船""南关高跷"等，每到春节期间和夏令时节总要大闹一番，场面极为热烈。新中国成立后，县里年年组织"街头红火"进城活动。"街头红火"成为集音乐、表演、器乐、杂技、滑稽等为一体的群众性的民间艺术大游行。现在街头红火失传了的有"撒油婆""舞花伞""孙猴爬杆""舞大旗""白鹤起舞""牛斗虎"等。

---

① 吕梁地方志编纂委员会. 吕梁地方志[M]. 太原：山西人民出版社，1989：798.
② 吕梁地方志编纂委员会. 吕梁地方志[M]. 太原：山西人民出版社，1989：798.
③ 李培信. 文水县志[M]. 太原：山西人民出版社，1994：654.

踢毽子用的毽子有鸡毛毽、皮毛毽、布毽、纸毽、绒毛毽之分。其中，以用活公鸡羽毛扎成的毽子效果最好。其基本动作要领是盘、磕、拐、蹦。盘是脚内侧踢，磕是膝盖弹，拐是脚外侧反踢，蹦是脚面或脚尖踢，踢毽子的姿势有里外廉、拖枪、耸膝、突肚、佛顶珠、剪刀和拐子踢，还有转体、双膝顶、手脚配合毽穿圆环踢，头、肩、背代脚踢或绕身而不坠地过肩踢等①。此项运动至今在境内青少年中广为流传。

打"枣核儿"，工具有木板，厚1厘米，长50厘米，宽10~15厘米左右。枣核儿用木棍制成，长约5~10厘米，形状似"枣核"。起点处画一横线，作为打的起点线，脚不能超过此线。线后划一直径为1米左右的圆圈，作为枣核的放置点。打的方式有两种，一种是枣核放置地下圆圈内，一手拿木板敲打枣核的一端，枣核从地上腾起，再用木板将腾起的枣核打到远处；另一种方式是对方迎面将枣核扔过来，另一方用木板击中，打到远处。其形式为两组对抗赛，每组的人数可多可少，哪组打的远哪组得胜②。20世纪60年代末，此项活动在该地区流传不常见。

打瓦是文水境内少年儿童喜闻乐见的体育活动游戏，境内各村打法各异，现将城关附近村庄的打瓦活动介绍如下：先在预约好的距离间隔的两端各画一条横线，将一块半砖（或瓦片、瓮片）立在一端的线上，在砖外1米处再画一条横线，活动者站在另一端的线上或线外，用手、头、背、胸、脚掷砖将立置在端线上的砖块击倒。其形式有分组对抗和单人对抗两种，分组对抗人数应为2、3、4人。程式有一、二、三抛击，四摆后，五猫腰，六罗锅，七交叉，八地动，九努肚，十后击。抛击，打瓦者站在抛掷线上提起一只脚用着地脚向前弹跳一、二、三步，手掷砖石将瓦击倒；摆后，打瓦者站在投掷线外，将砖石抛掷在瓦外第三条线内，提起一只脚用着地脚向前弹跳四步于瓦后，再用着地脚踢砖石将瓦击倒；猫腰，打瓦者站在投掷线上，转体成背向瓦状，再从裆下抛击砖石将瓦击倒；罗锅，打瓦者站在投掷线外，将砖石抛在瓦外第三条线内，单脚弹跳六步后，背向瓦，腰成"罗锅"状，拣起砖石置于背上，身体后仰砖石掉下将瓦击倒；交叉，打瓦者站在投掷线外，将砖石抛掷在瓦外第三条线内，单脚弹跳七步，提起的脚从着地脚的后方踢砖石将瓦击倒；地动，打瓦者站在投掷线外，将砖石抛掷在瓦外第三条线内，

---

① 李培信. 文水县志[M]. 太原：山西人民出版社，1994：653.

② 李培信. 文水县志[M]. 太原：山西人民出版社，1994：653.

单脚弹跳八步，且每跳一步后，单脚原地转一圈，转完第八圈后，用着地脚踢砖石将瓦击倒；努肚，打瓦者站在投掷线外，将砖石投掷在瓦外第三条线内，单脚弹跳九步，面向瓦身体后仰，将砖石拣起置肚上，身体再前俯砖石掉下将瓦击倒；后击，打瓦者站在投掷线外，将砖石投掷在瓦外第三条线内，单脚弹跳十步，背向瓦用着地脚后跟踢砖石将瓦击倒①。自 20 世纪 50 年代后期，该项活动逐渐淡出该地区民众的视野。

掰腕，两人紧握左手或右手，且两人小臂与平面成三角形状，靠手中力量向相反方向用力，一方将一方的手压倒，被压倒者为败。此项活动至今仍可见②。

踢蛋儿时，蛋儿是用铁铸而成的铁蛋，重约 0.25 公斤。其形式为两人对抗赛。方法是每人各执一颗铁蛋，一人先将铁蛋踢出，另一人在同一起点将自己的铁蛋踢出去击对方的铁蛋，如击中对方的铁蛋，或两颗铁蛋相距两叉（叉，指拇指与中指两端间的距离），即胜对方③。20 世纪 60 年代以后，此项活动在本地区的开展逐渐少见。

举石锁，石锁似"凹"状，用整块石料凿成，类似旧时铁锁，俗称石锁，重 25~30 公斤左右。用以练臂力，至今仍可见练习者④。

龙灯是民间艺术活动的一种主要形式之一。用竹、木、布、麻扎成龙状，罩之以布画鳞甲，龙身一般分为七节或十二节，每节明灯一盏，根据节数的多少组成人员，有的分为两班循环，活动时以木棒将其挑在空中舞动，乐器伴舞，龙头前有一人手持绣球引逗，故称"逗龙灯"。以前是单龙活动，后来发展到双龙，又称"二龙戏珠"⑤。在每年春节期间，本县西旧、孝义、南齐等地较为流行，其中北街的龙灯最享有盛名。

高跷是一种在空中进行技巧性表演的艺术形式，人称"踩高跷"，由六人以上表演，乐队伴奏。活动时，将化装演员的两腿绑在木棍上，演员根据自己的角色边走边舞，表演时，有的"跳板凳"，有的做武术戏剧等动作，队形在不断变化。绝大多数扮演的是传统戏的角色，如"唐僧取经""白蛇传"等。新中国成立后有的也根据时代特点加入了政治内容，演员化现代妆，春

---

① 李培信. 文水县志［M］. 太原：山西人民出版社，1994：653.

② 李培信. 文水县志［M］. 太原：山西人民出版社，1994：653.

③ 李培信. 文水县志［M］. 太原：山西人民出版社，1994：654.

④ 李培信. 文水县志［M］. 太原：山西人民出版社，1994：653.

⑤ 李培信. 文水县志［M］. 太原：山西人民出版社，1994：595.

节期间，本县城关、孝义、西旧等地有活动，南关高跷较有名。

狮子，也称"逗狮子"，是民间艺术中的一种杂技性表演。表演时，两人披一张由竹、木、彩布、麻制成的狮子皮，藏于其中，狮前有一人持绣球引逗，做各式各样的抢环、扑环、含球等动作，人称"狮子滚绣球"，春节期间有活动，东街的狮子有名①。

推车舞由三至四人表演，一人坐在事先用木、布等制成的推车上，由一人推，一人或二人在前后引逗起舞，唢呐、打击乐伴奏。表演时边舞边唱，一答一应，舞姿健美，唱词诙谐，具有喜剧特色。该县这种活动流传较多，比较出名的要数陈旧的"刘三推车"，积极参与各种场域的登台表演。

背棍有两种形式，一种是在人的背上绑上铁棍，上系一儿童悬空，上下配合表演，另一种是用人背绑一个假人上下配合活动。这种活动至今也多见，杭城村的背棍增加了新的内容，在春节期间，他们表演的"好媳妇"最受群众欢迎。

抬阁也称"铁棍"，用木、布、彩纸等做成花轿状，四角用角棍（或木棍）抬着，表演时将三四个儿童悬空，抬铁棍的全是身强力壮的后生，有的是十六抬，有的是二十四抬，有的是三十二抬，表演时所抬之人要大换班，轮换表演。悬空儿童要求人品俊好，着彩衣涂脂粉，酷似天仙，并做各式各样的动作。在春节期间，西城乡的铁棍能摆满街，五彩缤纷，十分壮观。

彩车是20世纪70年代新出现的一种民间艺术形式，是把传统抬阁的形式安装在汽车上，并用三合板、纤维板等装饰成型，制作成各式各样的图案，有的安装在发电机、扩音机、录音机等上面，开动时，车前一人用小旗指挥，车上播放各种音乐唱段，车上有化妆演员活动，汽车徐徐前进。这类活动涉及一定的机电设备，对车身的包装需要聘请专业人士，因此项目开支大，县城单位制作的较多，各类彩车都华丽且独具特色。各乡镇村委也有彩车的展示但相对来说不多，比如龙泉村的龙舟彩车就很有特色。

本县的秋千活动村村都有，主要有"车轮秋千""纺车秋千"和"搭板秋千"等。"车轮秋千"和"风车秋千"用木材制成像车轮一样形状，人在上面像车轮滚动。搭秋千是用四根高柱交叉而立，悬挂两根长绳，下面挂上木板，人坐在板子上或站在板子上，两手握绳，用脚蹬的力量在空中前后摆动，比较有名的秋千活动村是方园、宋家庄等。

---

① 李培信. 文水县志［M］. 太原：山西人民出版社，1994：596.

　　"刘三推车"是一个以唱、舞贯穿整个表演过程的舞蹈，它边舞边唱，形式活泼，情趣盎然。角色一生一旦。"刘三推车"在清光绪年间由祁县民间老艺人双龙师傅传入文水，先由陈旧村刘振帮学艺，曾盛行一时。二代艺人武合义、刘连生学艺后曾巡演全县。三代艺人张建昌（艺名圪秃四）、孟中意学艺后，对该舞的表演风格、内容，重新进行了加工提炼，并于1960年参加了地区"百花奖"大赛荣获乙等奖。"刘三推车"塑造了勤劳、朴实的推车人刘三和活泼风趣的农村大嫂形象，通过大嫂搭车、观灯一系列情节表演使人们从中得到了艺术享受，其中上车、下车、观灯、扭推车上坡、下坡等富有特色的舞姿，给人留下了极为深刻的印象。"刘三推车"的歌词很有地方特色。由于"刘三推车"这种边舞边唱的风格很适合群众口味，又易于传唱，所以文水县陈旧村一带人几乎人人都可以演唱，成为一个普及性的民间舞蹈。

　　跑报子是流传在本县平川地区的一种传统的民间舞蹈。它的产生与人民的生活有很大的关联。早年，各村各社祈雨活动极为风行，跑报子伴随着整个祈雨过程应运而生。老人们口传这种祈雨舞蹈盛行于明代，产生的源流就更为久远了。

　　跑报子形式活泼，队伍壮观，一般由十五六岁或十七八岁的青年组成，人数少则八人，多则二十多人。两路，有一路是"老报子"做前导，沿着祈雨之路出发，一路舞蹈，跋山涉水，走乡串村。走到哪村就跳到哪村，报子也就报到哪村，即后面祈雨大队人马将来，通知此村马上准备迎接，故名词意"报子"就是从这儿来的。

　　跑报子的服饰很有特色，头戴红缨帽或黑纱巾，还有的干脆头戴柳圈帽，裸露的上身披一件竹节衣，下身穿黄绸裤，身背串铃公文和令箭，手执马尾刷，臂挂铡刀，头顶烈日，赤脚奔跑在乡间小路上，那种舞姿像芭蕾舞一样脚尖落地，舞动着传统的蛇形图，变化出"二龙吐水""龙摆尾""剪子股""蛇蜕皮""蛇盘蛋""燕过天门""交叉背靠背""过山门"等各种队形图案，还不时地唱着祈雨歌，可见人们对天神的赤诚之心。那种歌声、串铃声和舞姿各为一体的风味别具一格。跑报子的主要特点是：贯穿始终的脚尖跑跳，离开跑就不称其跑报子了。这种祭祀时用的舞蹈，扭跳的时间之长、路程之远、场地之大是十分罕见的。

　　跑报子没有音乐，只有锣鼓伴奏，指挥节奏来自身背后的串铃声。扮演者随着重重的串铃起舞，新颖别致，活泼欢快，很受人们的欢迎和喜爱。从跑报子的整个舞蹈结构来看，有远古图腾崇拜的痕迹，使腾图崇拜的传承过程直接渗透到祈雨活动当中，并且以民间舞蹈的形式固定下来。跑报子的舞蹈形式比较古老原始，"龙""蛇"作为人们信仰中神的形象出现。跑报子作为一种传统的民间舞蹈长期以来一直伴随着劳动人民在当地发挥着它应有的作用。随着社会制度的变革，经济、文化科学的进步与发展，以及人们习俗的变迁，后来这个舞蹈便销声匿迹了。

民间舞蹈看兵书，是文水县境内特有的一个舞种。它起源很早，据文水县北张乡郑家庄村老艺人们追忆，经调查有关史料，它的故事情节出自《隋唐五代演义传》，由人们口头传说不断演变与丰富，流传于民间，逐步形成了一种民舞形式，它具备了独特的风格。因主演过此舞蹈的老艺人均已去世，无法查清何人传艺。所以这个节目并无外传，只在郑家庄传演，而距一里之外的村子即无传授。看兵书起源于唐末，盛行于清代，由于战乱，老艺人病亡而失传，兼之形式孤独因而流传面不大。长期以来，只有郑家庄人们逢年过节装扮一番用以热闹红火。1983年奉上级指示，开始搜集整理民舞，县文化馆组织了四人小组，下乡进行了调查整理。1983年春节，重新恢复了表演，引起了广大群众的热烈赞扬。1984年被列为地区重点整理项目，省舞协副主席邱淑平、理事张西平、民舞集成办公室负责同志谢静珊等五位艺术家们亲临指导，使之面貌一新。后又由地区艺术馆康树东重新编排参加省"两会一节"演出获好评，目前此舞种已在省《民舞集成》四卷出版。

左家拳在经历半个多世纪的保镖生涯过程中，足迹踏遍"南七、北六"（南七省为两湖、两广、两江、云南、贵州、四川、浙江，北六省为山西、山东、河南、河北、陕西、甘肃）13省，却从未失手，而誉满神州。由此可见，左家拳是中华武术中不可多得的宝贵遗产。而要探究中华神功"左家拳"，需要先了解其创始人左昌德（左二把）和哺育他的这片土地。

五、中阳县（宁兴镇）

境内流传的民族传统体育活动项目丰富多彩，主要项目有跑秧歌、龙灯、狮子、旱船、竹马、高跷、花鼓、旱船秧歌、荡秋千、鸡鸽仗、玩石锁、踢球、蹴鞠、打岔、踢毽子、九曲灯、踢毽子、跳绳、跳方格、滚铁环、定方、象棋、玩石锁、武术、蛤蚌、跑驴、张公背婆、高跷、二鬼摔跤等①。

踢毽子，毽子用鸡毛、方孔铜钱和一小块布做成。该项活动盛行于20世纪50年代②。其踢法有单脚踢、翻脚踢、双脚换踢、脚跟跳踢、脚面踢等。赛前双方议定规则，参加者多为儿童少年，女多于男。

打尜俗称打枣骨子。器械为一尺多长的木板和木棒，尜为两头尖一寸长的木核。比赛前两人或两人以上议定规则，然后就地划一圆圈或方格，人站其内，将掷子（木核）抛空，用木棒或木板击掷子、打得越远越好。尜落地后，对方拾尜，从尜木落地点向窝内（圈内）投掷，如击中尜棒（板）或投掷到所划定的线圈内，双方互换位置另击之③。该项运动大多在冬季或是春季，人民农闲时择一宽敞的地面进行。

踢球也称蹴鞠、踢鞠，俗称夹蛋，是中国古代踢石球游戏的延续。石球为一寸直径的球，比赛时由双方议定规则进行比赛，参赛者必须在2人以上，双方划线对垒，以踢中对方石球为准④。旧时，踢鞠活动一般在每年的冬季进行，是本地区的青少年儿童非常喜爱的一项传统体育运动。

玩石锁是本县过去最为常见的一种活动。石锁用石凿成，中间有手握处，形似古铜锁⑤。玩石锁的重量在5~20公斤，是一项单人健身活动，玩法根据个人体力及技术熟练程度而有所不同。

玩鸡鸽仗时不用任何器械，两人各自用双手抱起一条腿，另一条腿站地跳动，用抱起的腿膝盖相互碰撞，谁双腿先着地即输⑥。

清朝至新中国成立前，县民有清明节荡秋千的风俗，多为妇女参加，是农村、集镇一项很好的传统体育活动⑦。

六、兴县

境内流传的民族传统体育活动项目丰富多彩，项目主要有花鼓、霸王鞭、

---

① 阴乃二. 中阳县志[M]. 太原：山西人民出版社，1996：624.
② 阴乃二. 中阳县志[M]. 太原：山西人民出版社，1996：624.
③ 阴乃二. 中阳县志[M]. 太原：山西人民出版社，1996：624.
④ 阴乃二. 中阳县志[M]. 太原：山西人民出版社，1996：624.
⑤ 阴乃二. 中阳县志[M]. 太原：山西人民出版社，1996：624.
⑥ 阴乃二. 中阳县志[M]. 太原：山西人民出版社，1996：624.
⑦ 阴乃二. 中阳县志[M]. 太原：山西人民出版社，1996：624—625.

龙灯、旱船、提灯会、迎灯、腰鼓、狮子舞、扭秧歌、伞头秧歌、高跷、舞龙、跑驴、乘车、坐轿、二鬼摔跤、打秋千、拔河、摔跤、投掷、跳绳、定方、踢毽子、打石牌、跳绳、掷石饼、滚铁环、下象棋、哑老背妻、二女子回娘家等①。

秧歌是在元宵节前后的一种由锣鼓伴奏的街头表演群舞。清末至抗日战争前夕为鼎盛期。1936年，车家庄、石门庄、刘家庄、甄家庄、原家坪、赵家坪、李家湾、高家村、横城、固贤、黑峪口、新窑上、东坡上、石岭子、交楼申、阳湾子、孙家庄、石盘头、赵家川口、魏家滩、高家崖、黄家沟等20多个村庄都有秧歌队，参加者不下600人。秧歌队由锣鼓乐队和角色组成，角色通常有一架子鼓、二架子鼓、拉花女、公子、美人、货郎、愣小子、愣女子、渔公、渔婆等，扮演古装戏剧人物有许仙、白素贞、小青、孙悟空、唐僧、猪八戒、沙僧等②。新中国成立以来，该县秧歌又新添了工、农、商、学、兵等角色的演出。

旱船，自古以来流行，每年正月时候进行活动，元宵节是高潮。船身由彩绸包裹，用纸花灯笼装饰，一人"坐"船，一人扮艄公划船。四五只船组成一队，队形分聚自然，变化多端，酷似在水中游荡，颇引人入胜。音乐伴奏多用笙、管、唢呐，悦耳动听③。20世纪80年代后期，出现了装饰于轻便摩托车上的旱船队，行"船"轻快而逼真，别具风采。

狮子舞由两人合扮一头大狮子，其中一人扮演一头小狮子，另一人扮武士，持彩球引道④。在兴县较常见的是"文狮"表演，身体表演动作有搔痒、抖毛、起跳等动作，因表演动作难度较大，在该县流行不广泛。

本县的腰鼓原为秧歌队的一个组成部分。1942年后，来兴县的晋绥边区文艺工作者吸收陕北、晋南、五寨等地腰鼓精华改编成一种独立的文艺表演形式，流传至今。其特点：一是鼓钹清脆，节奏明快；二是击鼓动作多变，整齐划一。一般为列队原地或在行进中变换队形表演。扮演者男女各半，每人一鼓两槌，在唢呐伴奏下边歌边舞边击鼓。服装要朴素大方，男者头戴白羊肚手巾，斜襟袄上系腰带，彩带上结花，脚穿牛鼻子鞋，女者腰系彩裙，

① 贾维桢. 兴县志[M]. 北京：中国大百科全书出版社，1993：386.
② 贾维桢. 兴县志[M]. 北京：中国大百科全书出版社，1993：384—385.
③ 贾维桢. 兴县志[M]. 北京：中国大百科全书出版社，1993：385.
④ 贾维桢. 兴县志[M]. 北京：中国大百科全书出版社，1993：385.

鞋上系红缨，完全是本县地道的青年农民传统打扮①。

霸王鞭又名"金钱棍"。1941 年引入本县，很快在城乡普及。20 世纪 50 年代初，境内学校多有此活动。表演时演员手持装有铜钱的木棍，上下左右依规定动作舞动②。该区域流行的霸王鞭动作多样，铜铃响声清脆，并配有唱词，深受当地群众们的喜爱，故一直流行至今。

迎灯俗称"关灯"，是境内由来已久的祈求吉祥的敬神娱人的活动。春节至元宵节期间，各村自择吉日进行。大村及城区各片多请戏班参加，热闹两三日，称之为"人口会"或"平安会"，会间进行迎灯。过去在迎灯之日，先由鼓乐队吹打一天，晚上时候家家高挂彩灯，迎灯队伍先到庙宇祭祀，祈祷五谷丰收、人口平安。然后点着灯笼火把，鼓乐喧天，挨门排户给各家送"吉利灯"，接灯的人家高燃火塔，鞭炮齐鸣，在门外迎候，同时点上许多小纸灯，摆放于大门墙头和室内各处，照亮各个角落，意在驱散晦气。有的村还在空地上用红黄绿 365 盏灯布成"九曲黄河阵"，由伞头秧歌队举着灯笼火把，唱着"九曲歌"，绕阵表演，名为"转九曲"。远看星罗棋布，流光闪彩，甚为壮观③。现在的迎灯活动，已去掉旧时的封建迷信文化，成为每逢佳节时的一种游艺活动，但仍保留着该区域民间原有的文化特色。

七、临县（临泉镇）

境内流传的民族传统体育活动项目主要有伞头秧歌、戳鼓子、高跷、旱船、龙灯、竹马、跑驴、张公背张婆、大头娃娃、狮子舞、杂会子、驾鼓子、伞头、秧歌、跳绳、打瓦、滚铁环、摔跤、定方、下棋等④。

境内的民间武术有悠久的历史。明清时代，习武者甚多，明万历十四年（1586 年）至清光绪十八年（1892 年），全县出过武状元 1 名、武进士 1 名、武举人 51 名。著名的武术村有庙墕、下庄、王咀、李家沟、冯家会等。传说，石白头乡永兴村的武术源于少林寺。清朝年间，该村有叔伯兄弟二人，因地界纠纷，互不服气，殴打起来，有一家被打败。被打败的那家为了报仇，

---

① 贾维桢. 兴县志［M］. 北京：中国大百科全书出版社，1993：385.
② 贾维桢. 兴县志［M］. 北京：中国大百科全书出版社，1993：386.
③ 贾维桢. 兴县志［M］. 北京：中国大百科全书出版社，1993：386.
④ 临县志编纂委员会. 临县志［M］. 北京：海潮出版社，1994：635.

送其子到少林寺学艺，在三年后回村，纠纷已平，遂将少林武术传给村民。此后，许多人习武练功，延续不衰。每到春节，村民就聚在一起闹武会子（秧歌），该村的武术逐渐传到邻近村庄。1984 年，县体委举办了 15 个乡（镇）的 70 余人参加武术比赛，项目有拳术、刀、枪、棍、剑、流星等。通过比赛，推动了全县的武术活动，也发现了一些武术人才。老拳师王守苗，练臂功时，用一条木棒，中间系一绳，绳下端系石头或砖块，两臂伸直，两手握木棒两端，往起卷绳子。武术师李德全精于铁筷子，问子德流星功夫较深。退休干部高岱（庙墕村人），不仅坚持练习武术，还撰写了该村民间武术套路多种，《山西省武术拳械录》辑录其中全省特有的"双龙拐"等拳种六个①。

伞头秧歌（俗称闹秧歌、闹会子、闹红火），是本县广泛流传的群众性文娱活动形式。本县伞头秧歌的起源与古代迎神"赛社"的祭祀活动有着密切的联系，伞头秧歌是在春节期间开展的一项文体活动，每年冬天农事完毕后，在人们欢庆丰收、祈求五谷丰登的社火活动中不断演变而来的。秧歌队的领头被称作"伞头"，伞头秧歌由此得名。清代，秧歌是在祭祀众神的祈禳仪式中进行的身体舞蹈动作，先是打道神（木或纸制），然后是号招、号灯。号招上，书村社名，如曹家峁村有"三官会"、李家峁有"岱岳会"等。号灯上，书村名、会名，由装扮武士的人挑着。其后是各色执事，有代表金、木、水、火、土的五色彩旗，或日月扇、星位牌、金瓜钺斧等。然后是配备 7 支乐队，进行锣、鼓、钹、镲等伴奏。然后伴有黄罗伞盖，一位唱祭歌手紧跟伞后，祭歌内容包涵祈求诸神保佑驱灾除难、风调雨顺、五谷丰登。正月初五以前秧歌队要祭拜各类神庙，之后便开始给村里的新婚夫妇、新生男婴儿、新的宅院落成等道贺。

秧歌活动时间一般是正月初二到十五。民国初，秧歌活动相当普及。每逢春节，大部分村庄有"纠首"联络组织秧歌爱好者，届时出场。秧歌队祭祀仪式比过去简化了很多，黄罗伞改为遮阳伞（雨伞），周围边上缀尺许宽的彩绸，号旗上书某某村秧歌队，去掉执事，只留彩旗，乐队增加唢呐吹奏，伞头身穿长袍马褂，手摇"虎撑"（用响铜铸制而成的环状圆筒，形似手镯，直径约 10 厘米，外沿开缝，内装小铁球，摇动时发出串铃般的响声），装身子的编为各种形式的小节目，除保留一些传统节目外，以后又陆续增加了一

---

① 临县志编纂委员会. 临县志[M]. 北京：海潮出版社，1994：635—636.

些适合时代的节目，如小放牛、钉缸、扑蝴蝶、霸王鞭、武术、高跷等。秧歌队俗称"出门会子"，除在本村活动外也与村互相往来。凡是出门秧歌，从形式到内容都比较讲究，有的年前就进行排练①。新中国成立后，秧歌的表现形式不断衍变，伞头由多人表演，又恢复了遮阳伞，装身子的增加了彩衣、彩扇、红绸、大头娃娃，以及"卖西瓜水""卖菜"等一些新节目。

索达干的龙灯流传已久。龙灯有龙头和龙身两部分，龙身用竹圈或铁丝圈裹布制成，布上画鳞甲为龙形，可九节、十二节连在一起，龙头龙身分节用木棍支撑，每人挑一节，前有武士1人捧火球导引，起伏弯转舞动②。龙灯可单独成舞进行表演，夜晚在龙体内可点燃灯饰，俗称"闹龙灯"。

驾鼓子为传统形式，以招贤一带的文鼓子和城关一带的武鼓子最出名。文鼓子一般都是闹秧歌的行把式，最好的把式为头驾，接着往下排，一架鼓子由3个不同角色组成，驾鼓子者武士打扮，头戴缨藤，裹腿，斜挂腰鼓一面，可做不同武术动作，如单叉、双叉、虎跳、箭子、飞脚、三脚不落地、柳树盘根等。拉花子者为女饰，包头扎裙（今为穿彩衣），手执彩扇、红绸，紧跟驾鼓子者起舞，戏鼓斗花，以此来表达爱慕之情。扇风的武丑扮相，身着大衫，一手摇羽扇，一手提大襟，穿插起哄，饶有风趣。文鼓子入场表演一段，还要唱一段秧歌或小调。武鼓子俗称戳鼓子，表演动作与花鼓舞相近，但舞姿粗犷，力度大，舞蹈动作有跨步、箭步、碎步、踢腿、转身、鱼跃、坐花飞脚、鹞子翻身、凤凰展翅、老虎洗脸等。鼓点又分路鼓、单点、紧三锤、六锤、七锤、空五锤、流水、花点、空三锤、擂神鼓等10余种节奏。一支秧歌队可以有10、14、16对鼓子，秧歌队排街时，武鼓子紧跟伞头，打出各种节奏的鼓点，十分气魄③。新中国成立以后，打花鼓（也称腰鼓舞）、霸王鞭从太原逐渐传入县域境内，秧歌队的表演形式逐渐丰富多彩。

秧歌俗称大会子，由诸多小杂会子组成。大会子排街、掏场（也叫踩场子、踩牌子），气势磅礴，小会子单独进场表演，妙趣横生。传统的杂会子有"八仙过海""观音送子""刘海戏金蟾""匡胤送金娘""五郎搬兵""吃瓜""相子卖挂""西天取经""玄女斗法"等折子戏。每个节目都可单独上场表演，今多失传，所以又增加了一些新的节目，如"卖西瓜水""卖菜""十对

---

① 临县志编纂委员会. 临县志[M]. 北京：海潮出版社，1994：584—585.
② 临县志编纂委员会. 临县志[M]. 北京：海潮出版社，1994：584.
③ 临县志编纂委员会. 临县志[M]. 北京：海潮出版社，1994：585.

花""小放牛""刘三推车""跑驴""竹马""高跷""大头娃娃"等①。

八、方山县（圪洞镇）

境内流传的民族传统体育活动项目主要有武术、伞头秧歌、小放牛、高跷、狮子、龙灯、象棋、踢毽、跳绳、摔跤、打瓦等。

境内流行武术。1925 年，大武镇兴办拳社，传授武功，40 余人入社。拳师有邓元龙（临县）、王生富（本县吉家庄）、王芝贵（平遥县）、温权贵（文水县）等人。主要的器械有刀、枪、棍、鞭、锤等。拳术套路有太极拳、六合拳、小洪拳、二郎拳、八卦掌、形意拳、长拳等拳种。培养出的武术能手杜德玉，擅长民拳，通晓南拳、太极拳、形意拳，器械擅长单刀、枪、棍等。1961 年杜德玉参加地、县武术比赛，受到好评。1976 年，他已 68 岁高龄，仍指导青少年学习武术。糜家塔村民国时武术盛行，拳种有猴拳、螳螂拳和形意拳。刘秀奎、阎君周等功底较深。1939 年，一天，阎君周独身被两个日军围困，他拳掌出击，将两个日军打倒，从容离去。20 世纪 80 年代武打影片的上映，唤起一股武术风。大武、峪口、圪洞、马坊、方山、南村、糜家塔等村镇青年，武术活动甚烈②。

地秧歌俗称闹会子，春节、元宵节时候的群众文娱活动，男女老少多则上百人，少则二三人，简单化起妆来，手持扇子、彩绸、锣鼓、腰鼓在前，唢呐、伞头随后，秧歌队伍紧跟，走街串巷，或在广场，随着鼓点节奏，表演的图案有十二连城、天地牌、四门斗底、蛇盘九颗蛋、里四外八等，并有高跷、竹马、旱船、花车、龙狮、大头娃娃等饰相③。除街头演出外，同时还会走进军烈家属、老干部、机关、学校、厂（场）矿等地进行义演，演唱方式有伞头单唱、对唱和边演边唱。歌词可见景生情现场编唱，十分有趣。据了解，在大武、圪洞、峪口、马坊、糜家塔等村镇，地秧歌技艺较高。

---

① 临县志编纂委员会. 临县志[M]. 北京：海潮出版社，1994：585.

② 方山县地方志编纂委员会. 方山县志[M]. 太原：山西人民出版社，1993：387—388.

③ 方山县地方志编纂委员会. 方山县志[M]. 太原：山西人民出版社，1993：394.

九、柳林县（柳林镇）

境内流传的民族传统体育活动项目主要有跑秧歌、鼓子秧歌、狮子、竹马、旱船、龙灯、高跷、转九曲、伞头秧歌、摔跤、荡秋千、踢毽、跳绳、拔河、放风筝等①。

棋类活动在县境内的历史悠久，流布广泛，门类繁多。订方是该民间流传最为古老而普遍的棋子活动。方阵图有七道、六道两类。北山一带尚六道方式，城川一带行七道方式。六道方阵有 36 点。对阵双方各执 18 子，七道方阵有 49 个点，对阵双方先订者 25 子，后订者 24 子（如图①②）。

做子的材料随地选取，诸如杏核、石子、土块等均可。只需分辨两类，不相混淆。阵图随地可划，树荫下、大门前、街头巷尾随处皆可摆阵。双方对局先订后走。每次订时一子拣择重要位置。订满阵图中各点后，双方各揪对方一子就开始行走。每走一次沿方框边移动一格，不能斜走。一方 4 子正好走满一个方格叫"方"，方起以后可以任意揪掉对方一子，6 只（或 7 只）子占据了一条线叫"趟"，趟起可以揪掉对方的 2 只子。甲方把乙方的子揪到铺不成兵摆不成阵时，甲方称赢，乙方认输②。打老虎，对阵者事前须商定谁执大子（也称老虎，共 2 只），谁执小子（也称羊共 24 只）。打老虎也称老虎吃羊，其图由 33 点连线组成主阵，以正中一点为中心分为内外两圈，内圈 8 个点，外圈 16 点（如图③）。小子先在内圈摆满 8 子，2 只老虎分别镇守在两端脖子上。开始由老虎先吃，老虎跃过身边一子跳到紧挨对侧空格上就算吃掉跃过此子。如果 2 子相连，老虎不能连吃二子。小子每次钉一子，老虎每次走一步，直到手中小子订完。然后小子铺兵摆阵一步一步地诱使老虎走入绝地，老虎一面挑选并占据有利地势，一面伺机吃掉小子。如果老虎被围的无路可走，大子即输。被吃剩的小子如果摆不成阵时小子就输③。夹五路的五路图似老虎阵而无头，由 25 点组成（如图④）。对局双方各执 5 子分别摆在自己一方边线上。由任意一方先走，沿线可横可竖可斜，每次动一子，走一

---

① 山西省柳林县志编纂委员会. 柳林县志[M]. 北京：海潮出版社，1995：517.

② 山西省柳林县志编纂委员会. 柳林县志[M]. 北京：海潮出版社，1995：516.

③ 山西省柳林县志编纂委员会. 柳林县志[M]. 北京：海潮出版社，1995：516.

格或数格皆可。一方以二子将对方一子堵在一条线上相挨三点的中间一点上叫"夹"，即夹掉对方一子，空点由胜方补一子，一条线上只有一方的 2 子中间空一格，对方正对空格的子就可钻入空格将此二子"担"掉，补上自己的 2 子。或夹或担直至一方将对方的子吃完。五路横竖路路相通，千变万化防不胜防。有时一方只剩一二子，但只要占据有利地势，攻入对方疏漏，连夹带就还有反败为胜的机会①。

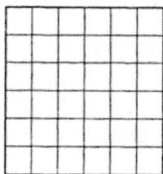 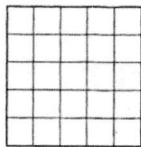

图①：七道方图　　　图②：六道方图

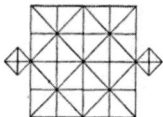 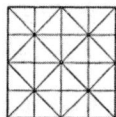

图③：打老虎图　　　图④：夹五路图

秧歌是柳林民间传统的以舞蹈歌咏社火的活动形式之一。20 世纪 80 年代以来，扭秧歌渐次发展为广大群众欢庆佳节的主要形式，春节、元旦、国庆和教师节等节日，机关、厂矿、学校都有举办者。本县秧歌民俗源远流长，爱好者众多，大体上可分为三种类型：旱船秧歌、鼓子秧歌、伞头秧歌。鼓子秧歌以三交镇秧歌队为代表。气魄宏大，振奋力强，每队必备腰鼓数十面，大钹数十对。队员头扎英雄巾，身着武士装，表演与击奏合一，组成阵容强大的锣鼓队。边扭边行进，声闻数里，令人回肠荡气，精神振奋②。

转九曲为城区柳林、青龙每年的元宵佳节都举行的游灯晚会。由 361 支灯杆布组成曲折回环的地上迷宫，每杆顶部置以灯盏（今改用电灯），盏外围以彩纸彩绢，以正中一支为核心，横竖左右皆为九数连缀为九九方阵，远视灿如繁星，近看曲折迷离。称作"九曲黄河阵"③。届时全村上下，携儿抱女，纷纷参与该文化活动的开展。在规定的区域内，积极参与各种文娱活动。据说，转九曲活动是为民众消灾免难的活动仪式，积极参与来年将会常年通顺。

① 山西省柳林县志编纂委员会. 柳林县志［M］. 北京：海潮出版社，1995：516.

② 山西省柳林县志编纂委员会. 柳林县志［M］. 北京：海潮出版社，1995：488.

③ 山西省柳林县志编纂委员会. 柳林县志［M］. 北京：海潮出版社，1995：489.

十、岚县

境内流传的民族传统体育活动项目主要有龙灯、竹马、旱船、高跷、张公背张婆、秧歌、打腰鼓、打花棍、跑驴、大头人、转九曲、狮子舞、高跷、踢毽子、跳绳、跳方格、打布弹、滚铁环、摔跤、打石光、定方、象棋等①。

龙灯在清初时候传入本县，流行最早最广的是上明龙灯。舞蹈形式是十几人手擎布龙，相互配合，做上下弯曲、左右盘旋的龙舞姿势。1949年以来，龙躯造型及装饰改进较大，由单一的四角排灯定点，龙圆场擒珠，改为排灯顶端装有烟火吹动的顶针小人②。据调查了解，1979年开始县文化馆组织民间艺人创新改革，把原来表演的4盏排灯改为12盏，表演的队形也做了较大的改变，动作也更加好看，在1986年被入选为山西省重点文化科研项目，编入《中国民间舞蹈集成·山西卷》。

旱船亦称"采莲船"，民国初年开始流行。船体由木架制成，外用彩绸装饰。一般由男女2人合舞。表演时将船体用绳系在女舞者腰间，似乘船游玩。男舞者手持木桨，舞桨似划，绕船嬉戏，俩人在欢快的民乐伴奏中模仿船在水中的各种动作，翩翩起舞，表现民间劳动和青年男女的爱情生活③。据该县县志记载，1978年以来县城重大节日中街头均有该项目的表演。

高跷俗称高跷秧歌，民国初年始有流行，为男女群舞。在岚城、普明、东村3镇最盛行。④ 每逢节日，数十人甚至上百人，将跷具绑在腿上，着行头，画脸谱，轨道具，扮演古装戏人物及工、农、兵、商、学各种形象，在锣鼓声中行进街头，载歌载舞，场面壮观。

狮子舞因其动作难度大，表演者须技艺精湛并配合自如，才能表现其完美的艺术风采。因此，本县流行并不普遍⑤。转九曲是农村赶人口会时的一种古老文艺形式，亦称"九曲黄河阵"⑥。其阵势为正方形，内纵横各19行，

① 康茂生. 岚县志［M］. 北京：中国科学技术出版社，1991：495.
② 康茂生. 岚县志［M］. 北京：中国科学技术出版社，1991：504.
③ 康茂生. 岚县志［M］. 北京：中国科学技术出版社，1991：504.
④ 康茂生. 岚县志［M］. 北京：中国科学技术出版社，1991：504.
⑤ 康茂生. 岚县志［M］. 北京：中国科学技术出版社，1991：504.
⑥ 康茂生. 岚县志［M］. 北京：中国科学技术出版社，1991：504—505.

行距 1 米，每行各垒 19 个小土堆，出入口另加 4 个，共 365 个，代表全年天数。土堆间挑土成楞，每个土堆插彩灯一盏。转悠时，由八音队前导，村民随后，沿着九曲阵路线缓缓行进。该县较隆重的有正月初八至正月十一的普家庄九曲，正月十三至十五的东土峪、东村、下马铺、郝家山九曲，正月十八至二十的大贤、赵朝舍、南白家庄九曲，正月二十三至二十五的葛铺、贯家庄、瓮子、上明九曲。

十一、交口县（水头镇）

境内流传的民族传统体育活动项目主要有地秧歌、高跷、花环、跑驴、龙灯、旱船、狮子、竹马、打瓦、砸制钱、扳跤（摔跤）、跳绳、踢毽子、打枣核、跳界界、转九曲、社火等。正月十五为元宵节，乡间向来有大闹社火之俗。夜晚，家家户户大门口高挂红灯笼。村中的广场旺火熊熊燃烧，秧歌锣鼓边敲边舞，转场献艺，直至深夜。1943 年驻郭家掌村的晋军曾举行军民联欢高跷提灯会，表演者百余人，轰动了周围数十里村民。近年来，元宵节成为城镇乡村文娱活动的高潮期，每每组织大型文娱比赛和会演，满街社火满街人，加上彩灯展览，游人彻夜不绝①。新中国成立前后，在大麦郊、温泉一带农村普遍流行象棋、老虎吃绵羊、填方、打瓦、摔跤等活动，其中以象棋的历史最为悠久。20 世纪 50 年代，流行跳绳、踢毽子、打枣核、跳界界等活动。

清代中期元宵节前后在交口境内的大麦郊、前后务城一带就流行一种串黄河（转九曲）的文娱活动。九曲即九曲黄河阵，就是用 365 根棍插好摆弯弯曲曲的方阵。这是我国北方，特别是黄河沿岸古代一种流传广泛而久远的民间娱乐活动。据了解，在古代转九曲是祭祝活动的一种形式，意在祈求一年 365 天事事如意、日日平安。随后逐渐演变为一种纯娱乐性的活动，清末至民国初最为兴盛。大麦郊、东头、后务城一带为主要活动点。方阵是用木棍插摆而成，按规划路线用绳索连接木棍，构成阵内通道，让游者走遍全阵而不走重复路线。各棍头点燃油灯一盏，入阵游走时，由掌事（即纠首）举灯为先导，锣鼓队领头，众人手拈香柱单行鱼贯而入，一串到底。最忌跨杆

---

① 山西省交口县地方志编纂委员会. 交口县志［M］. 北京：中华书局，2002：567.

抄近路，视为不吉祥之举动。如遇客村锣鼓队加入，则随主后，边转边敲，各显本领，往往以打乱对方的节奏为乐事。转九曲以元宵节为中心，或三天或五天不等，二月二"龙抬头"一过，即行结束①。20世纪70年代以后，这种形式逐渐被其他形式取代，个别山区的村庄还保留该项传统体育活动。城关镇寺沟村等地近年也常举行转九曲活动。

扳跤即摔跤，两人双手抱紧对方上部分，将对方按倒在地为胜方，叫扳死跤。两人双手抓住对方双肩，利用推拉闪体等技巧将对方摔倒，叫扳活跤②。

砸制钱也叫背麻钱或赌钱。两人参赛，一方将一铜钱（亦称制钱）置于地面，另一方站立用自己手中的铜钱瞄准扔下，如正好将地上制钱砸翻者为胜方，如未砸翻则由对方接着砸③。

打瓦为2人活动，在20世纪40年代很盛行，为广大少年儿童所喜爱。各备一块直径8~10厘米的圆形瓷片、石片或铁片。一方将片瓦置于一端，另一方在远方界线上投掷击打，以打倒对方的片为胜。也可由双方议定，将距离分为5条至7条线，第一次远距离击倒片后，依次由近到远进行打拐（即放瓷片置于一脚面，拐在另一脚的外侧击打）、夹足（即两脚夹住瓷片跳一脚击打）、挺肚（即将片放在胸前走步中击打出）、驼背（即将片放至背部走步后仰击打）、顶头（即将片置于头顶走步后倒击打），以先完成全程者为胜④。此活动亦可分两队（人数不等）进行。郭家掌一带多用当地铸炉生铁制瓦，活动起来清脆响亮，十分有趣。

十二、交城县（天宁镇）

境内流传的民族传统体育活动项目主要有龙灯、狮子、竹马、花鼓、旱船、高跷、牛斗虎、背棍、抬阁、张公背张婆、二鬼捧跤、打道鬼、大头娃娃、彩车、握杠、背杠、抬杠、杠儿、龙灯、踩街（地秧歌）等。

明清时期，竹马流行于城郊梁家庄、青村、成村等地。1950年后，北关

① 山西省交口县地方志编纂委员会. 交口县志[M]. 北京：中华书局，2002：492.
② 山西省交口县地方志编纂委员会. 交口县志[M]. 北京：中华书局，2002：544.
③ 山西省交口县地方志编纂委员会. 交口县志[M]. 北京：中华书局，2002：545.
④ 山西省交口县地方志编纂委员会. 交口县志[M]. 北京：中华书局，2002：545.

街逢年过节亦制作演出竹马。20 世纪 80 年代仅存梁家庄与北关二处。竹马由 17 人表演：14 人骑马，1 人骑黑驴，马童 2 人。表演场面有"三盏灯""六盏灯""四门斗地""八仙庆寿""斜十字""跑罗城""斗黑叫驴""马童武术" 8 种；马童武术表演主要为"五花炮""绵掌""六锤""进退"。乐队有 5 人，有丝弦、唢呐等常用器乐，演奏曲调一般以"将军令"及秧歌"卖芫荽"等数种，鼓点为"锣铧鼓"①。

高跷沿袭已久。明清时代蒲渠河的高跷年年不断，每年的农历七月十四，秧歌之前必由高跷领队。民国时，青村、杜家庄亦参与高跷表演，扮演内容多为《八仙过海》《唐僧取经》《狐狸缘》等②。至今该区高跷表演一直开展。

清朝末年，河南怀庆府人王崇仁、王崇义弟兄二人在本县开设书铺，王家喜文艺，每逢主要节日，王氏全族参加，上街表演旱船、斗蝴蝶以及渔翁擒蛤蚌，数十年中相继不辍③。新中国成立后，西汾阳村继袭技艺，12 只旱船表演于城乡，旱船以两人为一组，一人将彩绸装饰的竹驾船执起碎步前进，一人在船外执船桨划动，这些动作惟妙惟肖地模仿了划船的身体动作。

十三、石楼县（灵泉镇）

境内流传的民族传统体育活动项目主要有龙灯、旱船、高跷、九曲黄河阵、秧歌、伞头秧歌、逗狮、放天灯、竹马等④。1952 年起，县直机关、单位和学校中，普遍推行广播体操，组织广播操比赛，一度达到普遍化、制度化的状态，学校至今坚持着。改革开放以来，在木那水库举办经常举行棋类、游泳、拔河、爬山及游泳表演赛⑤。同一时期，韩家山公社转角村，沿河四个公社的基干民兵也会定期举办了武装泅渡黄河的体育竞赛表演。

县人历来喜欢习武强身。清代和民国时，城关镇的东庄，罗村镇的曹村、罗村，曹家垣乡的君庄、曹家坡，义牒镇的黄腰寺等村，均以武术著称。其

---

① 交城县志编写委员会. 交城县志[M]. 太原：山西古籍出版社，1994：646.
② 交城县志编写委员会. 交城县志[M]. 太原：山西古籍出版社，1994：647.
③ 交城县志编写委员会. 交城县志[M]. 太原：山西古籍出版社，1994：645—647.
④ 石楼县志编纂委员会. 石楼县志[M]. 太原：山西人民出版社，1994：464.
⑤ 石楼县志编纂委员会. 石楼县志[M]. 太原：山西人民出版社，1994：398.

中曹家坡村至今继承着祖上流传下来的武术套路动作①。

旱船流行于县城、沙窑、义牒、小蒜一带。用小棍和柳条绑扎、彩绸床单装饰而成。表演形式有单船独漂、双舟共度两种②。表演者有坐船少妇和摆渡老翁两类演员，表演时在锣鼓的伴奏下互相配合，边唱边跳，非常热闹。

竹马流行于前山、留村、裴沟一带③。竹马善于用高粱秆和柳条绑扎骨架，皮麻和麻纸装饰皮毛，脖颈挂有串铃。表演形式由骑马农妇和脚夫共舞，锣鼓伴奏，歌舞交叉，形态别致，在石楼县民间广为流传。

高跷流行于城关、西卫、裴沟、刘家洼一带。1938 年，传入本县。跷拐用坚韧的木料制成。难度以表演者的技功水平而定，一般在一米左右。表演形式属秧歌一类，不限参加人数。参加者扮作各种人物形象，脚踩跷拐扭舞，锣鼓伴奏④。表演中，技巧动作主要有跳跃板凳、翻桌子、单双腿跳、鸽子翻身等，其动作惊险奇特、风采卓越。

龙灯仅在东庄村有此活动。龙灯始于 1948 年，流传至今。用木料、柳条、白布、麻纸、铁丝等制作。身长 15 米左右。腹内装灯，肚底间隔着举把。表演时一人手持八宝球，在龙头前面飞舞，八人高举龙灯，上下左右合伙摆动，造型优美雄壮⑤。

放天灯在谭庄、宋家沟、东庄一带流行，近年已罕见。用轻细的木条或竹皮扎成圆筒骨架，上面和四周用白纸黏糊密封，中间悬挂纸捻，蘸上煤油或柴油，大纸筒架离地面数尺，将纸捻点着，待烟气充满了纸筒产生上升力时，架筒人放手，纸筒即冉冉升上天空⑥。有时候夜里燃放数个天灯，人们都会发出欢呼雀跃的声音，场面非常的热闹。

逗狮仅在塌底有此活动。从 1934 年开始，流传至今。狮子的制作分头、皮两部分，所用原料为柳条、麻纸、皮麻等⑦。表演时一人手拿绣球逗引狮子出场，两人扮演狮子共披一张狮皮，一人把持狮头，做出各种神似狮子的动作，一人在后面默契配合，用各种跳跃、攀爬的动作展示狮子的雄健。

---

① 石楼县志编纂委员会. 石楼县志[M]. 太原：山西人民出版社，1994：398.
② 石楼县志编纂委员会. 石楼县志[M]. 太原：山西人民出版社，1994：378.
③ 石楼县志编纂委员会. 石楼县志[M]. 太原：山西人民出版社，1994：378.
④ 石楼县志编纂委员会. 石楼县志[M]. 太原：山西人民出版社，1994：378.
⑤ 石楼县志编纂委员会. 石楼县志[M]. 太原：山西人民出版社，1994：378.
⑥ 石楼县志编纂委员会. 石楼县志[M]. 太原：山西人民出版社，1994：378.
⑦ 石楼县志编纂委员会. 石楼县志[M]. 太原：山西人民出版社，1994：378—379.

转九曲亦称灯会。在城关、沙窑、留村、下河、北庄、小蒜等地流行。相传，九曲阵图源自唐朝名将薛仁贵的龙门阵图。用木棍按图围扎阵营，设九门九关，竖九面彩旗，吊九盏灯笼，全阵悬持灯笼365盏。阵门用柏枝装饰，谓文采门，进有进口，出有出口。转九曲时，灯火辉煌，鸣炮奏乐，前有伞头引路，人群依次相随，鱼贯而入，顺着阵图路线一曲一曲地缓进，进一道门，伞头唱一段歌①。此项传统体育游戏又称"人口灯会"，传说不育妇女乘机偷灯，可求得子嗣，引得众妇女前去游玩。

伞头秧歌活动村村几乎都有。出场时，由一人手持雨伞，边旋转边扭舞，领队演唱，称为伞头。不限参加人数，扮作各色人物，一般三五十人，多则百余人。行进时排成两行，交叉扭舞。套场和打彩门时，单行穿插。舞步以十字步为主。唱腔基本分两种：黄河畔唱的是陕北流传过来的老西调；县城附近唱的是本县地方调。场内表演除《钉缸》《补锅》《走西口》《小放牛》《偷南瓜》《刘三推车》等传统节目外，不断增添了新内容，还有伞头触景生情，即兴编唱，押韵顺口即可②。

---

① 石楼县志编纂委员会. 石楼县志[M]. 太原：山西人民出版社，1994：379.

② 石楼县志编纂委员会. 石楼县志[M]. 太原：山西人民出版社，1994：379.

参考文献

[1] 浮山县志编纂委员会. 浮山县志[M]. 北京：中华书局，2002.

[2] 临县志编纂委员会. 临县志[M]. 北京：海潮出版社，1994.

[3] 太原市尖草坪区委史志馆. 太原市北郊区志[M]. 北京：中华书局，1999.

[4] 隰县地方志编纂委员会. 隰县志[M]. 北京：方志出版社，2007.

[5] 熊存福. 山西省浑源县志[M]. 北京：方志出版社，1999.

[6] 阴乃二. 中阳县志[M]. 太原：山西人民出版社，1996.

[7] 张青. 洪洞县志[M]. 太原：山西电子音像出版社，2005.

[8] 大同市南郊区地方志编纂委员会. 大同市南郊区志[M]. 北京：中华书局，2001.

[9] 高平县志编委会. 高平县志[M]. 北京：中国地图出版社，1992.

[10] 古县志编纂委员会. 古县志[M]. 西安：陕西人民出版社，2001.

[11] 闻喜县志编纂委员会. 闻喜县志[M]. 北京：中国地图出版社，1993.

[12] 长治市体育志编纂委员会. 长治市体育志[M]. 北京：海潮出版社，1999.

[13] 安捷. 太原市志[M]. 太原：山西古籍出版社，2005.

[14] 保德县志编纂办公室. 保德县志[M]. 太原：山西人民出版社，1990.

[15] 大宁县志编纂委员会. 大宁县志[M]. 北京：海潮出版社，1990.

[16] 大同市地方志编纂委员会. 大同市志[M]. 北京：中华书局，2000.

[17] 大同县史志研究室. 大同县志[M]. 北京：方志出版社，2005.

[18] 定襄县志编纂委员会. 定襄县志[M]. 北京：中国青年出版社，1994.

[19] 方山县地方志编纂委员会. 方山县志[M]. 太原：山西人民出版社，1993.

[20] 浮山县志编纂委员会. 浮山县志[M]. 北京：中华书局，2002.

[21] 古交市地方志办公室. 古交志[M]. 太原：山西人民出版社，1996.

[22] 郭海. 阳高县志[M]. 北京：中国工人出版社，1993.

[23] 和顺县志编纂委员会. 和顺县志[M]. 北京：海潮出版社，1993.

[24] 河津县志编纂委员会. 河津县志[M]. 太原：山西人民出版社，1989.

[25] 侯马市志编纂委员会. 侯马市志（下）[M]. 北京：长城出版社，2005.

[26] 黄旭涛. 晋阳民间艺术[M]. 太原：山西古籍出版社，2003.

[27] 吉县志编纂委员会. 吉县志[M]. 北京：中国科学技术出版社，1992.

[28] 贾维桢. 兴县志[M]. 北京：中国大百科全书出版社，1993.

[29] 姜成晋. 广灵县志[M]. 太原：三晋出版社，2011.

[30] 绛县志编纂委员会. 绛县志[M]. 北京：中华书局，2001.

[31] 交城县志编写委员会. 交城县志[M]. 太原：山西古籍出版社，1994.

[32] 晋城市城区地方志编纂委员会. 晋城市城区志[M]. 北京：中华书局，2005.

[33] 晋中市志编纂委员会. 晋中市志·第四册[M]. 北京：中华书局，2010.

[34] 静乐县志编纂委员会. 静乐县志[M]. 北京：红旗出版社，2000.

[35] 康茂生. 岚县志[M]. 北京：中国科学技术出版社，1991.

[36] 岢岚县志修订编纂委员会. 岢岚县志[M]. 太原：山西古籍出版社，1999.

[37] 刘书友. 黎城乡镇志卷八·洪井乡志[M]. 武汉：武汉出版社，2008.

[38] 黎城县志编纂委员会. 黎城县志[M]. 北京：中华书局，1994.

[39] 李保太. 拦车村志[M]. 太原：山西古籍出版社，2007.

[40] 李斌. 繁峙县志[M]. 北京：今日中国出版社，1995.

[41] 李培信. 文水县志[M]. 太原：山西人民出版社，1994.

[42] 李文凡. 离石县志[M]. 太原：山西人民出版社，1996.

[43] 临县志编纂委员会. 临县志[M]. 北京：海潮出版社，1994.

[44] 临猗县志编纂委员会. 临猗县志[M]. 北京：海潮出版社，1993.

[45] 灵丘县志编纂委员会. 灵丘县志[M]. 太原：山西古籍出版社，2000.

[46] 陵川县志编纂委员会. 陵川县志[M]. 北京：人民日报出版社，1999.

[47] 刘书友. 黎城乡镇志卷四·东阳关镇志黎城乡镇志[M] 武汉：武

汉出版社，2008.

　　[48] 娄烦县地方志编纂委员会. 娄烦县志[M]. 北京：中华书局，1998.

　　[49] 逯丁艺. 安泽县志[M]. 太原：山西人民出版社，1997.

　　[50] 潞城区志编纂委员会. 潞城区志[M]. 北京：中华书局，1999.

　　[51] 吕梁地方志编纂委员会. 吕梁地方志[M]. 太原：山西人民出版社，1989.

　　[52] 孟宏儒. 阳泉市志[M]. 北京：当代中国出版社，1998.

　　[53] 孟祖夷. 大同市矿区志[M]. 太原：山西古籍出版社，2005.

　　[54] 牛儒仁. 偏关县志[M]. 太原：山西经济出版社，1994.

　　[55] 平定县志编纂委员会. 平定县志[M]. 北京：社会科学文献出版社，1992.

　　[56] 平陆县志编纂委员会. 平陆县志[M]. 北京：中国地图出版社，1992.

　　[57] 平遥县地方志编纂委员会. 平遥县志[M]. 北京：中华书局，1999.

　　[58] 蒲县县志编纂委员会. 蒲县志[M]. 北京：中国科学出版社，1992.

　　[59] 祁县地方志编纂委员会. 祁县志[M]. 北京：中华书局，1999.

　　[60] 沁水县志编纂办公室. 沁水县志[M]. 太原：山西人民出版社，1987.

　　[61] 清徐县地方志编纂委员会. 清徐县志[M]. 太原：山西古籍出版社，1999.

　　[62] 曲沃县志编纂委员会. 曲沃县志[M]. 北京：海潮出版社，1991.

　　[63] 芮城县志编纂委员会. 芮城县志[M]. 西安：三秦出版社，1994.

　　[64] 山西省汾西县地方志编纂委员会. 汾西县志[M]. 北京：方志出版社，1997.

　　[65] 山西省汾阳县志编纂委员会. 汾阳县志[M]. 北京：海潮出版社，1998.

　　[66] 山西省广灵县县志编纂委员会. 广灵县志[M]. 北京：人民出版社，1993.

　　[67] 壶关县志编纂委员会. 壶关县志[M]. 北京：海潮出版社，1999.

　　[68] 稷山县县志编纂委员会. 稷山县志[M]. 北京：新华出版社，1994.

　　[69] 山西省交口县地方志编纂委员会. 交口县志[M]. 北京：中华书局，2002.

　　[70] 山西省介休市志编纂委员会. 介休市志[M]. 北京：海潮出版

社，1996.

[71] 山西省灵石县志编纂委员会. 灵石县志[M]. 北京：中国社会出版社，1992.

[72] 山西省柳林县志编纂委员会. 柳林县志[M]. 北京：海潮出版社，1995.

[73] 山西省沁县志编纂委员会. 沁县志[M]. 北京：中华书局，1999.

[74] 山西省沁源县志编纂委员会. 沁源县志[M]. 北京：海潮出版社，1996.

[75] 山西省寿阳县松塔镇郭村志编纂委员会. 寿阳县郭村志[M]. 石家庄：河北人民出版社，2010.

[76] 山西省天镇县地方志办公室. 天镇县志[M]. 太原：山西教育出版社，1997.

[77] 山西省万荣县志编纂委员会. 万荣县志[M]. 北京：海潮出版社，1995.

[78] 山西省五寨县志编纂办公室. 五寨县志[M]. 北京：人民日报出版社，1992.

[79] 山西省襄垣县志编纂委员会. 襄垣县志[M]. 北京：海潮出版社，1998.

[80] 山西省阳城县志编纂委员会. 阳城县志[M]. 北京：海潮出版社，1994.

[81] 山西长子县志编纂委员会. 长子县志[M]. 北京：海潮出版社，1998.

[82] 神池县志编纂委员会. 神池县志[M]. 北京：中华书局，1999.

[83] 太谷县志编纂委员会. 太谷县志[M]. 太原：山西人民出版社，1993.

[84] 太原市尖草坪区委史志馆. 太原市北郊区志[M]. 北京：中华书局，1999.

[85] 太原市南郊区志编纂委员会. 太原市南郊区志[M]. 北京：生活·读书·新知三联书店，1994.

[86] 太原市万柏林区地方志编纂委员会. 太原市河西区志[M]. 北京：中华书局，2005.

[87] 小店区志编纂委员会. 太原市小店区志[M]. 太原：山西人民出版

社，2009.

[88] 太原市杏花岭区地方志编纂委员会. 太原市北城区志[M]. 北京：中华书局，2002.

[89] 屯留县志编纂委员会. 屯留县志[M]. 西安：陕西人民出版社，1995.

[90] 王若愚. 南城区志[M]. 北京：红旗出版社，2000.

[91] 五台县志编纂委员会. 五台县志[M]. 太原：山西人民出版社，1988.

[92] 武乡县县志编纂委员会办公室. 武乡县志[M]. 太原：山西人民出版社，1986.

[93] 昔阳县志编纂委员会. 昔阳县志[M]. 北京：中华书局，1999.

[94] 隰县地方志编纂委员会. 隰县志[M]. 北京：方志出版社，2007.

[95] 夏县地方志编纂委员会. 夏县志[M]. 北京：人民出版社，1998.

[96] 襄汾县志编纂委员会. 襄汾县志[M]. 天津：天津古籍出版社，1991.

[97] 孝义市城关乡志编纂委员会. 孝义市城关乡志[M]. 太原：山西古籍出版社，1996.

[98] 孝义县地方志编纂委员会. 孝义县志[M]. 北京：海潮出版社，1992.

[99] 新绛县地方志编纂委员会. 新绛县志[M]. 西安：陕西人民出版社，1997.

[100] 熊存福. 山西省浑源县志[M]. 北京：方志出版社，1999.

[101] 阳曲县志编纂委员会. 阳曲县志[M]. 太原：山西古籍出版社，1999.

[102] 阳泉市城区地方志编纂委员会. 阳泉市城区志[M]. 太原：山西古籍出版社，1997.

[103] 阳泉市郊区地方志编纂委员会. 阳泉市郊区志[M]. 北京：中华书局，1999.

[104] 杨栋. 长江学人文集：沁园文化志[M]. 北京：中国文史出版社，2007.

[105] 永和县志征编领导组. 永和县志[M]. 北京：学苑出版社，1999.

[106] 永济县志编纂委员会. 永济县志[M]. 太原：山西人民出版社，

1991.

[107] 盂县史志编纂委员会. 盂县志[M]. 北京：方志出版社，1995.

[108] 榆次市地方志编纂委员会. 榆次市志[M]. 北京：中华书局，1996.

[109] 榆社县志编纂委员会. 榆社县志[M]. 太原：山西古籍出版社，1999.

[110] 垣曲县地方志编纂委员会. 垣曲县志（1991—2000）[M]. 北京：中华书局，2001.

[111] 原平县志编纂委员会. 原平县志[M]. 北京：中国科学技术出版社，1991.

[112] 运城市地方志编纂委员会. 运城市志[M]. 北京：生活·读书·新知三联书店，1994.

[113] 长治市城区志编委会. 长治市城区志[M]. 西安：陕西人民出版社，1999.

[114] 长治市地方志编纂委员会. 长治市志[M]. 北京：海潮出版社，1995.

[115] 长治县志编纂委员会. 长治县志[M]. 北京：中华书局，2003.

[116] 赵宝金主. 翼城县志[M]. 太原：山西省人民出版社，2007.

[117] 赵佃玺. 大同城区志[M]. 长春：吉林文史出版社，2006.

[118] 周子君. 怀仁县志[M]. 北京：中国工人出版社，1992.

[119] 左权县志编纂委员会. 左权县志[M]. 北京：高等教育出版社，1999.

[120] 左云县志编纂委员会. 左云县志[M]. 北京：中华书局，1999.

[121] 阳泉市矿区地方志编纂委员会. 阳泉市矿区志[M]. 北京：方志出版社，2014.

[122] 《朔州市平鲁区志》编纂委员会. 朔州市平鲁区志[M]. 太原：三晋出版社，2017.

[123] 运城市盐湖区地方志编纂委员会. 运城市盐湖区志[M]. 北京：中华书局，2020.

[124] 山西省临汾市尧都区乔李镇乔李村志编纂委员会. 乔李村志[M]. 北京：方志出版社，2017.

[125] 霍州市志编纂委员会. 霍州市志[M]. 北京：中华书局，2013.